国家出版基金项目
NATIONAL PUBLICATION FOUNDATION

「禮學新論」叢書／楊華　主編

兩周秦漢禮典相關出土文獻考疑

徐淵　著

武漢大學出版社
WUHAN UNIVERSITY PRESS

本叢書爲國家社會科學基金重大項目
"中國傳統禮儀文化通史研究"（18ZDA021）階段性成果

本書爲教育部人文社會科學研究青年基金項目
"出土商周禮類文獻綜合研究"（19YJC770056）階段性成果

引用出土文獻簡稱

《合集》：郭沫若主編，中國社會科學院歷史研究所編：《甲骨文合集》（第一至十三冊），中華書局 1978—1983 年版。

《集成》：中國社會科學院考古研究所編：《殷周金文集成》（第一至十八冊），中華書局 1984—1994 年版。

《銘圖》：吳鎮烽編著：《商周青銅器銘文暨圖像集成》（第一至三十五冊），上海古籍出版社 2012 年版。

《銘圖續》：吳鎮烽編著：《商周青銅器銘文暨圖像集成續編》（第一至四冊），上海古籍出版社 2016 年版。

《屯南》：中國社會科學院考古研究所編：《小屯南地甲骨》（上、下冊），中華書局 1980、1983 年版。

《璽彙》：故宮博物院編：《古璽彙編》，文物出版社 1981 年版。

《簡帛集成》：裘錫圭主編：《長沙馬王堆漢墓簡帛集成》（第一至七冊），中華書局 2014 年版。

前　　言

　　《儀禮》及相關禮典文獻是中國古典文獻重要的組成部分，專門記述了先秦時代政治社會生活中具有重要意義的禮制活動。根據傳世先秦禮書，兩周時代重要的禮典包括冠禮、昏禮、相見禮、喪禮、祭禮、朝聘禮、饗燕禮、射禮、軍禮、田獵禮、册命禮等典禮儀式。由於先秦時代禮制繁複，每個等級的貴族都有不同的禮儀規範和等級規定，故《儀禮》及相關禮典文獻所記録下來的僅僅是兩周禮典中的一部分。這些禮典即使被記録下來，其儀節、名物、向位、禮義也由於時隔久遠，無法得到確切説明，成爲歷代禮學研究者聚訟不已的問題。

　　19 世紀末以來，出土文獻大量湧現，這爲繼續推進和深化禮學研究，尤其是先秦禮典研究，提供了新的重要的研究資料。通過分析這些分佈於先秦、秦漢各個時代不同性質的出土文獻，不僅能爲瞭解先秦禮典實際發生和流變情況提供第一手的資料，而且將刷新對春秋戰國時代所形成的規範性禮典文獻——《儀禮》及《禮記》相關篇目——成書情況的認識。

　　本書從兩周禮典研究的角度出發，首先界定了出土文獻類禮典研究文獻與考古類禮典研究資料的基本區別，進而對禮典相關出土文獻做了分類，將目前已經出土的與禮典研究密切相關的文獻分爲六個大類。通過對這幾類出土文獻中禮典相關内容的深入分析，揭示利用不同種類出土文獻研究禮典的普遍原則和具體方法。將研究禮典相關出土文獻共同的普遍原則與研究不同屬性出土文獻的具體方法結合起來，應用到一個個具體的出土文獻禮典研究案例中，以此檢討這些原則和方法的長處和局限。本書系統地梳理了目前已經取得的出土文獻與兩周禮典研究的成果，並利用這些成果推進了對傳統禮典研究的討論。同時，本書還試圖利用傳統禮學的知識體系對出土文獻的字詞釋讀和文本整理提出新的設想，進而討論相關出土文獻的性質與成書過程。

　　本書第一章緒論旨在全面評析使用各類型出土文獻研究兩周禮典的不同方式以及所需要注意的問題。第二章至第七章是本書的主體部分，這六章分別研討了六種不同類型出土文獻與兩周禮典研究的關係，分別是兩周青銅器銘文文獻、戰國書類竹書文獻、春秋戰國器物紋飾圖像文獻、楚地出土卜筮祭禱簡文獻、出土秦漢禮類文獻、古代發現的地下文獻六類。各類出土文獻之間的屬性差異較大，依靠特定類型出土文獻研究兩周禮典的具體方法也相應不同。

第一章"緒論"主要論述了傳統禮學中對禮典文獻的界定，在此界定的基礎上，將現有的考古出土器物中與兩周禮典有關的資料分爲兩類，一類是與兩周禮典相關的出土文獻，另一類是與兩周禮典相關的考古資料。界定了兩周禮典相關出土文獻的外延之後，將這些出土文獻分爲六個大類，以此作爲全書禮典相關出土文獻的基本分類。本章最後對已有傳世文獻中所涉及的禮典類型做了歸納，該禮典分類將作爲全書禮典研究的分析框架。

第二章"兩周青銅器銘文與兩周禮典研究"主要通過分析以往利用青銅器銘文研究兩周禮典所存在的誤區，指出青銅器銘文禮典研究的核心問題在於對禮類的正確核定以及對青銅器銘文是否涉禮的正確判斷。本章共總結了四類誤區，分別是釋讀錯誤引起誤收或失收青銅器銘文涉禮文獻的情況；青銅器銘文涉"禮"與涉"事"相混淆的情況；涉禮標準泛化引起的誤收涉禮青銅器銘文文獻的情況；青銅器銘文涉禮但却沒有對應禮典詞彙造成的失收情況。在對這些誤區分析的過程中，本章對以往研究中祭祀禮典的分類重新做了全面的檢討，得出兩周禮典中祭祀禮典的一般性特徵，即西周早期祭祀禮典有大量殷商祭祀的遺存，西周晚期至春秋戰國時代的祭祀禮典逐步與傳世禮書中記錄的祭祀禮典合流。本章最後舉了一個與宗法喪服相關的青銅器銘文研究例子，用以說明與宗法喪服相關的青銅器銘文往往具有較強的隱蔽性，需要通過加強禮學方面的認識來甄別這些青銅器銘文材料的價值。

第三章"戰國書類竹書文獻與兩周禮典研究"主要討論了目前所見的戰國書類竹簡中與兩周禮典相關的文獻。由於戰國竹書文獻的經典性質比較強，故其在禮典的範式和義理方面最接近於傳世的禮書及相關的禮學文獻。對這些戰國竹書的正確釋讀是研究其相關兩周禮典的前提，禮學的知識體系可以用來校正目前已有的字詞釋讀意見。本章舉了兩個利用禮學知識來改讀已有釋讀意見的例子，分別是"上博簡《鄭子家喪》所反映的春秋時代刑餘罪人喪葬儀式"與"清華簡《鄭武夫人規孺子》篇涉禮字詞考釋"兩個小節。除了利用禮學知識校正考釋成果，兩周禮典方面的探討還能幫助我們認識一些釋讀上雖然沒有困難，但文義上難於講通的文句。本章舉了兩個利用禮學知識來疏通文句，幫助理解禮典相關內容的例子，分別是"郭店楚簡《六德》'爲父絕君'句析義"與"上博簡《天子建州》與天子諸侯饗禮"兩個小節。除此之外，利用禮典方面的知識還能討論竹書文獻的成書時代與性質，本章舉了一個例子說明這方面的問題，即"從清華簡《耆夜》飲至禮典推測其成書年代"一節。以上所舉的五個例子從不同層面説明了禮典研究對於出土文獻研究的重要性，禮典相關知識能夠幫助研究者更好地理解出土文獻的内涵。

第四章"春秋戰國出土器物紋飾圖像與兩周禮典研究"主要是對出土文獻中的紋飾圖像類文獻與禮典有關的内容作出分析。在出土文獻研究中常常忽略圖像文獻的重要性，本章舉了兩個例子以説明它們的特殊價值，分別是"包山二號楚墓妝奩漆繪'昏禮親迎儀節圖'""射禮禮典與嵌錯刻紋銅器圖案"。通過分析，本章指出這兩類圖像文獻極具經典性質，並非一般性的裝飾性圖案，這些圖案與禮書所述若合符節。由於之前的研究者没有將這類文獻中與傳世禮書最爲相關的標誌性器物或儀節解讀出來，故没能認識到這些文獻的經典性質。本章對這些圖像的内容重新作了考釋，並深入論述了其禮典性質。

第五章"楚地出土卜筮祭禱簡與兩周禮典研究"主要通過對包山二號墓祭禱簡以及楚簡中祖先祭祀系統的分析，説明了楚祭禱簡不具有禮典研究的經典意義，是一宗禮俗類文獻。在以後對禮俗類出土文獻研究的過程中，判斷出土文獻是否具有經典性質，將對採取何種態度和方式研究該宗文獻帶來決定性的影響。

第六章"秦漢出土文獻與兩周禮樂研究"主要討論了漢代重要出土禮類文獻西漢馬王堆帛書《喪服圖》以及通過古曲名考察先秦禮樂制度如何向兩漢轉型的問題。西漢馬王堆帛書《喪服圖》的整理者認爲其是一宗地方性的喪服文獻，由於整理者釋讀的結論與傳世禮書中所反映的喪服觀念差距很大，並且其復原方案尚有未安之處，故本章提出了《喪服圖》題記與圖示文字並不一一對應的整理思路。在此基礎上，本章對馬王堆帛書《喪服圖》做了重新復原，並指出題記與圖示之不同正反映了《喪服》的基本觀念"本服"與"服術"。本章第二節"'陽春白雪''下里巴人'古曲定名新證"則以先秦漢代出土文獻作爲證據，展示了春秋戰國時代古曲的定名規則，及以《詩經》爲代表的古典雅樂是如何轉變爲戰國秦漢新聲的過程。

第七章"古代發現的地下文獻與兩周禮典文獻研究"主要通過對古代出土文獻中涉及禮典的内容進行分析，説明它們也是禮典研究的重要組成部分。汲冢竹書《穆天子傳》中記述的禮典類型與西周晚期至春秋時期金文中述及的禮典類型大致相合，是已經經典化了的禮類。《穆天子傳》卷六《周穆王盛姬死事》還記述了周穆王爲盛姬舉行的喪禮全過程，這是目前出土文獻及傳世文獻中唯一一篇與王級喪禮相關的完整記述，禮學文獻價值巨大，然而卻鮮有研究者關注。本章對該禮典進行了疏證，説明其與傳世禮書中喪禮的密切相關性。

　　通過出土文獻研究先秦禮典是二十世紀以來出土文獻研究領域的一個熱點。由於傳世禮書只記録了先秦禮典中極爲有限的一部分，因此隨着出土文獻的不斷湧現，利用出土文獻對傳世禮書進行補證，越來越成爲一項重要的研究方法。在這樣的背景下，梳理十九世紀末以來出土文獻中涉及兩周禮典的文獻，檢查以出土文獻研究兩周禮典的各項成績，並且深入討論個中的得失，成爲二十一世紀禮學研究與出土文獻研究領域的一項重要工作。

　　本書雖然不能全面涵蓋目前出土文獻研究兩周禮典的所有問題，但由於不同性質的出土文獻對於兩周禮典及傳世禮書所呈現出來的共通性要遠遠超過其個別性，故本書仍試圖給出一個全景式的圖景來展示目前以出土文獻研究兩周禮典的各個側面。通過全面觀照這些出土文獻所反映的禮典信息，可以開掘當今禮學研究的深度，並拓寬傳統禮學研究的視野。反過來，具備扎實的禮學知識體系，將爲釋讀出土文獻中越來越多的涉禮材料帶來重要的幫助。僅僅利用籠統的而非系統的、抽象的而非具體的禮學知識來解釋禮類出土文獻，很容易造成對這類文獻的誤讀。將兩周禮典方面的知識與出土文獻及古文字釋讀方面的能力結合，可以更好地研究這兩個領域的新老問題。

　　本書圍繞禮典相關的出土文獻展開，共計研究了十四個(類)和“出土文獻與兩周禮典”相關的具體問題，力圖展示目前利用出土文獻研究兩周禮典所取得的成果與存在的不足，期待能爲這個領域的繼續發展提供一些有益的思路和嘗試。

目　　録

第一章　緒　論

　　《儀禮》《禮記》《周禮》三部典籍在中國歷史上被合稱爲《三禮》,《三禮》研究是中國古典文獻研究中最重要的組成部分之一。由於三禮所涉名物、制度、稱謂繁多,所涉史事、文獻、義理龐雜,故《三禮》研究常常要求研究者對傳世禮學文獻有較高的熟悉和掌握程度。不能深入理解傳世禮學文本的具體内涵,往往無法對禮學文獻具體涉及的儀節及其義理得出正確的判斷。正由於禮學研究的這種特性,歷代禮學家對禮學文獻本身的重視,要遠遠超過對其他非禮類文獻的關注,這種研究風氣即使到了 20 世紀仍然没有發生太大的改觀。

　　20 世紀以降,中國大地上出土文物及包含文字信息的出土文獻不斷涌現,從很大程度上改變了中國先秦秦漢研究的基本面貌。出土文獻的不斷面世,使得今人有了第一手材料,從而可以擺脱傳世文獻的束縛,對上古時代進行更爲直接的探究。清光緒二十五年(1899 年)甲骨文第一次爲世人所知,甲骨文上所刻的文字被認定爲古文字。通過對甲骨文的初步釋讀,1917 年王國維撰寫了《殷周制度論》這一名篇。這是首次通過對出土文獻的釋讀解決先秦重大禮制問題的嘗試。無論《殷周制度論》的結論是否可靠,依據出土文獻解決先秦禮制問題的思路和方法爲後來的學術研究開闢了一條嶄新的道路。

一、關於禮典類文獻的界定

　　沈文倬在《略論禮典的實行與〈儀禮〉書本的撰作》(簡稱《撰作》)中引其師、晚清民國禮學家曹元弼之説,"二戴《記》之説禮,大類有三,曰禮、曰學、曰政。《曲禮》、《檀弓》、《遷廟》、《釁廟》、《冠義》、《昏義》、《朝事義》等篇,禮類也;《學記》、《中庸》、《儒行》、《大學》、《曾子》十篇,學類也;《王制》、《月令》、《夏小正》、《文王官人》之等,政類也"①。沈文倬同

---

　　①　沈文倬:《略論禮典的實行與〈儀禮〉書本的撰作(下)》,《文史》第十六輯,中華書局 1982 年版,第 8 頁。沈文引自曹元弼《禮經學》卷四《會通》。

意乃師之説，認爲"按三大類來區分大戴輯《禮記》三十九篇、小戴輯《禮記》四十九篇，就能使各篇何者當屬禮類，何者當屬政、學類，性質明確，界綫清楚"①。

曹元弼這種分類對於先秦禮類文獻的分類具有重大的意義，是禮學家從傳世禮學文獻内部區分文獻性質的重要發現。這種對先秦禮學文獻的區分方式同樣貫穿於沈文倬的禮學研究，沈文倬在《漢簡〈服傳〉考》中也提到"《禮記》内容龐雜，要而言之，可分論政、論學、論禮三類，就論禮諸篇來説，實是《禮經》的傳記"②。由於 20 世紀中期以來傳統禮學没有受到足夠重視，這種對先秦禮類文獻按性質進行分類的方式雖然極富洞見，但至今尚没有被廣泛應用到禮學文獻的研究之中。

按照曹元弼的分類方法，不但二戴《禮記》的篇章可以按屬性分類，而且對先秦傳世文獻及出土文獻也可以做以上三類法的劃分。

學類文獻曹元弼臚列了《學記》《中庸》《儒行》《大學》《曾子》等篇目，這些篇目多爲孔子與七十子對話的記録，多數篇章爲語録問答形式，與《論語》體例十分類似。以《中庸》爲例，雖然宋代理學家將其獨立出來成爲《四書》之一種，但以先秦文獻的角度來看，它無疑與所謂子思四篇中另三篇《坊記》《表記》《緇衣》同屬一類文體。這類文獻所記録的也多是孔子與弟子論心性、學習、爲人、爲政的内容，是孔子教育弟子的生動記録。《學記》《儒行》《大學》等篇章有大段的散體論述，有些論述作爲整體出現在孔子的回答中，孔子所談的論題與《論語》所論述的主題類似，這類文獻也被歸入學類文獻。依據同樣的標準，郭店簡中的儒家文獻《緇衣》《魯穆公問子思》《窮達以時》《五行》《成之聞之》《尊德義》《性自命出》《六德》《語叢一》《語叢二》《語叢三》都可以劃分在學類文獻之中，郭店竹書基本没有一篇可以算作政類或禮類的禮學文獻。

政類文獻曹元弼臚列了《王制》《月令》《夏小正》《文王官人》等篇目，所謂政類則是指集中論述禮制，尤其是政治制度方面的文獻，包括先秦曆法、職官、等級、政令等内容，與後世記録政體、官制的文獻相類似。這類文獻與《三禮》中《周官》的關係密切，是研究先秦政體制度的重要材料。這類文獻與學類及禮類文獻有明顯的區別。出土文獻中金文職官研究、曆法研究等與這類文獻密切相關。

---

① 沈文倬：《略論禮典的實行與〈儀禮〉書本的撰作（下）》，《文史》第十六輯，中華書局 1982 年版，第 8 頁。沈文引自曹元弼《禮經學》卷四《會通》。

② 沈文倬：《漢簡〈服傳〉考（下）》，《文史》第二十五輯，中華書局 1985 年版，第 40 頁。

禮類文獻曹元弼臚列了《曲禮》《檀弓》《遷廟》《釁廟》《冠義》《昏義》《朝事義》等篇，這類文獻即沈文倬在《撰作》一文中所指的禮典文獻，沈文倬說："'禮以體政'，適應於政治需要的各種禮典是具體的。"又舉《尚書·堯典》"三禮"說、《禮記·祭統》"五禮"說(吉、凶、軍、兵、嘉)、《禮記·昏義》"八禮"說(冠、昏、喪、祭、朝、聘、射、鄉)、《大戴禮記·本命》"九禮"說(冠、昏、朝、聘、喪、祭、賓主、鄉飲酒、軍禮)、《禮記·仲尼燕居》"十禮"說(郊、社、嘗、禘、饋、奠、射、鄉、食、饗)來說明禮典在先秦社會生活中的重要性。[1] 沈文倬認爲《儀禮》是先秦記錄禮典的核心文本。"用文字記錄下來的各種禮典，我們稱之爲'禮書'，是記錄'禮物'、'禮儀'和它所表達的禮意的文字書本，現存的《儀禮》十七篇就是它的殘存部分。"[2]沈文倬後來提出的禮典文獻(沈文倬稱爲"禮書"文獻)顯然與曹元弼在說明二戴《禮記》文獻的性質時，對禮類文獻的劃分内涵完全一致，包含了二戴《禮記》中與禮典相關的所有篇目。沈文倬對於《禮記》中禮典相關篇目的界定更爲細緻：

> 說《禮記》是《禮經》的傳記，突出地表現於下列諸篇，如《冠義》之於《士冠禮》，《昏義》之於《士昏禮》，《鄉飲酒義》之於《鄉飲酒禮》，《射義》之於《鄉射禮》、《大射儀》，《燕義》之於《燕禮》，《聘義》之於《聘禮》，《喪大記》、《奔喪》之於《士喪禮》、《既夕》，《喪服小記》、《雜記》、《間傳》、《大傳》、《三年問》以及《檀弓》、《喪服四制》等之於《喪服經》)。這些篇章所題的記、傳、義是一個意思，即十七篇經義，它是爲解經所未明，補經所未備而撰作的。[3]

沈文倬認爲"《儀禮》十七篇僅屬殘存，一部分禮典書本已在秦火中亡佚，因此不應該以現存的十七篇的範圍來看待殷、周禮典"[4]。沈文倬在《撰作》一文中通過甲骨卜辭、青銅器銘文、《禮記》、《毛詩》、《左傳》、《國語》、《周

---

① 沈文倬：《略論禮典的實行與〈儀禮〉書本的撰作(上)》，《文史》第十五輯，中華書局 1982 年版，第 27 頁。

② 沈文倬：《略論禮典的實行與〈儀禮〉書本的撰作(上)》，《文史》第十五輯，中華書局 1982 年版，第 30 頁。

③ 沈文倬：《漢簡〈服傳〉考(下)》，《文史》第二十五輯，中華書局 1985 年版，第 40 頁。

④ 沈文倬：《略論禮典的實行與〈儀禮〉書本的撰作(上)》，《文史》第十五輯，中華書局 1982 年版，第 21 頁。

官》及諸子典籍中涉及禮典的文獻來補《儀禮》所記禮典的闕漏。雖然沈文倬没有對出土文獻的邊界做嚴格的界定(其中包含了不少考古資料),但是第一次大致劃分了與禮典有關的傳世文獻及出土文獻的範圍,並示範性地使用這些材料研究了殷、周禮典,爲以出土文獻研究兩周禮典做出了初步的嘗試。

由曹元弼、沈文倬做出的禮典文獻的界定(曹元弼稱爲"禮類"文獻、沈文倬稱爲"禮書",本書認爲稱爲"禮典文獻"最爲恰當),爲涉禮文獻的分類提供了堅實的基礎,説明了以《儀禮》爲核心的禮典類文獻的獨特性,使得研究者可以在這樣的認識基礎上繼續推進各類禮學文獻的研究。

二、與兩周禮典相關出土文獻的界定

要界定與禮典有關的出土文獻範圍,首先要對研究先秦禮制所能利用的出土文獻做出界定。對在這個範圍内的文獻加以窮盡性地搜羅探討,對於這個範圍之外的材料則不再加以關注。一般認爲,出土文獻研究的對象主要是出土器物上所書寫銘刻的文字,包括甲骨文、金文、簡帛文字、璽印文字、陶文等呈現在不同材質載體上的文字資料。出土器物上所包含的紋飾、花樣、圖案等内容往往遭到忽視,這是由於在整個先秦研究的文獻材料中,圖畫、紋飾所佔的比例很小,而能與傳世文獻相印證的圖畫、紋飾更少。在西方古典研究中,有大量雕塑、繪畫、圖案描繪了特定的重大歷史主題,對這些文物上的圖畫、紋飾的研究構成了西方古典研究重要的組成部分。之所以要將這些圖畫、紋飾内容作爲出土文獻的研究對象,是因爲文字與圖案作爲文獻所提供的信息具有同等重要的價值,有時圖案、紋飾提供信息的豐富性還要勝於文字。現代社會仍然習慣於使用圖書來指稱書籍的總體,就是因爲書籍本身所包含的,除了文字内容以外,還有大量的圖像資料。如果將這些材料摒除在研究對象之外,對出土文獻就缺乏完整的認識,會大大縮小出土文獻的利用範圍,從而減少出土文獻帶來的有價值信息。

除了以上將出土器物本身所含有的紋飾、花樣、圖案補充進出土文獻,作爲出土文獻重要的組成部分,還需要對出土文獻的外延做出明確界定——即作爲出土器物本身的考古資料,以及這些器物之間的相互位置關係、年代關係、等級關係等,不能被視爲出土文獻。比如,在先秦遺址和墓葬中常常能發現可與傳世文獻相對應的器物,即使這些器物本身能説明傳世文獻的一些情況,或者被認爲即傳世文獻中所稱的某種器物,這些器物也不能因此被認定爲可供研究的出土文獻,而仍要被視爲考古資料。只有出土器物上出現的可以説明傳世文獻中某些特定器物、場景、儀節的文字、圖案,才是可供研究的出土文獻。

　　之所以要突出出土器物本身與出土文獻(主要指出土器物上的文字、圖案)之間的差別，在於根據這一劃分可將近年來考古學的禮學研究與出土文獻的禮學研究做一個明晰的劃分。在根據新的考古資料做禮學研究的全部成果中，將這些成果劃分爲兩個大類，一類是通過出土器物及出土器物的相互關係來與禮書中的相關內容做對比研究，這類研究是以考古學與文博學爲研究基礎的；另一類是通過出土文獻(文字與紋飾)來與禮書中的相關內容做對比研究，這類研究是以出土文獻與古文字學爲研究基礎的。前一類研究的代表性著作有吳十洲《兩周禮器制度研究》、姬秀珠《儀禮沃盥禮器研究》、高崇文《古禮足徵——禮制文化的考古學研究》等，代表性文章有陳公柔《士喪禮、既夕禮中所記載的喪葬制度》、張光裕《從新見材料談〈儀禮·飲酒禮〉中之醴栖及所用酒器問題》等，這類研究主要是依靠考古學的成果與先秦禮制相印證，從而達到對先秦禮制加深認識的目標。後一類研究的代表性著作有楊華《古禮新研》《古禮再研》、賈海生《周代禮樂文明實證》等，代表性的文章有沈文倬《漢簡〈服傳〉考》等，這類研究主要是依靠出土文獻的內容與先秦禮書相比較，進一步探究先秦禮書與禮典的內涵。

　　以出土文獻研究兩周禮典應當將考古發掘所得的出土器物及包括喪葬用具、墓葬設施、隨葬物品等在內的墓葬、遺址相關信息排除在考察範圍之外。要嚴格區分作爲出土文獻的文字及紋飾與作爲考古資料的實證器物及相關信息。從某種意義上說，由於出土器物本身並不具有文獻性質，對出土器物的討論應該限定在考古學的範疇之內，而對出土器物上文字及紋飾的討論應當納入文獻學研究的範疇。

　　作了以上區分之後，就可以對本書所涉及出土文獻的基本邊界做出清晰的界定，凡是屬於出土文獻範圍的材料，在做兩周禮典研究時應加以深入的考察；凡是不屬於出土文獻範疇的考古資料，就不再對這些資料進行分析討論。嚴格區別出土器物本身與出土器物所包含的出土文獻是本書的研究起點，也是對之前以考古資料研究先秦禮制、禮書成果的釐清。往後所有依托考古資料來對先秦禮制進行的研究，都應該自覺地先以此標準清晰地界定兩種不同的研究路徑，這兩種研究路徑所需要的知識儲備和基礎訓練是大不一樣的。

　　需要特別說明的是，出土文獻中有一類特別的文獻——遣册。雖然遣册本身毫無疑問是出土文獻的一部分，但由於遣册所記載的內容往往與出土墓葬中的陪葬器物具有嚴格的對應關係，對這類文獻研究的基本方法處於出土文獻學與考古學交叉的位置上。由於遣册內容與墓葬器物往往具有嚴格的對應關係，使得對遣册的研究更偏向於考古學的範疇。遣册文獻不具有書類文獻所包含的叙事内涵，僅僅在墓主下葬時作爲記録器物的簿册使用，故内容較爲瑣細，一般不體現禮典的重大儀節。要將遣册所記録的内容與禮書進行比較研究，就繞不開考古學對器物本身及器物間相互關係的研究。遣册研究與考古學研究的緊密聯繫使得研究者無法以典型的出土文獻研究範式來對待遣册文獻。因此，可以將遣册及相關的墓葬出土器物視爲一類特殊的禮典研究資料，與通過出土文獻對禮典進行研究的方法區別開來。

三、與兩周禮典相關出土文獻的分類

由於殷墟甲骨文①所反映的皆爲商代禮制及禮典的内容，故本書不對甲骨文做直接的禮典研究，只有甲骨文與西周金文所反映的禮典内容有關聯性的時候，才附帶地對甲骨文進行禮典分析。

第一，由於兩周金文中所反映的禮制内容非常豐富，是禮典研究的重要出土文獻，故本書首先利用兩周金文(含少量周代甲骨文)對西周至春秋戰國的禮典進行研究。對兩周金文的準確釋讀是認識金文所述禮典的基礎，界定兩周金文所涉及的禮類是認識銘文文獻性質的關鍵。

第二，利用出土文獻研究兩周禮典，應當重視與《儀禮》經記文、《禮記》諸篇成書時代接近的出土文獻材料，或者時代略晚於兩周禮典時代、可以印證兩周禮典具體儀節的出土文獻。這些文獻可以被視作重新探討《儀禮》等文獻所記述禮典更直接的文獻資料。由於《儀禮》是書類文獻，故出土文獻書類文獻中述及禮典的内容是居於核心地位的。這類文獻包括郭店簡、上博簡、清華簡等中涉及禮典的相關篇章。

第三，兩周器物上爲了美觀所鑄造刻畫的圖畫和繪製的紋飾也具有文獻性質，應該對其中涉及禮典的文獻加以討論。由於圖案所包含的信息量較大，反映的内容也較爲直觀，這類文獻無論是否含有題記，都對討論兩周禮典具有重要的意義。這類文獻的代表有包山二號墓漆奩上的"昏禮親迎儀節圖"、戰國嵌錯刻紋銅壺的紋飾等。

第四，春秋戰國時代出土簡帛文獻中的卜筮祭禱類文獻。卜筮祭禱類文獻不具備與書類文獻同等的經典性質，更多地以地方性禮俗文獻或書記文獻的面貌出現。這類文獻與禮典的比較研究頗類似於當代人類學對早期古典的闡釋研究。卜筮祭禱簡所記内容，雖然無法直接與禮典的相關儀節掛鈎，但却可以看

---

① 由於出土甲骨文多爲殷墟甲骨文，少量爲周原甲骨文，故爲了行文方便，本書稱甲骨文者一般都是指殷墟甲骨文，凡用到周原甲骨文者皆標注"周原甲骨"。

作先秦禮典所規定制度的禮俗遺存與地方變型。這類文獻的代表有包山楚簡中的祭禱簡，與兩周禮典中的祭禮有直接的相關性，但其反映的是楚地獨有的祭祀禮俗。

第五，成書時代較晚的出土秦漢文獻，其中有一些與《儀禮》中的部分篇目直接相關，它們是漢代人學習兩周禮典類文獻的文本。原則上，如果對秦漢出土文獻進行細分的話，也可以分爲上述銅器銘文文獻、簡帛書類文獻、器物圖案文獻及日用文書禮俗文獻四種類型。由於出土秦漢器物上的文字、紋飾所反映的禮制基本限於秦漢時代本身，無法有效反映先秦春秋戰國時代的情況，故漢代銅器銘文文獻、器物圖案文獻及日用文書禮俗文獻這三類可以不作爲研究兩周禮典所需考察的出土文獻。只有與解釋先秦禮書及禮典有關的書類出土文獻，才納入以出土文獻研究兩周禮典的範疇。這類文獻的代表有西漢馬王堆漢墓帛書《喪服圖》，以及武威漢簡《儀禮》《服傳》等。

第六，古代發現的出土文獻，其中與禮典有關的資料也應作爲兩周禮典研究的重要材料。古代出土的先秦文獻主要有孔壁出書與汲冢竹書。由於孔壁所出的古書在漢代已經被隸寫，並且很多成爲今天傳世文獻的一部分，所以不作爲出土文獻加以討論。汲冢竹書相傳出於戰國魏襄王之墓，如果史書記載不誤，則汲冢竹書現在所存篇目的屬性確屬戰國書類文獻。汲冢竹書中《竹書紀年》現僅存輯佚而得的《古本竹書紀年》。由於《古本竹書紀年》中涉禮的文句很少，故無法找出足夠與禮典相關內容來作爲兩周禮典研究的素材，因此本書沒有對其作深入考察。汲冢竹書中的《穆天子傳》曾被不少研究者視作僞書。以現在掌握的出土文獻知識看，其書的不少特徵確實符合先秦出土文獻的特點，當屬面貌較爲存真的出土文獻整理本。《穆天子傳》記述周穆王周遊天下的事跡，其中多數事跡均以禮典的形式反映出來。卷六《周穆王盛姬死事》中記述了盛姬喪禮的全過程，是目前所見唯一一篇完整記載王級喪禮的文獻，禮典研究價值巨大，前人卻鮮有涉及。

四、兩周禮典研究相關傳世文獻與出土文獻的禮類歸納

沈文倬在《撰作》一文中，對《禮記》中哪些篇目屬於禮典文獻有清晰的界定：

學、政諸篇及《樂記》可置勿論，秦漢人之作應予剔除，列入禮類的，小戴所輯有：《曲禮》上下、《檀弓》上下、《曾子問》、《禮器》、《郊特牲》、《玉藻》、《喪服小記》、《大傳》、《少儀》、《雜記》上下、《喪大

記》、《祭法》、《祭義》、《祭統》、《仲尼燕居》、《奔喪》、《問喪》、《間傳》、《三年問》、《深衣》、《投壺》、《冠義》、《昏義》、《鄉飲酒義》、《射義》、《燕義》、《聘義》、《喪服四制》；大戴所輯有：《禮三本》、《虞帝德》①、《諸侯遷廟》、《諸侯釁廟》、《朝事》、《投壺》、《公冠》②、《本命》等，凡三十九篇。③

根據沈文倬對二戴《禮記》篇目的分類，合《儀禮》篇目述及的禮典，對先秦禮書所涉及的禮典類型可以做以下文獻歸類(見表 1-1)：

表 1-1 先秦禮書涉及禮典類型

禮典	《儀禮》篇目	二戴《禮記》篇目
冠禮	《士冠禮》	《冠義》、大戴《公符》
昏禮	《士昏禮》	《昏義》
覲見朝聘禮	《士相見》《聘禮》《覲禮》	《聘義》、大戴《朝事》
飲酒禮、饗禮、食禮、燕禮	《鄉飲酒禮》《燕禮》《公食大夫禮》	《鄉飲酒義》《燕義》
射禮、投壺	《鄉射禮》《大射儀》	《投壺》《射義》、大戴《投壺》
喪禮	《士喪禮》《既夕禮》《士虞禮》	《檀弓》上下、《曾子問》、《雜記》上下、《奔喪》、《問喪》、《間傳》
喪服(宗法)	《喪服》	《檀弓》上下、《喪服小記》、《大傳》、《雜記》上下、《問喪》、《服問》、《間傳》、《三年問》、《喪服四制》
祭禮	《特牲饋食禮》《少牢饋食禮》《有司徹》	《郊特牲》《祭法》《祭義》《祭統》

① 所引原文爲《虞帝德》，各本作《虞戴德》，爲沈文倬所改。
② 沈文倬據戴震校本，改"公符"爲"公冠"。戴震曰："冠"各本訛作"符"，今訂正。
③ 沈文倬：《略論禮典的實行與〈儀禮〉書本的撰作(下)》，《文史》第十六輯，中華書局 1982 年版，第 8 頁。沈文倬既然將《曲禮》《少儀》《深衣》納入禮典文獻，《內則》實際也可以納入這個範圍，專講侍奉長輩之禮儀，可以歸入表 1-1 中"禮容、禮辭、禮服"一欄。

續表

禮典	《儀禮》篇目	二戴《禮記》篇目
遷廟、釁廟	—	大戴《諸侯遷廟》、大戴《諸侯釁廟》
*禮容、禮辭、禮服	—	《曲禮》上下、《少儀》、《深衣》
其他	—	《禮器》、《玉藻》、《仲尼燕居》、大戴《禮三本》、大戴《虞戴德》①、大戴《本命》

　　表 1-1 是對傳世禮書中所涉禮典的大致分類，由於《禮記》諸篇中單篇涉及多種禮典的情況非常普遍，故不少篇目無法完全確定其禮典類型的歸屬，只能就其主要内容做大致的分類。出土文獻所涉禮典類型的分析將以此作爲一個起點。在後面的研究中，會發現出土文獻所論述的禮典大致不超出表 1-1 所歸納的類型（金文多兩個主要禮類：軍禮（獻俘禮）、册封禮），只有西周早中期金文所涉祭祀禮典要多於表 1-1 所述涉禮類，具體原因會在相關章節中作出説明。

　　以上論述對於兩周禮典研究相關的出土文獻做了界定，對於近幾十年來利用出土文獻與考古資料研究兩周禮典的兩種路徑做了區分。特定的出土文獻資料規定了利用其研究兩周禮典時所應當採取的態度和所受到的局限，對出土文獻的材料性質進行分組分類是研究兩周禮典的前提。在這樣的前提下，對出土文獻的内涵進行最大限度的挖掘，才能充分發揮出土文獻的效用。

　　錯誤地理解和利用先秦秦漢出土文獻與兩周禮典的對應關係，將直接導致錯誤的研究結論。過分地誇大非經典性質的出土文獻的價值，或者忽略具有經典屬性出土文獻的價值，都將嚴重妨礙使用出土文獻研究兩周禮典以及利用兩周禮典的知識校正出土文獻文本的準確性。在之前幾十年的研究中，這類誤用的情況屢見不鮮。本書希望通過嚴格的區分和限定，爲未來利用出土文獻研究兩周禮典製定比較合理的框架。在這個框架内，不同性質的出土文獻材料都能找到合理的使用尺度和研究方式。

---

　　① 大戴《虞戴德》篇中述禮内容不多，沈文倬將其歸入禮類文獻不知何故。沈文倬的三十九篇之數大於曹元弼所列篇目，其中某些篇目述禮的内容並不多，列入禮類文獻，似可斟酌。

第二章　兩周青銅器銘文與
兩周禮典研究

第一節　商代西周出土文獻與兩周禮典研究概説

　　前文第一章《緒論》界定了與禮典研究相關出土文獻的外延之後，首先要回顧一下利用甲骨、金文文獻研究商代、西周禮制的學術歷史。目前，能被用以研究商代禮制的出土文獻是商代甲骨文與商代金文。能被用以研究西周禮制的出土文獻是西周金文與西周甲骨文。其中商代甲骨文是研究商代禮制的主要文獻，西周金文是研究西周禮制的主要文獻。

一、商代出土文獻與商代禮制研究

　　19 世紀末，商代甲骨的出土爲研究商代禮制提供了第一手的資料。早在 1917 年，王國維根據當時所見的甲骨文材料寫出了《殷卜辭中所見先公先王考》《殷卜辭中所見先公先王續考》和《殷周制度論》等討論商代制度和禮制的著名文章。王國維開啟了利用商代甲骨文研究商代禮制的先河，其後有董作賓、胡厚宣、常玉芝、宋鎮豪、朱鳳瀚等學者賡續其研究理路，董作賓的《殷曆譜》，常玉芝的《商代周祭制度》《殷商曆法研究》，宋鎮豪的《商代社會生活與禮俗》，朱鳳瀚的《商周家族形態研究》都是以甲骨文材料來研究商代制度的重要作品，涉及曆法、宗法、祭祀等方方面面，大大加深了我們對商代社會制度的認識。然而，這些研究對於商代禮典研究並無重大推進。究其原因，是由於甲骨文獻屬於占問性質，故利用甲骨文對商代禮制進行研究具有很大的局限性。甲骨文所記錄的占問實質上是一種選擇性問題，突出的是對某事件的時間、地點、用物等要素的選擇吉凶，並非對某種行爲或者過程的詳細記錄。加之甲骨文所記事例極爲簡略，因此不可能對禮典的儀節有細緻的反映，故難以找到能與禮典相對應的甲骨文文獻（此特點在多數商代青銅器銘文中表現同樣突出）。

由於甲骨文極少涉及禮典的過程，故使用甲骨文研究禮制的主流路徑是通過對甲骨文中的涉禮動詞和名物加以分類統計，得出它們之間的分組分類關係，從而統計出商代祭祀、田獵等相關禮典的基本特徵。這種研究法可以被稱爲分組分類統計式的上古禮研究範式。這種範式也被廣泛應用於金文涉禮銘文研究之中。出土文獻中禮典内容使用這種研究方式的，其研究對象一般具有如下的特徵：一是涉禮出土文獻所記載的文字比較簡略，二是文獻内容不涉及禮儀的具體過程，而僅僅包含對某種禮儀的稱謂，三是無法通過文獻内容得出所涉禮典的其他禮儀特徵。具備了上述條件的出土文獻資料就只能依賴統計分類的方式加以研究，統計分類的方式能挖掘出某類禮儀特定的人物、器用和場所等相關信息。

應當指出的是，以上這種分類統計出土文獻特定詞語的方式是研究上古禮典的主流範式之一。然而這種方式對於弄清商代禮典儀節却没有什麽幫助，也没有辦法通過極爲簡略的文本對上古禮典的内涵做進一步的探究，只能勾畫出上古禮制的粗略輪廓。

目前商代青銅器銘文中對禮典過程有較明確記録的只有作册般銅黿（《銘圖》19344，商代晚期），作册般銅黿的銘文，李學勤、裘錫圭、朱鳳瀚等先生做過詳細的討論，雖然大家對作册般銅黿銘文所描述的禮儀性質意見並不統一，但對銘文記録了一次前後相關的禮儀過程是没有異議的。另外，還有一件商代青銅器宰甫卣（《銘圖》13303，商代晚期）。楊寬認爲其銘文雖然没有出現“蒐禮”禮典的特徵詞彙，但其記録的確是商代“蒐禮”。宰甫卣銘文記録了蒐禮前後的重要禮儀行動，爲我們瞭解商代蒐禮提供了可貴的資料。

以上簡單回顧了利用商代甲骨文與商代金文研究商代禮典所採取的主流方法和所取得的成果。由於商代出土文獻與禮書中記録的成熟的兩周禮典時代相隔較遠，也没有證據能表明周代禮典是直接承襲商代禮典而來的。即使周代禮典與商代禮典具有一些繼承關係，也無法通過商代甲骨文與金文對兩周禮典的具體内容作出直接的説明。因此商代甲骨文與金文不作爲以出土文獻研究兩周禮典的主要材料。

二、西周青銅器銘文與西周禮典研究

利用西周金文來研究西周禮典，楊寬、劉雨、袁俊傑、賈海生、張秀華等學者有較多的討論。運用西周金文對西周禮典加以研究，首先要區分兩種情形，第一種情形與利用甲骨文研究商代禮典頗爲相似，即大部分的西周銅器銘文記述簡略，銘文中僅涉及禮典的名稱而不涉及禮典的過程，這類銘文依然只能通過分組分類的方式加以研究，張秀華《西周金文六種禮制研究》第二章的西周祭禮研究就大量使用了這種統計的方式。第二種情形是金文篇幅較長，記錄了禮典儀節的内容，這類金文對於研究兩周禮典有較大的作用。例如霸伯盂銘文所記述的聘禮及相關情況。雖然對霸伯盂銘文的釋讀目前還没得到完全一致的見解，但是學者們對該銘文記録了完整的西周聘禮過程取得了一定的共識。

　　楊寬《古史新探》一書中涉及的西周禮典有：冠禮、射禮、鄉飲酒禮與饗禮、贄見禮、籍禮、大蒐禮，没有討論昏禮、喪禮和祭禮等①；劉雨在其文集《金文論集》中對西周禮典的分類有：射禮、祭祖禮、相見禮、饗與燕禮、分封禮、軍禮，没有討論冠禮、昏禮和喪禮等②；張秀華在《西周金文六種禮制研究》(簡稱《禮制研究》) 中對西周禮典的分類有：祭禮、軍禮、見禮、封建禮、饗禮(含燕禮)、射禮，没有討論冠禮、昏禮和喪禮等③。如果將以上幾位對西周金文所涉及的西周禮典加以歸納分類，能得出表 2-1：

表 2-1　西周金文所涉及禮典類型

	冠禮	昏禮	相見禮	饗燕禮	射禮	喪禮	祭禮	册封禮	籍禮	軍禮
楊寬	冠禮	—	贄見禮	鄉飲酒禮與饗禮	射禮	—	—	—	籍禮	大蒐禮
劉雨	—	—	相見禮	饗與燕禮	射禮	—	祭祖禮	分封禮	—	軍禮
張秀華	—	—	見禮	饗禮	射禮	—	祭禮	封建禮	—	軍禮

　　表 2-1 所呈現的禮典分類爲西周金文所反映的西周禮典的大致情形，雖然西周金文稀見記述冠禮、昏禮、喪禮的材料，但可以想見，冠禮、昏禮、喪禮在西周貴族生活中是佔有重要位置的。

　　前文已經將《儀禮》與《禮記》關於禮典的篇目做了歸納，傳世文獻所涉及的禮典類型與西周金文所涉及的禮典類型的差別並不大。從《儀禮》相關的篇目來看，《儀禮》對於低級貴族士的相見禮、冠禮、昏禮、喪禮、祭禮有詳細

---

① 楊寬：《古史新探》，中華書局 1965 年版。
② 劉雨：《金文論集》，紫禁城出版社 2008 年版。
③ 張秀華：《西周金文六種禮制研究》，吉林大學博士學位論文，2010 年。

的記述，對祭禮、聘禮、覲禮、燕禮、公食大夫禮、大射禮等涉及大夫、諸侯、周王層面的部分禮典有詳略不同的記録，對高級貴族周王及諸侯的册封禮、籍禮、軍禮、喪禮、祭禮等禮典未有反映。另外，《儀禮·喪服》也涉及大夫、諸侯層面的喪服服制。可見《儀禮》雖然主要反映的是士階層的禮制，但是並不完全限制在士這一階層，對高級貴族的禮典也有一定的記述，只是這類記述並没有如士禮的記述那麽完備。

另外，楊寬在《古史新探》的《"大蒐禮"新探》、李亞農在《"大蒐"解》①中，專門利用金文對"蒐"禮進行了討論。張秀華《禮制研究》的第三章、郭永秉的《穆公簋蓋所記周穆王大蒐事考》②對西周中晚期的軍禮(大蒐禮)進行了討論，指出了大蒐禮的禮儀過程。

通過對含有禮儀内容的長篇金文進行分析，可以對西周的禮典有較爲深入的認識。對比西周禮典與《儀禮》所記述禮典的異同，就能逐步分辨出西周禮典與春秋戰國文獻所記載的已經規範化的兩周禮典之間的不同。故對西周涉禮金文的研究是以出土文獻研究兩周禮典的重要組成部分，也是目前先秦禮學研究發展比較充分的一個方面。

以西周金文研究兩周禮典要注意兩個方面的問題，一是《儀禮》的成書年代大概在春秋戰國之交，西周金文的時代與《儀禮》所記述禮典的時代有較大差異，西周金文所記述的禮典内容與《儀禮》所記述的禮典内容不但具有很强的繼承性，而且具有很大的變異性；二是《儀禮》所記述的禮典儀節主要爲士、大夫級别的一般貴族所遵循的規範，較少記録上自天子下至諸侯高級貴族的禮典規範。雖然西周金文和東周禮書中的禮典儀節有着密切的聯繫，二者在很多地方可以相互參照，但是在没有直接證據的情况下，仍不應該將這些儀節直接加以對應，否則就容易産生時代性的錯位。

對一般性的禮典材料與具有特定儀節内容的禮典材料加以區分，是以青銅器銘文研究兩周禮典的一項重要工作。所謂一般性的禮典材料，是指含有禮典儀節詞彙，但没有具體儀節過程描述的青銅器銘文。具有特定禮典儀節内容的禮典材料則與之相反，可以將銘文内容與禮典的主要儀節對應起來。區分二者可以大大縮小青銅器銘文禮典研究的重點器物的範圍。只有具有儀節内涵的青銅器銘文，才是使用青銅器研究先秦禮典的重點文本，從中可以獲得對先秦禮

---

① 李亞農：《"大蒐"解》，《學術月刊》1957年第1期，第42~46頁。

② 郭永秉：《穆公簋蓋所記周穆王大蒐事考》，《復旦學報》(社會科學版)2012年第5期，第130~140頁。

典較多的信息，並彌補傳世文獻的不足。表 2-2 是晚商、兩周青銅器中具有特定儀節內涵金文的典型器物列表：

表 2-2　晚商、兩周青銅器中具有特定儀節內涵金文表

器名	著録號	時代	所涉禮典類型
剌鼎	《銘圖》02428	西周中期	禘
伯唐父鼎	《銘圖》02449	西周早期	射（射牲）
令鼎	《銘圖》02451	西周早期	大籍、射
鄂侯馭方鼎	《銘圖》02464	西周晚期	賓裸、賓射
多友鼎	《銘圖》02500	西周晚期	軍（獻俘）、禘、裸
九年衛鼎	《銘圖》02496	西周中期	聘問（覜）
小盂鼎	《銘圖》02516	西周早期	軍（獻俘）
穆公簋蓋	《銘圖》05206	西周中期	大蒐
柞伯簋	《銘圖》05301	西周中期	大射
天亡簋	《銘圖》05303	西周早期	會同
静簋	《銘圖》05320	西周中期	射
敔簋	《銘圖》05380	西周晚期	軍（獻俘）
霸伯盂	《銘圖》06229	西周中期	聘
麥尊	《銘圖》11820	西周早期	聘、册封
長由盉	《銘圖》14796	西周中期	射
晉侯蘇鐘	《銘圖》15298—15305	西周晚期	軍（獻俘）
作册般銅黿	《銘圖》19344	商代晚期	射（射魚）

表 2-2 所列青銅器的銘文大多含有特定禮典儀節內容，不過由於金文銘辭簡略，很難設定一個十分確切的作爲確定具有特定禮典儀節內涵金文的標準。以上銘文所涉及的禮典內容相對比較詳細，是金文中研究兩周禮典的重要文獻。青銅器銘文中有不少含有類似禮書中禮辭的內容，禮辭本身是禮典的重要組成部分，部分金文中的禮辭並不具有特定的禮典內涵，多爲賞賜、命令、祝福之辭，故具有這類禮辭的金文就不納入表 2-2 的範圍了。

三、以青銅器涉禮銘文研究兩周禮典的幾個誤區

通過兩周銅器銘文來對禮典進行研究，要避免誤入以下幾個方面的誤區。

一是要避免在確定涉禮青銅器銘文時，由於對銘文的誤釋而造成漏收或者誤收的情況。要研究青銅器銘文的禮典內涵，前提是對青銅器銘文的準確釋讀，在準確釋讀的情況下，才能對青銅器銘文是否涉禮加以正確判斷。這不但對判斷青銅器涉禮銘文有效，對研究一切出土文獻是否與先秦禮典有關都至關重要。在目前已有的青銅器銘文涉禮研究中，就存在不少由於誤釋而將與禮典無關的銘文收錄入涉禮銘文的情況，本章將專門加以辨析。

二是要避免將青銅器銘文涉“禮”與涉“事”相混淆。在青銅器涉禮銘文研究中，往往由於研究者認爲銘文記述了一次與禮未必有關的歷史事件而將該篇銘文認定爲涉禮銘文。在傳世文獻研究中，如何將歷史事件與禮典本身區分開來有着清晰的判斷標準。在做出土文獻研究時，應當將其是否涉禮的判斷標準與傳世文獻的標準統一起來。當代發掘的出土文獻越來越多，不少文獻在傳世文獻中能找到對應的或者性質相同的內容，這爲出土文獻禮學性質的認定帶來了很大的便利，應當統一判定出土文獻與傳世文獻是否屬於禮典材料的眼光和標準。落實到青銅器銘文研究上，區分青銅器銘文描寫的是“事”還是“禮”的標準，應該經得起傳世文獻禮制研究的檢驗。僅僅描述了歷史事件而沒有特定禮典內涵的銘文，不應該被視作禮典材料。一般來説，認定青銅器銘文是否涉禮的標準，應當與判斷《左傳》《國語》等先秦記史文獻的某些章節是否涉禮的標準一樣。

三是要避免因爲銅器銘文涉禮標準泛化引起誤收的情況，這主要是指將一些不具有禮典特徵的內容認定爲與禮典相關。判別涉禮文獻應該採取從緊的原則，不應該在沒有堅實理據的情況下將某些普通的詞彙視爲禮儀性質的詞彙。由於禮學研究的特殊性，在沒有特別證據説明某一文本與禮典儀節有確定聯繫的時候，一般應當避免將該銘文文獻劃入禮典文獻的範疇。由於禮典往往具有規範性的特徵，所以無法準確與禮典相對應的出土文獻比能準確與禮典相對應的出土文獻要多得多。在使用這些無法準確與禮典相對應的出土文獻時，當採取寧缺毋濫的標準。由胡亂比附而產生的銅器銘文涉禮的新説，是目前利用出土文獻研究禮典發生錯誤的主要來源。

四是要避免失收某些本身不含有特定禮學詞彙，其內容卻與禮制密切相關，甚至就是描述某種禮典儀節的涉禮文獻。由於研究者對傳統禮學不熟悉或者對銘文所描述的禮典理解不足，從而忽略了這類文獻的存在。在傳統禮學之

中，雖然喪服及宗法研究與禮典研究有區別，但一般將相關的研究置於禮典研究的重要位置。這並不僅僅因爲《儀禮》含有《喪服》一篇，而是因爲兩者之間確實存在很深的内部關聯。因此，禮學研究對出土文獻禮典研究提出了同樣的要求，凡是涉及宗法以及喪服的相關出土文獻，也應當被一同納入研究範疇，將它們與禮典相關的文獻一起加以討論。

西周至春秋戰國時代禮典處於不斷變化定型的過程之中，因此西周早中期高級貴族實行的禮典在春秋戰國之際以《儀禮》爲代表的禮書中沒有完全對應的文本。研究西周早中期實行的貴族禮典，需要對春秋禮書所記載的規範性禮典有深入的理解，在此基礎上才能對這些西周禮典進行正確的推想和歸類。由於對春秋時代禮典缺乏整體性的瞭解，研究者往往將西周早中期青銅器銘文所描述的禮典做錯誤的歸類，削足適履地將其歸入《儀禮》爲代表的後世禮制框架内，造成了以上四種比較常見的錯誤。

在下面的章節中，將着重分析以上臚列的四種情況，即討論在以往研究中由於以上四種原因導致的兩周禮典相關金文誤收、失收、性質錯判等諸種情形。

第二節　釋讀錯誤引起誤收或失收青銅器銘文涉禮文獻

釋讀錯誤產生的青銅器銘文涉禮文獻的誤收較爲常見，銘文正確釋讀是判斷文獻性質的基礎工作。銘文釋讀工作主要依靠出土文獻及古文字方面的知識和方法，因此青銅器涉禮銘文内涵解讀的基礎在於出土文獻及古文字方面的基礎訓練和知識儲備。以下列舉幾個由於釋讀錯誤而造成的銘文是否涉禮判斷的錯誤。

一、商尊、商卣①之"帝""司"

西周早期前段的商尊(《銘圖》11791)，其銘文②爲：

> 隹(唯)五月，辰才(在)丁亥，帝司(姛)賞(賞)庚姬貝卅朋、述兹

---

① 　1976年扶風莊白一號窖所出。

② 　本節的金文釋文參考了復旦大學出土文獻與古文字研究中心中華字庫項目第四包金文包的釋文成果，在此特致感謝！釋文中所存在的問題責任由作者承擔。

（絲）廿孚（鋝），商用乍（作）文辟日丁寶隩（尊）彝。🐦（龔）。

西周早期前段的商卣（《銘圖》13313），其銘文爲：

　　隹（唯）五月，辰才（在）丁亥，帝司（姻）賓（賞）庚姬貝卅朋、迷兹（絲）廿孚（鋝），商用乍（作）文辟日丁寶隩（尊）彝。🐦（龔）。

　　張秀華在《禮制研究》中認爲銘文中的"司"釋爲"祠"，"帝司"即"禘、祠"，整篇銘文的意思是"五月丁亥，王舉行禘祭和祠祭，庚姬被賜貝三十朋……"唐蘭將商尊、商卣中的"帝司"釋爲"帝后"，吳鎮烽《銘圖》從之，認爲"帝后"是賞賜庚姬的主語，並把器名定爲商尊、商卣（吳鎮烽對這兩個器的定名是正確的）。裘錫圭在《關於商代的宗族組織與貴族和平民兩個階層的初步研究》中認爲"'帝司'可能指時王之考的司，也就是時王的母后，'帝'字的用法與上引卜辭同"，因此可以將文中"后"此字釋爲"姻"。同文裘錫圭解釋銘文中的"帝"，認爲是指"商王用來稱呼死去的父王"的。① 裘錫圭《説"姻"（提綱）》一文專門對"姻"的内涵加以解釋。② 張秀華由於誤釋，將"司"釋爲"祠"，則使得銘文"帝后"成爲祭祀動詞"禘祠"，導致這兩篇銘文成爲禘、祠禮的材料。

二、魯侯爵之"槀"

西周早期的魯侯爵（《銘圖》08580），其銘文爲：

　　魯（魯）戻（侯）乍（作）爵邕（邕）🔲。用隩（尊）槀盟。

釋文中"槀"的字形爲🔲，孫詒讓在《古籀餘論》中將"槀"釋爲"裸"。文

---

　　① 裘錫圭：《關於商代的宗族組織與貴族和平民兩個階層的初步研究》，《文史》第十九輯，中華書局 1983 年版，第 25 頁注 9。
　　② 裘錫圭：《説"姻"（提綱）》，《古文字與古代史》第二輯，臺灣"中央研究院"歷史語言研究所 2009 年版，第 117~122 頁。

術發《魯侯爵銘文考釋》從之，將此字釋爲"祼"。① 郭沫若在《殷周青銅器銘文研究》中將其釋爲"茜"，"從自。自，鼻也，示神之歆也"。② 馬承源在《商周青銅器銘文選(三)》中亦將"鼻"釋爲"茜"，認爲該字"下部從束，旁有酒滴，當是茜之初文"。③ 張秀華《禮制研究》認爲馬承源將該字釋爲"茜"可從，並從《説文》所引古文《春秋傳》，認爲"茜"即《左傳》中的"縮"，聯繫王國維將甲骨文"𣎆"釋爲"酨"，最終認定"縮酒之祭在殷商時代就已經産生了"。④ 陳英傑《西周金文作器用途銘辭研究》釋此字從"茜"，認爲"爵銘此字跟《金文編》1168 頁 007 號字'𥜨(褙)'(征人鼎，《銘圖》02267)應該是同一個字"，該字的隸定爲"褙"，這兩個字表示同一個意思。⑤ "鼻"與"褙"的右上部分是同一個字，有一定可能性，但征人鼎中的"褙"也是可能用作人名的，説"這兩個字表示同一個意思"，失之武斷。

細審這個字形，吳鎮烽《銘圖》將其釋爲從"自"從"束"是正確的，旁邊的小點很可能是古文字構形中常見的飾筆，至少馬承源將這些小點與"酒滴"相聯繫是沒有理據的。因此將此字釋爲"茜"，並聯繫到"縮酒"之祭，恐怕站不住腳。由於吳鎮烽《銘圖》將"𤔲"釋爲"寅丂"兩個字並不可信，從字形上看"𤔲"是一個未識字。整篇銘文由於目前無法釋讀，銘文斷句還存在較大的分歧，因此其是否涉禮，以及所涉何禮都無法知曉。將其武斷地與"茜"聯繫起來，並單獨立"茜祭"一項祭祀禮類，是不可取的。

三、歸𠇗進鼎之"𩰱"

西周早期的歸𠇗進鼎(《銘圖》02337)，其銘文爲：

佳(唯)八月辰才(在)乙亥，王才(在)葊京，王昜(錫)歸𠇗進金，𩰱(肆)𤔲對𧪒(揚)王休，用乍(作)父辛寶齋，亞束。

① 文術發：《魯侯爵銘文考釋》，《中山大學研究生學刊》(社會科學版)1997 年第 3 期，第 15~18 頁。
② 郭沫若：《殷周青銅器銘文研究》，科學出版社 1961 年版，第 89 頁。
③ 馬承源：《商周青銅器銘文選(三)》，文物出版社 1988 年版，第 32 頁。
④ 張秀華：《西周金文六種禮制研究》，吉林大學博士學位論文，2010 年，第 27 頁。
⑤ 陳英傑：《西周金文作器用途銘辭研究》，綫裝書局 2008 年版，第 245 頁。

張秀華《禮制研究》將""釋爲"禱"①，並進一步將歸奴進鼎所涉禮類歸爲"禱祭"。由於""字形與常用爲"禱"的"夆"並不相同，因此此銘文與"禱祭"無關。由於"緣(肆)"所處的銘文位置，不能排除其作爲人名的可能性，因此此銘涉禮與否不易判定，不應當作爲涉禮銘文使用。

四、禽簋之"祝""敐"

西周早期前段的禽簋(《銘圖》04984，現藏中國國家博物館)，其銘文爲：

王伐蓋(蓋)厌(侯)，周公某(謀)。禽祝(祝)，禽又(有)敐祝(祝)。王易(錫)金百孚(鋝)，禽用乍(作)寶彝。

"祝"，銘文寫作""，吳鎮烽《金文通鑒》將其釋爲"祝"，董蓮池《新金文編》將此字釋爲"祝"，可從。根據本銘文的辭例，禽爲器主，"禽祝"即"禽進行'祝告'的意思"。"敐"，銘文寫作""，吳鎮烽《銘圖》釋爲"敐"，用作"振"。此字從"肩"從"攴"，釋爲"振"不妥，因此本銘文與軍禮"振旅"亦無關聯。本銘根據正確的釋讀，當是"祝"之一例，由於"祝"可能只是祭祀禮中的一個環節，是否要立爲一個禮類尚需斟酌。

五、史牆盤、乖伯簋、九年衛鼎、㝬鐘、駒父盨蓋之"視"

西周中期的史牆盤(《銘圖》14541)銘文(相關部分)爲：

……方蠻(蠻)亡不(視)，青(静)幽高且(祖)，才(在)敳(微)霝(靈)處。……

西周中期的乖伯簋(《銘圖 05385》)，銘文(相關部分)爲：

隹(唯)九年九月甲寅，王命益公征眉敖，益公至，告。二月，眉敖至，(視)，獻(獻)賮(帛)。……

---

① 張秀華：《西周金文六種禮制研究》，吉林大學博士學位論文，2010 年，第 17 頁第 6 例。

西周中期的九年衛鼎(《銘圖》02496),銘文(相關部分)爲:

> 隹(唯)九年正月既死霸(魄)庚辰,王才(在)周駒宮,各(格)廟,眉
> 敖者膚卓吏(事)**𧩙**(視)于王。……

西周晚期的鈇鐘(《銘圖》15633),銘文(相關部分)爲:

> 王肇(敦)伐甘(其)至,戣(剪)伐氒(厥)都,艮戀(孳、子)延遣閒,
> 來逆卲(昭)王,南尸(夷)東尸(夷)具(俱)**𧩙**(視)。廿又六邦。

西周晚期的駒父盨蓋(《銘圖》05675),銘文(相關部分)爲:

> 南中(仲)邦父命駒父敆(即)南者(諸)厌(侯),遆(率)高父**𧩙**(視)南
> 淮尸(夷),氒(厥)取氒(厥)服(服),董(謹)尸(夷)俗家。不敢(敢)不
> 苟(敬)畏王命,逆(迎)**𧩙**(視)我,氒(厥)獻(獻)氒(厥)服(服)。

裘錫圭在《甲骨文中的見與視》一文中列舉《周禮·春官·大宗伯》"時聘爲問,殷覜爲視",《秋官·大行人》"王之所以撫邦國諸侯者,歲徧存,三歲徧覜,五歲徧省"等書證,指出以上這些器物中的"**𧩙**"均應釋爲"視"[1],說明"視"可以訓爲"覜禮"。《說文·見部》"覜"字條有"諸侯三年大相聘曰覜。覜,視也",段玉裁注:"……省與覜同……上於下,下於上,皆得曰覜,故曰相",說明以上金文銘文中的"視"無論是位卑者視位尊者,還是位尊者視位卑者,皆可稱爲"視"。駒父盨蓋銘文中"高父視南淮夷"也屬於"覜"禮的性質。認識以上銘文爲涉禮銘文,其關鍵在於正確釋讀"視"字,將其與"見"字區分開來。

六、天亡簋之"同"

西周早期的天亡簋(《銘圖》05303),銘文(相關部分)爲:

---

[1] 裘錫圭:《甲骨文中的見與視》,《甲骨文發現一百周年學術研討會論文集》,臺灣文史哲出版社 1998 年版,第 4~5 頁。

乙亥，王又(有)大豐(禮)。王 ■ (同)三方。王祀阝(于)天室，降。
天亡又(侑)……

　　“■”字，于省吾《關於天亡簋銘文的幾點論證》認爲讀爲“凡”，用作祭
名。① 劉曉東《天亡簋與武王東土度邑》釋爲“般”，讀爲“瞥”，義爲《説文·
目部》“瞥，目轉視也”②。林澐《天亡簋“亡祀于天室”新解》認爲本字釋爲
“凡”，義爲“望”，與“望祭”有關。③ 張秀華《禮制研究》從之。以上説法皆無
據。李學勤《“天亡”簋試釋及有關推測》指出，吳式芬、孫詒讓讀作“同”，吳
闓生《吉金文録》云“同，會同也”。④ 孫常敘在《〈天亡簋〉問字疑年》中認爲
“以‘■’爲‘同’在銘文中是密合無間的”⑤。王子揚《甲骨文舊釋“凡”之字絶
大多數當釋爲“同”—— 兼談“凡”、“同”之别》一文中指出“凡”與“同”的
區别：

　　　　“凡”字，郭沫若先生指出即“槃”之象形初文。可從。上揭“風”所從
　　以及獨立使用的“凡”字形體確實象側立的盥盤之形。左側豎筆直而短，
　　象盤底圈足之形；右側豎筆向外彎曲，象盥盤口沿之形。兩側豎筆並不對
　　稱，這一點與“同”有顯著的區别。⑥

　　本銘按照王文的分析，顯然當作“同”而非“凡”。李文又引郭沫若意見：
周人在西，“三方”指東、南、北三方。義即周王會同東、南、北三方的諸侯。
　　根據以上分析，本銘之“同”不應該是祭祀名詞，而是表示會盟的意
思。對“同”的正確釋讀，對於理解天亡簋的整個禮制內涵起到了決定性
的作用。

---

①　于省吾：《關於天亡簋銘文的幾點論證》，《考古》1960 年第 8 期，第 35 頁。
②　劉曉東：《天亡簋與武王東土度邑》，《文物與考古》1987 年第 1 期，第 92~96 頁。
③　林澐：《天亡簋“王祀于天室”新解》，《史學集刊》1993 年第 3 期，第 27~28 頁。
④　李學勤：《“天亡”簋試釋及有關推測》，《中國史研究》2009 年第 4 期，第 6 頁。
⑤　孫常敘：《〈天亡簋〉問字疑年》，《吉林師範大學學報》1963 年第 1 期，第 35 頁。
⑥　王子揚：《甲骨文舊釋“凡”之字絶大多數當釋爲“同”—— 兼談“凡”、“同”之
别》，復旦大學出土文獻與古文字研究中心網站（http：//www.gwz.fudan.cn/old/Src
Show.asp? Src_ID=1588），2011 年 7 月 14 日。

七、晏鼎之"擇衣"

西周早期的晏鼎(《銘圖》30195)，銘文爲：

晏揳(拜)頴(稽)首，皇兄考(孝)于公=(公，公)㝬皁(厥)事。弟不
叞(敢)不羃(擇)衣，夙(夙)夜用旨黫(肆)公。

本器 1993 年年初出土於河南平頂山市新華區湽陽鎮義學崗應國墓地，銘
文發表在《平頂山應國墓地》①，銘文內涵諸家所說多有不同。袁俊傑、王龍
正發表的《論旡鼎與喪服禮》中，認爲本篇銘文與服喪之禮有密切關係，銘文
所述內容爲"公"去世之後，"弟"爲其父親即"公"擇喪服服喪的事跡。銘文中
的"公"爲新死之人，兄、弟皆爲其後代。② 吳鎮烽《銘圖續》已經指出《平頂山
應國墓地》對於該銘的釋讀有誤，將器主"晏"誤釋爲"旡"③，將"旨"誤釋爲
"占"。因此"夙(夙)夜用旨黫(肆)公"經過改釋後就文從字順，指的是"肆"鼎
以"旨"公。

細審《平頂山應國墓地》圖版(參見圖 2-1、圖 2-2)，"公"字下有明顯的重
文號④，因此該部分銘文就應該改釋爲："皇兄考(孝)于公=(公，公)㝬皁
(厥)事"。

圖 2-1　晏鼎銘文照片　　　　圖 2-2　晏鼎銘文照片局部

---

① 河南省文物考古研究所、平頂山市文物管理局編：《平頂山應國墓地》第 I 卷，彩
版二二，大象出版社 2012 年版。

② 袁俊傑、王龍正：《論旡鼎與喪服禮》，《考古》2015 年第 6 期，第 80~85 頁。

③ 吳鎮烽編著：《商周青銅器銘文暨圖像集成續編》第一冊，上海古籍出版社 2016
年版，第 220 頁。

④ 關於重文號是作者在與郭理遠討論本銘時，郭理遠發現並指出的。

　　"宔"字根據陳劍師的《釋"琼"及相關諸字》中認爲"這類用法的'宔'當讀爲光寵的'寵'"①，並舉盂卣(《銘圖》13306，西周早期)、作册大鼎(作册大方鼎，《銘圖》02390—02393，西周早期)、作册矢令簋(《銘圖》05352、05353，西周早期)、矢令尊(令方尊，《銘圖》11821，西周早期)、矢令彝(令方彝，《銘圖》13548，西周早期)、亢鼎(《銘圖》02420，西周早期)、再簋(應國再簋，《銘圖》05233，西周中期)、方簋蓋(楷侯簋蓋，《銘圖》05129，西周早期)等辭例説明"宔"讀爲"寵"在辭例中的合理性，在辭例中"休""寵"往往連言。"寵""宔"在銘文中可以作爲名詞或動詞使用，作爲動詞可用作"賞賜""寵榮"的含義，② 如盂卣"兮公宔盂卣束、貝十朋"，這裏的"宔"即"宔"之繁體，作動詞使用。

　　聯繫之前指出的重文號，這裏銘文當釋爲"公宔乎(厥)事"，即公賞賜"乎事"。袁俊傑、王龍正認爲"乎事"是"其事"，指公死之事。但金文辭例裏，厥事指"做事之人"的可能性更大。如麥盂(《銘圖》14785，西周早期)銘文"井(邢)庆(侯)光乎(厥)事麥"，其"厥事"的用法就與本銘非常相似。所以根據新發現的重文號改釋之後，"公宔乎(厥)事"的意思應該更接近於"公賞賜孝事於他的這些從事者"，"從事者"指的是在"皇兄"帶領下的這些"厥事"。因此弟"不敢不擇衣"。

　　從上面的改釋來看，公在"宔乎(厥)事"的時候，顯然還活着，並没有死亡。在金文中爲生者做器用於日用是極爲常見的。雖然目前無法説明"擇衣"的具體内涵，但是在兄(即銘文中的"公")生時弟擇喪服，則是完全不可能的。將本銘列爲喪禮相關的文獻，顯然是由於對銘文的誤釋造成的。

八、子黄尊之"生"

　　商代晚期的子黄尊(《銘圖》11611)，銘文爲：

　　　乙卯，子見(獻)才(在)大(太)室。白□一、耴琅九、生(牲)百牢。王商(賞)子黄矞(瓚)一、貝百朋。子娄(光)商(賞)妣丁貝，用乍(作)己寶盥(盤)。𤔔。

----

① "宔"與"寵"音近可通，參見陳劍：《釋"琼"及相關諸字》，《甲骨金文考釋論集》，綫裝書局 2007 年版，第 286 頁。

② "宔"與"寵"音近可通，參見陳劍：《釋"琼"及相關諸字》，《甲骨金文考釋論集》，綫裝書局 2007 年版，第 287 頁。

劉雨在《西周金文中的祭祖禮》中將子黄尊的時代誤定爲西周早期,故將子黄尊用作西周禮制材料,張秀華《禮制研究》沒有收錄本器銘文,説明已經認識到這一點。

細審銘文中"生(牲)百牢"劉雨誤釋爲"屮(又)百牢",該"生"字與憲鼎(《銘圖》02386,西周早期)、作册大鼎(《銘圖》02390—02393,西周早期)等器中"生"字字形接近。吳鎮烽《銘圖》因襲作"屮(又)",董蓮池《新金文編·卷六》"生"字字頭下未收。劉雨根據這個釋讀意見,將此"屮"與商代甲骨文中"屮"祭聯繫起來,作爲西周有"屮祭"的證據,是不能成立的。

九、天亡簋、陵叔鼎、沈子它簋蓋、戜簋、作册吳盤、作册吳盂、庚嬴鼎、繁卣、多友鼎、敔簋之"卒"

西周早期的天亡簋(《銘圖》05303),銘文(相關部分)爲:

> 乙亥,王又(有)大豐(禮),王同三方,王祀祆(于)天室,降,天亡又(宥),王衣(卒)祀祆(于)王不(丕)顯考玟(文)王,事喜上帝……
> ……不(丕)緐(僭)王乍(作)庸,不(丕)克乞(迄)衣(卒)王祀。……

西周早期的陵叔鼎(《銘圖》01599),銘文爲:

> 陵弔(叔)乍(作)衣寶彝。

西周早期的沈子它簋蓋(《銘圖》05384),銘文(相關部分)爲:

> ……隹(唯)考**𣄰**𣉩念自先王、先公,廼妹克衣(卒)告剌(烈)成工(功)。……

西周中期的戜簋(《銘圖》05379),銘文(相關部分)爲:

> ……衣(卒)博(搏),無昌(愍)于戜身……

西周中期的作册吳盤(《銘圖》14525),銘文(相關部分)爲:

　　天月既生霸壬午,執駒于鞎南林。衣(卒)乎(呼)鬃勾(偈)召乍(作)册吳弔(叔)召叙(敢)駒吳捧(拜)頴(稽)盎出。……

西周中期的作册吳盂(《銘圖》14797),銘文(相關部分)爲:

　　隹(唯)卅年三(四)月既生霸壬午,王才(在)鞎,執駒于鞎南林,衣(卒)執駒。王乎(呼)鬃偈召乍(作)册吳,立廥門。……

西周中期的庚嬴鼎(《銘圖》02379),銘文(相關部分)爲:

　　隹(唯)廿又二年三(四)月既聖己酉,王蒙(館)琱宮,衣(卒)事。

西周中期的繁卣(《銘圖》13343),銘文(相關部分)爲:

　　唯九月初吉癸丑,公酌祀,雩(越)旬又一日辛亥,公會(禘)酌辛公祀,衣(卒)事,亡冟(慇)……

西周晚期的多友鼎(《銘圖》02500),銘文(相關部分)爲:

　　癸未,戎伐筍(筍),衣(卒)孚(俘),多友西追。
　　……孚(俘)戎車百乘一十又七乘,衣(卒)匐(復)筍人孚(俘)。……
　　……唯孚(俘)車不克吕(以),衣(卒)焚,唯馬毆畫。……

西周晚期的敔簋(《銘圖》05380),銘文(相關部分)爲:

　　……嗇于焌(榮)白(伯)之所,于怮衣肂,復(復)付聿(厥)君。……

　　劉雨在《西周金文中的祭祖禮》中將天亡簋、陵叔鼎、庚嬴鼎、繁卣中的"卒"均釋爲"殷",將"殷祀""殷事"訓爲"大禮"。[①] 張秀華《禮制研究》未收此

①　劉雨:《西周金文中的祭祖禮》,《考古學報》1989年第4期,第499~500頁。

禮類。吳鎮烽《銘圖》將天亡簋的"衣"釋爲"殷"，"衣祀"讀爲"殷祀"。對陵叔鼎、敔簋的"衣"未作釋讀，其餘銘文中的"衣"均釋爲"卒"，"衣事"讀爲"卒事"。裘錫圭在《釋殷墟卜辭中的"卒"和"䘏"》文章末尾討論了金文中的"衣"，裘文認爲彧簋和多友鼎的"衣"都當讀爲"卒"，沈子它簋、敔簋的"衣"也可能讀爲"卒"。裘文還認爲天亡簋的"衣祀""衣王祀"的"衣"也應該讀爲"卒"。①從以上的討論來看，除了陵叔鼎的"衣"不能確定如何釋讀之外，其他的"衣"均讀爲"卒"更加妥帖，因此"衣事""衣祀"都不是祭祀的意思，要從祭禮禮類中去除這些例子。實際上，"殷事""殷祀"本身也不是一類特殊的祭禮類型，《儀禮·士喪禮》："月半不殷奠。"鄭玄注："殷，盛也。"又，《禮記·喪服大記》："主人具殷奠之禮，俟於門外。"鄭玄注："殷猶大也。"故即使"衣"可以釋讀爲"殷"，也不應當爲"殷祀"設立一個獨立的禮類，"殷"在禮書中只用作一般意義上的"盛大"。

十、顯卣、子卣之"❏"祭

西周早期的顯卣(《銘圖》13293、13294)，銘文爲：

> 顯乍(作)母辛障(尊)彝，顯易(錫)婦煢，曰：用鼏(肆)于乃姑❏
> (宇)。

商代晚期的子卣(《銘圖》13281)，銘文爲：

> 子乍(作)婦妱彝，女子母庚宇祀障(尊)彝，醬(蠶)。

舊釋將"❏"釋爲"宓"，並與傳世文獻中的"閟"聯繫起來，《詩經·魯頌·閟宮》"閟宮有恤，實實枚枚"，《毛傳》："先妣姜嫄之廟。"又引孟仲子"是禖宮也"，劉雨因此將"閟"與"高禖"祭祀聯繫在一起，認爲存在"閟"祭。② 即使在釋讀上沒有問題，也很難説存在"閟"祭這樣的禮類。

從字形上看，"❏"字從"宀"不從"必"，裘錫圭在《釋"柲"》一文中對"宓"的字形有嚴格的界定，③ 金文"❏"字顯然與"宓"不同。賈連敏在《古文字中的

---

① 裘錫圭：《釋殷墟卜辭中的"卒"和"䘏"》，《中原文物》1990年第3期，第16頁。
② 劉雨：《西周金文中的祭祖禮》，《考古學報》1989年第4期，第513頁。
③ 裘錫圭：《釋"柲"》，《古文字研究》第三輯，中華書局1980年版，第10~11頁。

“祼”和“瓚”及相關問題》中將“”釋爲從“宀”從“祼”之省體的“寐”①，周忠兵不同意此說，他在《釋甲骨文中的“阩”——兼説“升”“祼”之別》中，將“”釋爲從“宀”從“升”的“宑”字②。由於“”並不釋爲“宓”，故與所謂“閟”祭也就毫無關係了。此字若釋爲“寐”，則可理解爲“祼”祭之“祼”，如果釋爲“宑”，則可能讀爲甲骨文中的“宑”祭。具體當作何種解釋，還有待對字形的正確考釋。

十一、大盂鼎、交鼎、邵黛鐘之“遵”“嘼”讀爲“戰”

西周早期的大盂鼎(《銘圖》02514)，銘文(相關部分)爲：

> ……易(錫)女(汝)鬯一卣，冂(裳)、衣、市(韍)、舄、車、馬，易(錫)乃且(祖)南公旂，用遵(單-戰)……

西周早期的交鼎(《銘圖》01955)，銘文爲：

> 交從嘼(單-戰)，述眦(比)王，易(錫)貝，用乍(作)寶彝。

春秋晚期的邵黛鐘(《銘圖》15570—15582)，銘文(相關部分)爲：

> ……邵(呂)白(伯)之子，余頡(詰)嘼(曲)事君，余嘼(戰)嬰武，乍(作)爲余鐘……

以上銘文楊寬《西周史》、劉雨《西周金文中的軍事》認爲“遵”“嘼”，釋爲“獸”，其義爲“狩”，並與“狩禮”聯繫。③ 裘錫圭在《郭店楚墓竹簡》釋文中指出“‘嘼’在古文中即‘單’字繁文，《説文》説此字不可信”④。陳劍師在

---

① 賈連敏：《古文字中的“祼”和“瓚”及相關問題》，《華夏考古》1998 年第 3 期，第 96~111 頁。

② 周忠兵：《釋甲骨文中的“阩”——兼説“升”“祼”之別》，《中國書法》2015 年第 24 期，第 117~123 頁。

③ 楊寬：《西周史》，上海人民出版社 1999 年版，第 701 頁；劉雨：《西周金文中的軍事》，《胡厚宣先生紀念文集》，科學出版社 1998 年版，第 229 頁。

④ 荆門市博物館編：《郭店楚墓竹簡》，文物出版社 1998 年版，第 169 頁。

《據郭店簡釋讀西周金文一例》中指出，《六德》篇第 16 簡 "……弗敢暱(憚)
也"。又《成之聞之》篇引《君奭》，其中 "暱" 金文《君奭》作 "單"。同時指出
交鼎、邵黛鐘中的 "暱" 釋爲 "單"，讀爲 "戰"①；"大盂鼎'賜乃祖南公旂，
用遄'。旍旗用於旅事戰陣，'遄'釋讀爲'戰'"②。根據上述正確的釋讀意見，
則大盂鼎、交鼎、邵黛鐘舊釋爲 "狩"，義爲 "狩禮" 的字皆不能成立，諸器銘
文不當列入 "狩禮" 禮類。

十二、我鼎之 "臬(徹)"

西周早期的我鼎(《銘圖》02399)，銘文(相關部分)爲：

> 隹(唯)十月又一月丁亥，我乍(作)神(禦)臬(徹)且(祖)乙、妣
> (妣)乙、且(祖)己、妣(妣)癸，征(延)祈禜二母，咸與。

"臬" 祭在金文中僅出現於我鼎，其字形作 "🔯"。楊樹達在《我作父己甗
跋》中認爲 "從血從示，象薦血於神前"③。李學勤在《古文字學初階》中將此
字隸作 "臬"。④ 連劭名在《甲骨刻辭中的血祭》系統梳理了甲骨刻辭中
"血" 的用法，認爲血祭在各個時期的甲骨卜辭中均有記載。趙平安在
《"允""兽" 形義考》中指出，甲骨文中的 "兽" 從 "血"，從 "示" 的簡體，
本義是一種有所寧止的血祭，並認爲 "我鼎中的臬自然也應當釋爲'兽'，
商周時代，'兽' 的異體衆多，臬是其中的一個"。⑤ 楊華認爲我鼎中的 "臬"
及周原甲骨 H11：1 中的 "血"，都是商周血祭沿襲的例證。⑥ 馮時認爲 "(我

---

① 陳劍：《據郭店簡釋讀西周金文一例》，《甲骨金文考釋論集》，綫裝書局 2007 年
版，第 28 頁。
② 陳劍：《據郭店簡釋讀西周金文一例》，《甲骨金文考釋論集》，綫裝書局 2007 年
版，第 29 頁。
③ 楊樹達：《我作父己甗跋》，《積微居金文説》，中國科學院 1952 年版，第 152
頁。
④ 李學勤：《古文字學初階》，中華書局 1985 年版，第 41 頁。
⑤ 趙平安：《"允""兽" 形義考》，《古漢語研究》1996 年第 2 期，第 19~20 頁。
⑥ 楊華：《先秦血祭禮儀研究——中國古代用血制度研究之一》，《世界宗教研究》
2003 年第 3 期，第 25、30 頁。又見楊華：《古禮新研》，商務印書館 2012 年版，第 87~114
頁。

鼎)銘文首先記器主以禋祭和血祭對祖乙、妣乙和祖己、妣癸兩對祖先的祭祀”，並進而認爲“我方鼎並非簡單的祭祖文辭，而完整、系統地反映了西周的喪奠禮儀”。①

陳劍師在《釋甲骨金文的“徹”字異體——據卜辭類組差異釋字之又一例》一文中將我鼎的“祟”字改釋爲“徹”。認爲舊釋將此字與“血祭”相聯繫，釋爲“砡/祜”的意見不可信。“祟”的用法與甲骨文賓出組“取/祖示”中“取/祖”、黃組“叔/叙示”中的“叔/叙”相同，都應釋爲“徹”。以上釋爲“徹”的諸字在甲骨、金文中訓爲“達也，通也”。我鼎銘文該句的意思是“作禋祭徹於祖乙、妣乙、祖己、妣癸諸人”。②

根據陳劍師的釋讀意見，我鼎之“祟”爲“通徹”之義，與表示“血祭”的祭祀動詞無關，故暫無資料證實存在“祟”祭。

十三、新邑鼎之“奠”、魯侯爵之“尊”

西周早期的新邑鼎(《銘圖》02268)，銘文爲：

> 癸卯，王來奠新邑，[二]旬又三(四)日丁卯，□自新邑于東，王□貝十朋，用乍(作)寶彝。

西周早期的魯侯爵(《銘圖》08580)，其銘文爲：

> 魯(魯)厌(侯)乍(作)爵龁(爸)𢀜。用隣(尊)彝盟。

王恩田認爲新邑鼎銘文中的“奠”釋爲“奠祭”③，張秀華從之④。陳英傑

---

① 馮時：《我方鼎銘文與西周喪奠禮》，《考古學報》2013 年第 2 期，第 185~212 頁。馮時認爲我鼎記録的内容是西周喪奠禮儀的意見不可信，文獻所記“遷奠”“祖奠”“遣奠”皆無祼儀，將我鼎銘文與喪奠禮聯繫，不可信。

② 陳劍：《釋甲骨金文的“徹”字異體——據卜辭類組差異釋字之又一例》，《出土文獻與古文字研究》第七輯，上海古籍出版社 2018 年版。

③ 王恩田：《“成周”與西周銅器斷代——兼説何尊與康王遷都》，《古文字學論稿》，安徽大學出版社 2008 年版，第 40 頁。

④ 張秀華：《西周金文六種禮制研究》，吉林大學博士學位論文，2010 年，第 31 頁。

認爲"奠"用爲"定"，並做了比較詳細的舉例。① 這裏"奠"用爲"奠祭"的意見不可取。"奠"作爲"奠定"的用法，有時候會與"奠祭"的用法相混淆。在確定銘辭所在禮類的時候要注意區隔。

先秦祭禮中置酒食而祭叫作"奠"。無論是吉祭還是凶禮中的酒食祭，均可稱爲奠。《詩經·召南·采蘋》："于以奠之，宗室牖下。"《毛傳》："大夫士祭于宗廟，奠于牖下。"《禮記·文王世子》："凡學，春官釋奠于其先師，秋冬亦如之。"鄭玄注："釋奠者，設薦饌酌奠而已，無迎尸以下之事。"

又，喪禮中的喪祭也稱爲奠。《説文·六部》："奠，置祭也。《禮》有奠祭。"段玉裁注："禮，謂禮經也。《士喪禮》《既夕禮》祭皆謂之奠；葬，乃以虞易奠。"《禮記·檀弓下》："奠以素器，以生者有哀素之心也。"孔穎達疏："奠，謂始死至葬之時祭名，以其時無尸，奠置於地，故謂之奠也。"《釋名·釋喪制》："喪祭曰奠。"

陳英傑指出"尊、奠形義有別，金文中二者不能混用"。甲骨文中之"尊"從"酉"從"収"，表"獻酒"之義；"奠"則從"酉"從"丌(几)"，表"置酒"之義，二者遲至隸變時代之前並不相混。

金文中不少"尊"字，在作爲動詞和器物名稱的時候，釋爲"薦獻"的"尊"有郰其卣(《銘圖》12429，商代晚期)、万犹彝(《銘圖》13540，商代晚期)、作册矢令簋(《銘圖》05352、05353，西周早期)、鄧小仲鼎(《銘圖》02246、02247，西周早期)、魯侯爵(《銘圖》08580，西周早期)、或簋(《銘圖》05379，西周中期)、或鼎(《銘圖》02824，西周中期)、晉侯䇒馬壺甲、乙(《銘圖》12431、12432，西周中期)。其中郰其卣的辭例爲"尊……宜"，万犹彝的"尊宜"，連劭名將"宜"讀爲"施"不確。"宜"應該就是作爲陳俎肉而祭的"宜肉"，則"尊"就是其造字本義"進獻酒食"的意思。

陳英傑認爲"鄧小仲鼎、或簋、或鼎、晉侯䇒馬壺"的"尊"是"薦獻、進獻之義"，而魯侯爵"當用置酒之本義"，這是不確切的。② "尊"的內涵就是"薦獻、進獻之義"，並無"奠"字所有的"置酒食"之義。故以上這些器的"尊"都是同一含義，除了郰其卣、万犹彝將"尊"的對象"宜"表述出來了，其他幾個例子都是正常的"進獻"。

寬泛地説，青銅器銘文中的"尊彝"的"尊"，其實也就是説明本器是用作

---

① 陳英傑：《西周金文作器用途銘辭研究》，綫裝書局 2008 年版，第 312~313 頁。由於與祭祀禮典無關，本文不做一一列舉。

② 陳英傑：《西周金文作器用途銘辭研究》，綫裝書局 2008 年版，第 316 頁。

“進獻”的，故“尊”的“薦獻”内涵不應與“奠”的“置酒而祭”内涵相混淆，金文中的“尊”都没有“置酒而祭”祭祀内涵，“尊”“奠”都不應該作爲祭祀禮類。

十四、天亡簋、作册夨令簋之“宜”

西周早期的天亡簋（《銘圖》05303），銘辭（相關部分）爲：

> ……丁丑，王卿（饗）大圓（宜）。……

西周早期的作册夨令簋（《銘圖》05352、05353），銘辭（相關部分）爲：

> ……乍（作）册夨令隇（尊）圓（宜）于王姜。……

徐伯桐、吳式芬將“圓”字釋爲“宜”，作祭祀動詞使用。孫常敘《〈天亡簋〉問字疑年》將“圓”字定爲“宜”①，孫稚雛在《天亡簋銘匯釋》中首先將甲骨文的“宜”與天亡簋的“宜”字相聯繫，將此字確定爲“宜”②。甲骨文中“宜”作“🅰”形，象肉在俎案之形，天亡簋、作册夨令簋的“宜”是其遺存。

禮學家雖然已經無法確知“宜”的具體内涵，但是在不少傳世文獻中有“宜”祭的記載。《詩經·魯頌·閟宮》：“是饗是宜，降福既多。”馬瑞辰《通釋》：“宜本祭社之名。……凡神歆其祀通謂之宜。《鳧鷖》詩‘公尸來燕來宜’及此詩‘是饗是宜’是也。”《尚書·泰誓》：“宜於冢土。”孔安國傳：“祭社曰宜。”《禮記·王制》：“天子將出，類乎上帝，宜乎社，造乎彌。諸侯將出，宜乎社，造乎禰。”鄭玄注：“類、宜、造皆祭名，其禮亡。”孔穎達疏：“宜乎社者，此巡行方事，誅殺封割，應載社主也。云宜者，令誅伐得宜，亦隨其宜而告也。”孔疏是通過“宜”的聲訓來説明“宜”祭的内涵，其實鄭玄已經説明“其禮亡”了。

以上金文中的“宜”，是作爲“尊”的賓語出現的，“尊……宜”，就是向某人進獻“宜”。“宜”的内涵並不是“宜祭”，而是“宜肉”。在甲骨金文之中，既有時王向神鬼尊“宜”的，也有子向商王尊“宜”的。現在看來“宜”在出土文獻中都作爲“宜肉”使用，没有作爲“宜祭”使用的例子。晚出的禮書將“宜”作爲祭祀動詞使用，在出土文獻中十分少見，故祭祀禮類中的“宜”祭禮類尚不能

---

① 孫常敘：《〈天亡簋〉問字疑年》，《吉林師大學報》1963 年第 1 期，第 41~42 頁。
② 孫稚雛：《天亡簋銘匯釋》，《古文字研究》第三輯，中華書局 1980 年版，第 176 頁。

確立。

十五、作册矢令簋之"報"

"報"祭在西周金文中一見，見於作册矢令簋銘文（相關部分）爲：

> ……公尹白（伯）丁父兄（貺）于戍＿（戍，戍）冀蘍（司）乞（訖），令弑（敢）覎（揚）皇王宫丁公文報，用頲（稽）後人高（享），隹（唯）丁公報，令用奔（深）辰（揚）于皇王……

劉雨提出了本銘辭中的"報"爲"報"祭的意思，並與甲骨文中的"▨""▨"相聯繫，認爲其是"爲答謝祖先保佑之恩而設的祭典"。① 根據常玉芝在《商代宗教祭祀》中的總結，甲骨文中的"▨（丁）"祭（或釋爲"祊"），與"報"爲同一種祭祀，其特徵爲，"▨（丁）"祭對象祖先名（丁公）的干支應該與祭祀進行日期的干支相同，或者在其前一日，即"▨（丁）"祭丁公的祭祀應該在丙日或丁日，這是"▨（丁）"祭的基本特徵。② 由於作册矢令簋銘文中没有提及對丁公進行祭祀的日期，所以此處的"報"是否理解爲甲骨文中的"▨（丁）"祭，還需其他材料證實。甲骨文中的"▨"還有一種用法，用爲宗廟建築，往往與"宗"對貞，與金文中的"報"也没有聯繫。

《詩經·小雅·楚茨》："祝祭于祊。"《毛傳》："祊，門内也。"《禮記·郊特牲》："索祭祝于祊。"鄭玄注："廟門曰祊。"《說文·示部》："祊，門内祭先祖，所以徬徨。"傳世禮書中"祊"祭大概就是"門内之祭"的意思。甲骨文中"▨（丁）"祭與傳世禮書中的"祊"祭應該没有聯繫，"▨（丁）"釋爲"祊"的舊說没有理據支持。

作册矢令簋銘文中的"報"當作"福蔭""福報"之義理解，與"皇王宫（寵）"構成賓語同位語，即作册令所揚的既是"皇王宫（寵）"，也是"丁文公報"，二者爲一事。由此，"報"在此處不能理解爲"報祭"，與甲骨文的"▨（丁）"亦無關係，也不能與後世禮書的"祊"相聯繫。金文中的"報祭"禮類應當取消。

---

① 劉雨：《西周金文中的祭祖禮》，《考古學報》1989 年第 4 期，第 507 頁。

② 常玉芝：《商代宗教祭祀》，《商代史》第 8 卷，中國社會科學出版社 2010 年版，第 468~479 頁。

第三節　青銅器銘文涉"禮"與涉"事"混淆的情況

金文涉禮文獻的誤收有很大一部分並不是金文銘文的誤釋造成的，由於出土文獻解讀者對傳統禮學文獻的瞭解不夠，往往將涉"禮"文獻與涉"事"文獻相混淆，即將普通的不具有禮典内涵的銘文，認定爲禮典文獻，從而誇大了文獻的禮學性質。將史事混同於禮典，往往會將某一類史事銘文歸爲同一類禮典文獻。故這方面的混淆，會使得涉禮文獻的數量被嚴重擴大化。基於這個原因，在本節的論述中，僅僅舉出器名以及"禮""事"混同的原因，不再將所有的青銅器銘文一一加以臚列。

一、戰争史事、過程與軍禮典相混淆

兩周戰争的過程確實含有不少具體的軍禮儀節，然而將戰争過程本身認定爲禮典是不符合禮學研究的一般認識的。如西周早期的利簋(《銘圖》05111)銘文：

> 珷(武)征商，隹(唯)甲獃(子)朝，戝(歲)鼎，克。闻(闻-昏)朲(夙)又(有)商。辛未，王才(在)𥿄𠂤(師)，易(錫)又(右)事(史)利金，用乍(作)檀公寶𣪕(尊)彝。

以上與戰争相關的銅器銘文張秀華《禮制研究》均收録入軍禮銘文之中，商艷濤《西周軍事銘文研究》所討論的西周軍事銘文與這個範圍大致相同，[①]顯然張文將軍事相關銘文都納入軍禮銘文的範疇了。

根據對傳世文獻的取捨，《左傳》中涉及征伐的事例很多，傳統禮學研究從來不將這些征伐的事例納入軍禮的研究範疇。因此以上所謂涉禮文獻是將"事"與"禮"混淆從而造成涉禮金文擴大化的一個顯著案例。

在軍禮相關的銘文中，涉及軍禮的有以下幾種情況：一是涉及戰争之前的祭祀，這方面與祭祀銘文的討論相重合；二是涉及獻俘禮，獻俘禮的重要標誌不是該銘文是否涉及賞賜，而是有没有具體獻俘的儀節；三是振旅禮，振旅儀節在銘文中有所述及則該銘文可以被認定爲振旅相關銘文。關於軍禮儀節的認定可以參看任慧峰《先秦軍禮研究》，該文梳理先秦軍禮包括戰争前的軍禮：

---

① 商艷濤：《西周軍事銘文研究》，華南理工大學出版社 2013 年版。

告、宜、類、授斧鉞、授兵、禡；戰爭中的軍禮：觀兵、致師等；戰爭後的軍禮：振旅、飲至等。① 以上禮類的描述，與出土文獻所描述的軍禮是較爲符合的，對軍禮的認定符合傳統禮學所認定的範疇。

在軍禮銘文中，西周早期前段的禽簋（《銘圖》04984）常常被視爲軍禮文獻，其銘文爲：

> 王伐禁（蓋）厌（侯），周公某（謀）。禽祝（祝），禽又（有）敏祝（祝）。
> 王易（錫）金百守（鋒），禽用乍（作）寶彝。

張秀華《禮制研究》②、萬宏亮《春秋時期齊晉秦楚軍禮研究》③均將"周公某（謀）"認定爲是"定兵謀"之禮。郭沫若、唐蘭、劉雨等在述及此銘時，指出"某"讀爲"謀"，意爲"謀劃"，但並没有上升爲特定的軍禮儀節。④ 將"定兵謀"上升到軍禮層面的，主要是楊寬。楊寬將商代晚期的邐鼎（《銘圖》02312）、宰甫卣（《銘圖》13303）銘文中王在征伐前的饗酒都視爲"定兵謀"的證據，並聯繫《詩經·魯頌·泮水》之詩，説明"定兵謀"之地常在泮宫。這已經超出一般禮學認定的儀節範圍。禽簋銘文中"周公謀"只能作爲軍事征伐的一個環節，不能上升到禮典層面來認定這是軍禮的一部分，"定謀"仍然屬"事"的範疇，不是"禮"的特定内容。

又，西周晚期的師袁簋（《銘圖》05366—05367），張秀華《禮制研究》認爲其與"徵師禮"有關⑤，其銘文（相關部分）爲：

> 王若曰：師袁，哉（蠢）淮尸（夷）繇（緐）我員（帛）晦（賄）臣，今敕（敢）博卑（厥）衆段，反卑（厥）工事，弗迷（蹟）我東國（國）。今余肇令女（汝）遟（率）齊帀（師），曩、甃（萊）、僰尸（尸—殿）左右虎臣正（征）淮尸

---

① 任慧峰：《先秦軍禮研究》，武漢大學博士學位論文，2010 年。任慧峰博士學位論文《先秦軍禮研究》於 2015 年 5 月以相同名稱在商務印書館出版。

② 張秀華：《西周金文六種禮制研究》，吉林大學博士學位論文，2010 年，第 63 頁。

③ 萬宏亮：《春秋時期齊晉秦楚軍禮研究》，齊齊哈爾大學碩士學位論文，2015 年，第 8~11 頁。

④ 郭沫若：《兩周金文辭大系圖録考釋（二）》，《郭沫若全集·考古編》第八卷，科學出版社 2002 年版，第 41 頁；唐蘭：《西周青銅器銘文分代史徵》，中華書局 1986 年版，第 43 頁；劉雨：《西周金文中的軍事》，《胡厚宣先生紀念文集》，科學出版社 1998 年版，第 229 頁。

⑤ 張秀華：《西周金文六種禮制研究》，吉林大學博士學位論文，2010 年，第 79~80 頁。

（夷），即賫氒（厥）邦嘼（首），曰弔、曰㷊、曰鈴、曰達。師袰虔不㢤（惰），凨（凤）夜卹（恤）氒（厥）牆（將）旋（事），休既又（有）工（功），折首執噝（訊），無諆徒馼（馭），毆（毆）孚（俘）士、女、羊、牛，孚（俘）吉金。……

所謂"徵師"之禮的書證張秀華取自《司馬法·仁本》（無明文）、《史記·魏豹彭越列傳》所稱"徵兵"。《左傳》中由一國之帥帥多國之兵的事例比比皆是，從來不是禮家討論的對象，不能因爲在金文中出現一將帥多國之師，憑空製造出"徵師"之禮。這也是將軍禮擴大化的表現。

順便提一下的是，西周中期的師旂鼎（《銘圖》02462）所涉及的軍事制度，與禮典也並無直接關係，因此也不需要作爲軍禮文獻來考察，可以作爲政類文獻中的軍政文獻加以研究。

根據上面的分析，西周金文中與軍禮特定禮典有關的文獻，主要是與"飲至"有關的甼鼎（《銘圖》02364，西周早期），與"獻俘"有關的小盂鼎（《銘圖》02516，西周早期）、敔簋（《銘圖》05380，西周晚期）、多友鼎（《銘圖》02500，西周晚期）、虢季子白盤（《銘圖》14538，西周晚期），與"振旅"有關的中觶（《銘圖》10658，西周早期）以及上述軍事銘文中與軍前祭祀有關的器物銘文。

二、賞賜土田與分封禮混淆

金文中涉及封建及賞賜土田的銘文爲數不少，然而能明確爲分封禮的銘文文獻在所有涉及賞賜土田、民人的銘文中比例要小一些。如西周早期的作冊折尊（《銘圖》11800），銘文爲：

佳（唯）五月，王才（在）庠，戊覔（子），令（命）乍（作）冊折兄（貺）望（望）土于相庆（侯），易（錫）金、易（錫）臣，剻（揚）王休，佳（唯）王十又（有）九祀，用乍（作）父乙隬（尊），甘（其）永寶。木羊冊。

王暉在《作冊旂器銘與西周分封賜土禮儀考》文中認爲本銘所反映的是周王賜予相侯"聖土"（徐按：當釋作"望土"），並認爲這種"聖土"是一種"五色土”，代表不同地方的物色。賜予諸侯這種“五色土”是分封的憑證。① 張秀華《禮制研究》將本銘收入第四章第一節“西周金文所見封建禮”，並同意王暉之説。② 其實，本銘所謂“既望土于相侯”，可能只是一次純粹的土地賞賜，“望土”即望地的土地，與銘文中作賜予用的“某人”用法相同，即表示某地之人，將其引申爲“五色土”更是缺乏文獻和辭例的依據。

如西周早期的亳鼎(《銘圖》02226)，銘文爲：

公戾(侯)易(錫)亳杞土、麋土、■禾、■禾，亳叙(敢)對公中(仲)休，用乍(作)障(尊)鼎。

以上“杞土”“麋土”指的是杞地、麋地的土地，“■禾”“■禾”指的是■地、■地的禾。與作册折尊“塱(望)土”的用法是一致的。

又如西周早期的中鼎(《銘圖》02382)，銘文爲：

隹(唯)十又三月庚寅，王才(在)寒餗(次)，王令大(太)史兄(貺)福土，王曰：中，兹(兹)福人入史(事)，易(錫)于珷(武)王乍(作)臣，今兄(貺)畀(畀)女(汝)福土，乍(作)乃采，中對王休令(命)，鬲(肆)父乙障(尊)。隹(唯)臣尚(常)中臣。七八六六六六、八七六六六六。

以上“福土”指的是福地的土地，“福人”指的是福地的民人，與作册折尊“塱(望)土”的用法也是一致的。

與賜土相關的銘文可能還有大保簋(《銘圖》05139)，銘文中“土”字前一字“■”不識，不能確定是否爲地名，如果此字也作爲地名使用，則王賜“大保”的也是“■”地的土地。

據以上分析，凡是銘文中僅有賜“某土”内容的，不能作爲涉及封建禮判斷的標準。

――――――――――

① 王暉：《作册旂器銘與西周分封賜土禮儀考》，《中國歷史文物》2005年第1期，第15~17頁。

② 張秀華：《西周金文六種禮制研究》，吉林大學博士學位論文，2010年，第129頁。

第四節　涉禮標準泛化引起誤收涉禮青銅器銘文文獻

　　將金文中一般的行爲動詞作爲特定的禮儀詞彙，從而將一般的行爲泛化爲禮儀環節，是金文涉禮銘文擴大的又一重要原因。在正確釋讀金文銘文的基礎上，却將非禮典文獻歸入有特定禮典内涵的範疇，會大大擴大傳統禮學所區分出來的禮類。只有採取從嚴的標準，才能正確使用這些材料，不至於將禮典文獻的研究範疇不恰當地擴大至其他銘文文獻。其實，只要採取與一般傳世文獻相同的甄别標準，就能防範這種失誤的出現，以下來舉例説明這種情況的産生原因。

一、關於“獻”禮

　　西周晚期的伯公父斗甲、乙（《銘圖》14191、14192），其銘文爲：

　　　　白（伯）公父乍（作）金爵，用獻（獻）用酌，用亯（享）用孝，于朕（朕）皇考，用旂（祈）䁁（眉）耈（壽），子孫永寶用耈。

　　張秀華《禮制研究》認爲本銘涉及“獻禮”，爲本銘單獨臚列獻禮禮類一項。在禮學研究中，獻、酌皆爲飲酒禮中的一個環節。《詩經・小雅・楚茨》三章：“獻醻交錯，禮儀卒度。”鄭玄箋：“始主人酌賓爲獻。”朱熹《集傳》：“主人酌賓曰獻，賓飲主人曰酢，主人又自飲而復飲賓曰醻。賓受之，奠於席前而不舉。至旅，而後少長相勸，而交錯以遍也。”又《詩經・大雅・行葦》三章：“或獻或酢，洗爵奠斝。”鄭玄箋：“進酒於客曰獻，客答之曰酢。”與之相對應的“酌”，《詩經・小雅・吉日》四章：“以御賓客，且以酌醴。”鄭玄箋：“酌醴，酌而飲群臣，以爲俎實也。”又，《詩經・周南・卷耳》二章：“我姑酌彼金罍。”《儀禮・鄉飲酒禮》：“主人坐取爵實之，賓之席前，西北面獻賓。”鄭玄注：“獻，進也。進酒於賓。”可見，獻與酌均爲飲酒禮中的一個動作，銘文中將“獻”與“酌”對舉，正是將兩者聯繫起來，表示向“皇考”進獻酒品的行爲，與後續“享”“孝”這類比較抽象的行爲相對應。需要説明的是，禮書中“獻”確實有禮典内涵的一種含義，即將“獻”“酢”“醻”三個飲酒禮中的具體動作合在一起稱爲“一獻”，然而此處與“酌”對舉之“獻”，顯然不具有上述的禮儀内涵。

　　金文中，五年琱生簋（《銘圖》05340，西周晚期）銘文：“余獻婦（寢）氏曰

(以)壺。"寓鼎(《銘圖》02327，西周早期)銘文："寓獻佩于王妞(姒)。"任鼎(《銘圖》02442，西周中期)銘文："事(使)獻(獻)爲(賵、貨)于王。"文中之"獻"即一般"進獻"之義，並無禮典的内涵。

二、關於"歲"祭

西周晚期的毛公鼎(《銘圖》02518)，銘文(相關部分)爲：

> ……易(錫)女(汝)兹(兹)奔(訓)，用歲用政(征)。

"歲"在金文中多用爲"年歲"的"歲"。張秀華《禮制研究》引吳孫權《〈利簋〉銘文再議》認爲毛公鼎的"歲"與甲骨文中用爲祭祀專詞的"歲"内涵相同。①"歲祭"在傳世文獻無徵，在西周中早期銘文中也没有相關的辭例，這裏的"歲"與其後的"征"相對應，而不應該是一種祭祀的專名。周王賜"訓"，此"訓"用於"歲"和"征"，"征"是征伐之義，"歲"當作如何將，待考。

三、關於"贈"祭

西周中期的段簋(《銘圖》05234)，銘文(相關部分)爲：

> 唯王十又三(四)祀十又一月丁卯，王鼎(肆)畢，登(烝)，戊辰，曾(贈)。王蔑(蔑)段曆，念畢中(仲)孫子，令輩眔逵(餕)大劃(則)于段……

張秀華《禮制研究》認爲"從銘文材料我們看不出爲何行堂贈禮，用何祭品也不知道"，但認爲"贈祭"舉行的時間"與文獻記載相符合"，並引于省吾《甲骨文字釋林》以甲骨文"貞，辛曾彫牛(巴一一)"之"曾"亦爲"贈祭"爲證。傳世文獻中"贈"出於《周官·春官·男巫》"冬，堂贈，無方無筭"，鄭玄注引杜子春説："堂贈謂逐疫也，無方，四方爲可也，無筭，道里無數，遠益善也。"鄭玄補充説："玄謂冬終歲，以禮送不祥及噩夢是也，其行必由堂始。"又《周官·春官·占夢》："乃舍夢于四方，以贈噩夢。"根據以上所引文獻，"贈"顯然與兩周的某種巫術相聯繫。與其説這是一種禮類，不如説這是與民俗相關的

---

① 張秀華：《西周金文六種禮制研究》，吉林大學博士學位論文，2010年，第32~33頁。

一種除災送不祥的巫術(與《儀禮·既夕禮》中落葬時的"贈"不相同)。陳英傑在《銘辭研究》第四章"器用銘辭分類疏釋(下)"專列第十四節"巫術之銘辭"可以説是很有創見的(並没有列本銘之"贈")。① 本銘之"曾"即使與"堂贈"之禮有關聯，也不應當列入禮典文獻，而應將其作爲與"巫術"相關的銘文更爲妥當。本銘是否與"堂贈"真的有聯繫，只能説"冬烝"之後有進行"贈"的可能性，但根據銘文却無法確證，根據認定涉禮文獻從嚴的要求，還是暫時闕疑比較穩妥。②

禮書中還有一種墓"贈"之儀，《儀禮·既夕禮》：

　　至於壙。陳器於道東西，北上。茵先入。屬引。主人袒。衆主人西面，北上。婦人東面。皆不哭。乃窆。主人哭，踊無筭。襲，贈用制幣玄纁束，拜稽顙，踊如初。

士喪禮贈用制幣玄纁束，鄭玄注："丈八尺曰制。二制合之。束，十制五合。"這種"贈"儀並不見於祭禮之中，故也不能與金文相互印證。

四、關於"滅祀"

西周中期的乃孫子鼎(《銘圖》02044)，銘文(相關部分)爲：

　　……乃孫子乍(作)氒(厥)文考寶隣(尊)彝，甘(其)萬年用🔲(滅)祀。

陳英傑認爲此銘之"🔲"字與伯姜鼎、再簋中之"㣇"字爲異構關係，多出一個"皿"旁。③ 其釋正確可從。

西周中期的伯姜鼎(《銘圖》02445)銘文"天子㣇宔白(伯)姜"及西周中期的再簋(《銘圖》04869)銘文"王弗朢(忘)雁(應)公室㣇宔再身"，陳劍師的《釋"琮"及相關諸字》已經説明"宔"可釋爲"寵"，與"寵"是假借關係。該文認爲

① 陳英傑：《西周金文作器用途銘辭研究》，綫裝書局 2008 年版，第 547~554 頁。
② 陳劍師在《甲骨金文舊釋"蠪"之字及相關諸字新釋(中)》中將"鼎"釋爲"肆"，認爲在"王鼎(肆)畢"後斷開，"鼎(肆)"爲祭名，後"烝"爲另一單獨祭祀名，並認爲"鼎(肆)"與後"曾(贈)"的性質相近，均爲祭名，録之備考[復旦大學出土文獻與古文字研究中心網站(http：//www. gwz. fudan. edu. cn/old/SrcShow. asp? Src_ID = 281)，2007 年 12 月 29 日]。
③ 陳英傑：《西周金文作器用途銘辭研究》，綫裝書局 2008 年版，第 246 頁。

劉桓、黃錫全據郭店簡《唐虞之道》簡28"滅"字作"蔑"形而將"烕"字釋爲"滅"或"烕"可從，但認爲"'烕(滅)'當與'寵'、'光'、'休'一類字義近，當讀爲何字尚待進一步研究"。① 陳英傑進一步指出"李學勤認爲'烕'從'戌'聲，讀爲'恤'"，又"'滅'可與'卹'通(見高亨《古文字通假會典》511頁)，《字彙·血部》：'卹，與恤同'"，認爲這裏的"滅(恤)祀"即是《尚書·多士》"自成湯至於帝乙罔不明德恤祀"中的"恤祀"，其意義爲"謹恤祭祀"，即"莊敬的祭祀"。② 陳英傑的分析是很有道理的，這裏的"滅"是"祀"的一個修飾語，並不是一類獨立的祭祀品類。由於對"滅"字的具體內涵並不清楚，所以無法確認其實際含義，在這樣的基礎上，不應該將"滅祀"確定爲一種祭祀小類。這對其他未釋字及無法確知內涵的銘文都是適用的。

五、關於"臘"祭

西周晚期的師袁簋(《銘圖》05366—05367)，銘文(相關部分)爲：

> 歐(毆)孚(俘)士、女、羊、牛，孚(俘)吉金。今余弗叚(暇)組(沮)，余用乍(作)朕(朕)後男鼲辬(尊)段(簋)，其彌(萬)年子=(子子)孫=(孫孫)永寶用亯(享)。

張秀華認爲本銘"鼲"，可以釋爲"臘祭"之"臘"。③ "臘祭"之說見於《禮記·月令》："臘先祖五祀，勞農以休息之。"鄭玄注云："臘，謂以田獵所得祭祀禽祭也。"又《左傳·僖公五年》"虞不臘矣"，杜預注云："歲終祭衆神之名。"《說文·肉部》："冬至後三戌，臘，祭百神。"即臘祭是在冬至之後第三個戌日，祭祀百神。從文獻來看，"鼲"釋爲"臘"並非不可。

不過根據文例分析，"後男"于省吾釋爲"後人"④，楊樹達認爲"後男"即禮書中"後子"⑤。這些意見是很有道理的。如果將"後男"視爲與器主的關係，則"鼲"更可能是作器對象的私名，在銘辭中，這種現象屢見不鮮。如西周晚期的瞏鼎(《銘圖》02439)作器祭祀對象稱爲"朕(朕)皇高且(祖)師婺、亞且

---

① 陳劍：《釋"琮"及相關諸字》，《甲骨金文考釋論集》，綫裝書局2007年版，第290~291頁。

② 陳英傑：《西周金文作器用途銘辭研究》，綫裝書局2008年版，第247頁。

③ 張秀華：《西周金文六種禮制研究》，吉林大學博士學位論文，2010年，第31~32頁。

④ 于省吾：《雙劍誃吉金文選》，中華書局1998年版，第197頁。

⑤ 楊樹達：《積微居金文說(增訂本)》，中華書局1997年版，第204~205頁。

(祖)師牟”，“朕(朕)”意爲“我的”，“皇高且(祖)”與“師牟”，前者指與作器者的關係，後者是作器對象之官職與私名。這類例子很多。因此，如果“後男”確實是作器者與作器對象的親屬稱謂的話，那“鼠”作爲“後男”的私名的可能性更大。在這樣的情況下，以本銘這樣一件孤例作爲“臘祭”禮類金文存在的例證，恐怕有將禮類擴大化的嫌疑。

六、關於“郊”祭

西周早期的德鼎(《銘圖》02266)，銘文爲：

> 佳(唯)三月王才(在)成用(周)，延(延)珷(武)禩(祼)自蒿(郊)，咸，王易(錫)徝(德)貝廿朋，用乍(作)寶隮(尊)彝。

李學勤在《釋“郊”》一文中認爲德鼎銘文“禩(祼)自蒿”的用法與何尊(《銘圖》11819，西周早期)“禩(祼)自天”彼此均相一致，即“郊”和“天”都作爲祭名使用，意思就是“在郊外祭天”。① 李文還舉了周原甲骨的例子：

> 祠自蒿于豐。　　周原甲骨 H11：117
> 祠自蒿于周。　　周原甲骨 H11：20

李文認爲周原甲骨中的“蒿”也讀爲“郊”，内涵與德鼎之“蒿”相同，意爲“郊天”。《禮記·祭法》：“祭法，有虞氏禘黃帝而郊嚳，祖顓頊而宗堯。”鄭玄注：“禘郊祖宗，謂祭祀以配食也……祭上帝於南郊曰郊。”又《禮記·祭法》：“周人禘嚳而郊稷；祖文王，而宗武王。”鄭玄注：“禘、郊、祖、宗，謂祭祀以配食也。此禘，謂祭昊天於圜丘也；祭上帝於南郊，曰郊；祭五帝、五神於明堂，曰祖、宗。”鄭玄《三禮目録·禮記目録》：“郊特牲第十一，名郊特牲者，以其記郊天用騂犢之義也。郊者祭天之名，用一牛，故曰特牲。”(《通德堂經解》)《孝經·聖治章》：“昔者周公郊祀后稷以配天。”鄭玄解：“郊者，祭天名。”(《通德堂經解》)《左傳·桓五年》：“凡祀，啟蟄而郊。”杜預注：“夏正建寅之月祀天南郊。”啟蟄即驚蟄，漢避景帝諱改。

雖然在傳世文獻中述及郊祭的内容不少，但是在金文及西周甲骨中的辭例

却非常少見。"祠祭"一般認爲是四時常祭，祭祀的地點傳世文獻並没有詳細説明和給出，但它並不是"郊天"的一個環節。説"祠"自"蒿"，"蒿"不作爲地點使用，而作爲祭祀名使用是比較牽强的。2010 年山西翼城縣隆化鎮大河口西周墓地出土的霸伯盂(《銘圖》06229，西周中期)銘文有"白(伯)遺賓(賓)于蒿(郊)"。霸伯盂銘文已經有不少學者做過研究，一致認爲該器銘文與聘禮有關，則這裏"遺賓(賓)于蒿(郊)"的"蒿"只能理解爲"郊外"，不可能是"郊天"。霸伯盂與德鼎的時代相近，這個例子可以説明德鼎"裸(裸)自蒿(郊)"的"蒿"作爲"郊天"禮使用是值得商榷的，周原甲骨的例子"蒿"也只能理解爲"郊外"。至於爲何要在郊外舉行"裸"祭及"祠"祭，由於文辭簡單，目前無法做更多的推論。

若將德鼎的"蒿"釋讀爲"郊天"禮，則德鼎銘文是西周出土文獻中"郊"祭的唯一例證，郊祭又是文獻所稱的大祭，在爲銘辭定禮類的時候應當格外慎重。目前還是將其釋讀爲"郊外"的"郊"比較可靠。

七、關於"饗"祭

青銅器銘文中含有"饗"的辭例很多，以下一一臚列。

西周早期的麥尊(《銘圖》11820)，銘文(相關部分)爲：

> ……霈(雩-越)若二月，厌(侯)見于宗周，亡述(愆)，迨(會)王饗(館)蓁京，彭祀……

西周早期的小臣静卣(《銘圖》13315)，銘文(相關部分)爲：

> 隹(唯)十又三月，王宛(館)蓁京，小臣静即事，王易(錫)貝五十朋……

西周中期的吕鼎(《銘圖》02400)，銘文(相關部分)爲：

> 唯五月既死霸，辰才(在)壬戌，王饗(館)于大(太)室。吕征(延)于大(太)室……

西周早期的伯唐父鼎(《銘圖》02449)，銘文(相關部分)爲：

乙卯，王饓(館)蒡京，☐秦(禱)辟舟，臨舟龍，咸秦(禱)……

西周早期的士上卣(《銘圖》13333、13334)，銘文(相關部分)爲：

佳(唯)王大龠(禴)于宗周，徣(造)饓(館)蒡京年，才(在)五月既朢
辛酉……

西周早期的高卣蓋(《銘圖》13345)，銘文(相關部分)爲：

亞，佳(唯)十又二月，王初饓(館)旁，唯還杜(在)周，辰才(在)庚
申，王屬(飲)西宮，盉(烝)，咸螯(螯)。……

“饓”，郭沫若釋爲“餥”，認爲“當是古之館字，從食宛，宛亦聲也”①；陳夢家認爲“疑爲‘居’字”②；唐蘭認爲“饓”做祭名使用，“當讀爲祼”③；于省吾認爲此字即甲骨文中的“智”字，商代之“智祭”即周代之“饓祭”④；劉雨認爲“饓”爲“調整宗廟次序的祭禮”，未提供證據⑤。張秀華從劉氏説，認爲“饓”爲祭祖禮之一種。劉釗認爲“郭沫若先生的意見是正確的，‘餥’應該讀爲‘館’。古代從宛聲與從官聲可以相通，金文餥字正如郭沫若所言，很可能就是‘館’字的異體，銘文中的‘王餥(館)某’猶後世言‘王駐蹕於某’，又如今言‘王下榻於某’”，又説“甲骨文‘智’後邊都跟有被祭祀之對象，而金文‘餥’字後都是‘處所’，這是二者用法不同的關鍵所在，決不能混爲一談”。⑥ 劉釗將“饓”與“智”從辭例和用途上區分開來，顯然是正確的，將“饓”釋爲祭名還需要更多的證據加以説明。陳劍師在《甲骨文舊釋“智”和“螯”的兩個字及金文“飌”字新釋》一文中已經説明，甲骨文舊釋“智”字的“與大家公認的表‘總括’的範圍副詞‘率’和‘皆’很接近。將它們(‘智’和‘螯’)釋爲‘祭名’或‘用

---

① 郭沫若：《金文叢考》，《郭沫若全集·考古編》第五卷，科學出版社 2002 年版，第 202 頁。
② 陳夢家：《西周銅器斷代(二)》，《考古學報》1955 年第 2 期，第 93 頁。
③ 唐蘭：《西周青銅器銘文分代史徵》，中華書局 1986 年版，第 133 頁。
④ 于省吾：《甲骨文字釋林》，中華書局 1979 年版，第 62~64 頁。
⑤ 劉雨：《西周金文中的祭祖禮》，《考古學報》1989 年第 4 期，第 503 頁。
⑥ 劉釗：《釋金文中幾個從宛的幾個字》，《中國文字》新十九期，臺灣藝文印書館 1994 年版，第 197~199 頁。

牲法''祭祀動詞',是不可信的"。① "饗"與"智"的用法不同,"智"與祭祀也沒有關係。

八、關於"糦"祭

西周早期的天亡簋銘文(相關部分)爲:

> ……降,天亡又(佑),王衣(卒)祀阝(于)王不(丕)顯考変(文)王,事喜上帝,変(文)王監才(在)上……

劉雨在《西周金文中的祭祖禮》中引劉心源、陳夢家釋"喜"爲"饎""糦"的意見,以《詩經·商頌·玄鳥》"大糦是烝"爲書證,認爲銘文中"喜"是祭祀動詞。②

首先,《詩經·商頌·玄鳥》中的大糦是一種祭祀用品,並不是祭祀本身,將"糦"作爲一個祭類是非常牽强的。更重要的是,青銅器樂器中"喜"常被用作取悅賓客、祖先的意思。如鮮鐘(《銘圖》15415,西周中期)銘文有"用侃喜卡(上下)"、邢叔采鐘(《銘圖》15290、15291,西周中期)銘文"用喜樂文神人"、兮仲鐘(《銘圖》15232—15238,西周晚期)銘文"用侃喜前文人"、昊生殘鐘(《銘圖》15287、15288,西周晚期)銘文"用喜侃前文人",又有王子嬰次鐘(《銘圖》15188,春秋晚期)銘文"永用宴喜"、子璋鐘(《銘圖》15324—15330,春秋晚期)銘文"用宴以喜"、戲鐘(《銘圖》15351—15359,春秋晚期)銘文"謌(歌)樂自喜"、邾公牼鐘(《銘圖》15421—15424,春秋晚期)銘文"以喜諸士"等。"喜"多用在樂器上並不是偶然的,"喜"本身就是從"壴(鼓)"形變而來,表示鐘鼓音樂所帶來的"喜悅"的狀態。因此天亡簋銘文中"事喜上帝"表示祭祀中使用鐘鼓音樂以取悅於上帝,則是完全有可能的。雖然僅此孤例並不能依此將"事喜"的内涵完全確定下來,但此種理解顯然要比將"喜"釋爲"饎""糦",並由此多增加一個禮類要好。

第五節 從時代性看祭祀禮類金文文獻的特點

根據前文分析,張秀華《禮制研究》中所列青銅器銘文祭祀禮類二十八類

---

① 陳劍:《甲骨文舊釋"智"和"盉"的兩個字及金文"瓢"字新釋》,《甲骨金文考釋論集》,綫裝書局 2007 年版,第 181 頁。

② 劉雨:《西周金文中的祭祖禮》,《考古學報》1989 年第 4 期,第 510 頁。

中，只有十六類是可以被認定的，它們是"禡""禜""禱""告""柴""禋""祼""酹""戁""禜""燎""祠""禴""嘗""烝""禘"。其餘十二類除了"報"祭尚存疑待考外，其他禮類均是由於銘文文字誤釋或者禮類擴大化造成的。這十七類禮類(含"報")可以分爲兩個大類，一類是在傳統禮書中明確爲禮典類型的禮類，另一類是在殷商甲骨文中能找到與之對應的祭祀禮類。

一、傳統禮書所載的禮類

(一)祠、禴、嘗、烝

《詩經·小雅·天保》："禴祠烝嘗，于公先王。"《禮記·王制》："天子、諸侯宗廟之祭：春曰祠，夏曰禘，秋曰嘗，冬曰烝。"鄭玄注："此蓋夏、殷之祭名。周則改之，春曰祠，夏曰禴。以禘爲殷祭。"《周禮·春官·大宗伯》："以祠春享先王，以禴夏享先王，以嘗秋享先王，以烝冬享先王。"《公羊傳·桓公八年》："烝者何？冬祭也。春曰祠，夏曰禴，秋曰嘗，冬曰烝。"《爾雅·釋天》："春祭曰祠，夏祭曰禴，秋祭曰嘗，冬祭曰烝。"郭璞注："祠之言食。(禴)新菜可汋；(嘗)嘗新穀；(烝)進品物也。"以上"禴"同"禴"。

"祠"在本章第二節已經説明，"司"不應該釋爲"祠"，然而周原甲骨中有"祠"字，並且當作祭名解釋。

祠自萬于豐。　　周原甲骨 H11：117

祠自萬于周。　　周原甲骨 H11：20

雖然文例比較簡單，但是这里的"祠"大概只能釋爲"祠祭"之義，這是西周有"祠"祭的重要證據。

含"禴"祭銘辭包括士上卣(《銘圖》13333、13334，西周早期)、士上盉(《銘圖》14792，西周早期)、士上尊(《銘圖》11798，西周早期)、我鼎(《銘圖》02399，西周早期)、史喜鼎(《銘圖》01962，西周早期)等器。

其中史喜鼎銘文："史喜乍(作)朕(朕)文考翟祭，罜(厥)日隹(唯)乙。"對於其中的"翟祭"，張秀華認爲"楊樹達、唐蘭"的説法①較爲可信，並做分析：

---

① 楊樹達：《積微居金文説(增訂本)》，中華書局 1997 年版，第 170 頁；唐蘭：《論周昭王時代的青銅器銘刻》，《古文字研究》第二輯，中華書局 1981 年版，第 92 頁。

翟古爲定母藥部，禴爲余母藥部，二字古音極近。並且古翟聲與龠聲字可以通用，如馬王堆帛書《六十四卦·登(升)》九二："復(孚)乃利用翟。"通行本《易》之"翟"亦作"禴"。又帛書《六十四卦·卒(萃)》六二："復(孚)乃利用翟。"通行本《易》翟亦作禴。又帛書《六十四卦·既濟》九五："東鄰殺牛以祭，不若西鄰之翟祭，實受其福。""翟"通行本《易》作"禴"。《孟子·離婁上》："逝不以翟。"《音義》翟丁作禴。從上引材料看，將銘文中的"翟"讀作"禴"是完全可以的。①

以上分析"翟"即"禴"，將"翟祭"歸入金文"禴祭"的禮類非常正確，避免了單獨立"翟祭"爲一個小的禮類。

含"嘗"祭的銘辭包括姬鼎(《銘圖》02303，西周晚期)、六年琱生簋(《銘圖》05341，西周晚期)、蔡侯驣尊(《銘圖》11815，春秋晚期)、蔡侯驣盤(《銘圖》14535，春秋晚期)、與兵壺(《銘圖》12445，春秋晚期)、十四年陳侯午敦(《銘圖》06077，戰國中期)、楚王酓延鼎(《銘圖》02165，戰國晚期)、楚王酓忎盤(《銘圖》14508，戰國晚期)、楚王酓延盤(《銘圖》11425，戰國晚期)、楚王酓延鈾鼎(《銘圖》01980，戰國晚期)、郲陵君鑑(《銘圖》15065，戰國晚期)、以供器(《銘圖》19502，戰國晚期)等器。

嘗祭祭名不見於商代甲骨、金文，亦不見於西周早中期的銅器銘文。

"烝"甲骨文中常常作兩手持豆之形(如"⊠")，或作持豆米之形(如"⊠")，又有從示之形(如"⊠")②。要之，這些形體代表了進獻粢盛的情狀。金文繼承了這種形體，應該表示的是冬季糧食豐收之後向祖先獻祭的場景。

含"烝"("登")祭的銘辭包括吕壺蓋(《銘圖》12373，西周早期)、高卣蓋(《銘圖》13345，西周早期)、大盂鼎(《銘圖》02514，西周早期)、伯獄簋甲(《銘圖》05275，西周中期)、段簋(《銘圖》05234，西周中期)、大師盧豆(《銘圖》06158，西周中期)、姬鼎(《銘圖》02303，西周晚期)、十四年陳侯午敦(《銘圖》06077，戰國中期)、陳侯因旮敦(《銘圖》06080，戰國中期)等器。

大盂鼎有兩個"烝"字，第一個"烝"表示的可能就是四時之祭。第二個"烝"辭例如下：

---

① 張秀華：《西周金文六種禮制研究》，吉林大學博士學位論文，2010 年，第 37 頁。
② 從兩止之形(如"⊠")及從兩手兩止之形(如"⊠")的"登"，是爲"登(進)"的"登"所造之字。

……凨(鳳)夕䁋(召-詔)我一人登(烝)三(四)方……

由於"烝"與四方連言，因此不可能是對祖先的四時之祭。王國維、于省吾以來的學者一般都以《爾雅》《毛傳》爲據，將它釋爲"君"。劉雨認爲"烝祭不專用於祭祖，也可以用來祭四方神"①，這種説法並沒有其他金文辭例可以佐證，因此不取此説。

(二)禘

"禘"祭在文獻中有幾種内涵，一是四時之祭的一種。《禮記·王制》："天子、諸侯宗廟之祭，春曰礿，夏曰禘，秋曰嘗，冬曰烝。"鄭玄注："此蓋夏、殷之祭名。周則改之，春曰祠，夏曰礿。以禘祭爲殷祭。《詩·小雅》曰'礿、祠、烝、嘗于公先王'，此周四時祭宗廟之名。"鄭玄認爲"禘"祭祀在商代爲四時之常祭，到了周代就改爲大型祭祀，而夏季的常祭祭名則改爲"礿"，即前文所列的"禴"祭。甲骨文中以"帝"來代表"禘"，用例頗多。是否真如鄭玄所説，"禘"爲四時常祭無法確認。

"禘"祭爲殷祭(盛大祭祀)的内涵在文獻中還包括兩種含義。第一層含義是祀天地於郊，以其始祖配之，謂之禘。《禮記·大傳》："禮，不王不禘。王者禘其祖之所自出，以其祖配之。諸侯及其大祖，大夫士有大事，省於其君，干祫及其高祖。"鄭玄注："凡大祭曰禘。自，由也。大祭其先祖所由生，謂郊祀天也。王者之先祖，皆感大微五帝之精以生，蒼則靈威仰，赤則赤熛怒，黄則含樞紐，白則白招拒，黑則汁光紀。皆用正歲之正月郊祭之，蓋特尊焉。《孝經》曰：'郊祀，后稷以配天'，配靈威仰也。"鄭玄引《孝經》所述僅僅是"郊祀"，並没有談到"禘祭"的問題，而鄭玄所述之"禘"，帶有濃厚的讖緯色彩，恐不符《大傳》的原意。《大傳》所述之"禘"祭，很可能僅僅是王對其祖先的祭祀。

"禘"作爲殷祭的第二層含義是四時之祭外，祭於群廟爲禘。《禮記·王制》："天子犆礿、祫禘、祫嘗、祫烝。"鄭玄注："魯禮：三年喪畢而祫於大祖，明年春，禘於群廟。自爾以後，率五年而再殷祭，一祫一禘。"《禮記·王制》孔穎達疏："此祫謂祭於始祖之廟。毁廟之主及未毁廟之主皆在始祖廟中。始祖之主於西方東面；始祖之子爲昭，北方南面；始祖之孫爲穆，南方北面；自此以下皆然，從西爲上。禘則太王、王季以上遷主祭於后稷之廟，其坐位乃

---

① 劉雨：《西周金文中的祭祖禮》，《考古學報》1989 年第 4 期，第 512、515 頁。

與祫相似。其文、武以下遷祖, 若穆之遷主, 祭於文王之廟, 文王東面, 穆主皆北面, 無昭主。若昭之遷主, 祭於武王之廟, 武王東面, 其昭主皆南面, 無穆主。又祭親廟四。"

含"禘"祭銘辭的有小盂鼎[《銘圖》02516, 西周早期, 禘周(文)王、武王、成王]、鮮簋(《銘圖》05188, 西周中期, 禘周昭王)、剌鼎(《銘圖》02428, 西周中期, 禘周昭王)、大簋(《銘圖》05170, 西周中期, 禘考)、繁卣(《銘圖》13343, 西周中期, 禘辛公)、蔡侯龖尊(《銘圖》11815, 春秋晚期)等器。根據以上器物的銘辭, 劉雨對金文所反映的"禘"禮的特徵做了比較完備的總結, 可以參看。①

(三) 禱

關於"禱"祭, 傳世文獻中的説法比較多, 主要的内容是以言辭來向神禱告求福去災。《周禮·春官·小宗伯》:"大裁, 及執事禱祠於上下神示。"鄭玄注:"求福曰禱, 得求曰祠。"《周禮·春官·大祝》:"作六辭以通上下親疏遠近:一曰祠, 二曰命, 三曰誥, 四曰會, 五曰禱, 六曰誄。"鄭玄注:"鄭司農云:'禱於天地社稷宗廟, 主爲其辭也。……'玄謂禱, 賀慶言福祚之辭。"《禮記·檀弓下》:"君子謂之善頌善禱。"鄭玄注:"禱, 求也。"《論語·述而》:"子疾病, 子路請禱。"鄭玄注:"禱, 謂謝過於鬼神乎。"(敦煌殘卷唐寫本《論語》鄭注)又《詩經·小雅·吉日》一章:"吉日維戊, 既伯既禱。"《毛傳》:"將用馬力, 必先爲之禱其祖。"陳奂《傳疏》:"禱者, 祭馬祖而禱也。"《説文·示部》:"禡, 禱牲, 馬祭也。《詩》曰:'既禡既禂。'"朱駿聲《説文通訓定聲·孚部》"禱"下云:"禂、禱實一字。"將"伯"與"禡"祭相聯繫, 將"禱"與"禂"祭相聯繫, 似乎不是"禱"的本意, 不需作爲通例。

在金文銘辭中"禱"基本都用爲向神"禱告"之義, 銘文中的"禱"多用""表示, 冀小軍在《説甲骨金文中表祈求義的秦字》中將此字釋爲"禱"②。陳劍師在《據郭店簡釋讀西周金文一例》中對字形"秦"的字形做了分析,"根據西周春秋金文中邾國'曹'姓的本字寫作從'秦'得聲的'嬇', 結合秦字字形的演變情況, 可以斷定'秦'的篆形中'夲'才是聲符", 並進一步認爲"'夲'與'禱'讀

---

① 劉雨:《西周金文中的祭祖禮》,《考古學報》1989 年第 4 期, 第 495~498 頁。
② 冀小軍:《説甲骨金文中表祈求義的秦字》,《湖北大學學報》(哲學社會科學版)1991 年第 1 期, 第 35~44 頁。

音相近，故‘奉’在甲骨金文中可以表示‘禱’這個詞"。①

具體來説，"禱"在金文中的使用還可以分爲兩類。一類是不指鼎②(《銘圖》02361、02362，西周早期)、獻侯鼎(《銘圖》02181、02182，西周早期)、叔矢鼎(《銘圖》02419，西周早期)、伯唐父鼎(《銘圖》02449，西周早期)、圉甗(《銘圖》03331，西周早期)、圉簋(《銘圖》04692，西周早期)、叔簋(《銘圖》05113、05114，西周早期)、盂爵(《銘圖》08585，西周早期)、季嬴尊(《銘圖》11715，西周早期)、矢令尊(《銘圖》11821，西周早期)、圉壺(《銘圖》12299，西周早期)、矢令彝(《銘圖》13548，西周早期)諸器。在以上器物的銘文中，"禱"多用爲"大禱在某地""某禱于某地"等。"禱"顯然被用爲一種特指的祭祀禮典，或可稱爲"禱祭"，含有這一類"禱"的銘辭應當作爲禮典類文獻加以考慮。

在銘辭中還有一類"禱"，如衛鼎(《銘圖》02346，西周中期)"用奉(禱)膭(壽)"、伯梭簋(《銘圖》05078，西周中期)"唯用旛(祈)奉(禱)彶(萬)年"、癲鐘(《銘圖》15592—15605，西周中期)"用禖(禱)膭(壽)"、獃簋(《銘圖》05372，西周晚期)"用奉(禱)膭(壽)"、杜伯盨(《銘圖》05644，西周晚期)"用奉(禱)膭(壽)"。這些器的"禱"是作一般的"祈求"義使用，辭例與上一類的"禱"也完全不同，所禱的對象主要是"壽""萬年"等比較抽象的内容。這一類含有"禱"的器物的斷代一般要比含有用爲"禱祭"的器物要晚，通過對以上兩類器物比較可以發現，"禱"在銘辭中用爲"禱祭"義的，無一例外都是西周早期的器，而用爲一般性"祈禱"義的都是西周中期以後的器物了。

這裏順便需要説明的是，在西周銘文中不將含有"祈"和"匃"的銘文納入祭祀禮類，就是由於"祈"和"匃"在金文文獻中一般所"祈求"的對象都是與第二類"禱"比較類似的、抽象的内容，這一類"祈"和"匃"並不具有禮典内涵，只是作器人對器物用途的美好願望罷了。將第二類"禱"與"祈""匃"對比，很容易發現它們用法和辭例的相似性。"禱"從西周早期具體的"禱祭"，逐步在西周中晚期蜕化爲抽象的"祈禱"内涵，不再具有實際的禮制意義，這可能就

① 陳劍：《據郭店簡釋讀西周金文一例》，《北京大學中國古文獻研究中心集刊》第二輯，北京燕山出版社 2001 年版，第 390 頁。

② 張秀華《禮制研究》未將不指鼎納入"禱"祭禮類，是因爲其將不指鼎銘辭"王才(在)上厌(侯)应，奉禖(祼)"中的"奉"釋爲了"華"，見《禮制研究》第一章"西周金文祭禮研究""一〇、祼"條。從而將此例中的"祼"理解爲了祼祭用品，導致了對"禱"和"祼"内涵理解的雙重錯誤。

是與"禱禮"禮典在西周的蛻化同步的。原來實指性質的"禱"逐漸抽象化，最終與從來没有負擔過具體禮典内涵的"祈""匄"合流，成爲一個抽象的動詞。根據以上分析，根據"禱"在銘辭中所擔負的不同作用可以作爲金文及其器物斷代的標準。

（四）告

"告"作爲"告祭"使用，在傳世文獻中較爲多見，也用爲"祰"。《左傳·桓公二年》："冬，公至自唐，告于廟也。凡公行，告于宗廟；反行，飲至、舍爵、策勳焉，禮也。特相會，往來稱地，讓事也。自參以上，則往稱地，來稱會，成事也。"又《左傳·莊公元年》："圍布几筵，告於莊、共之廟而來。"《禮記·曾子問》："曾子問曰：'如已葬而世子生，則如之何？'孔子曰：'大宰、大宗從大祝而告于禰。三月，乃名于禰，以名遍告及社稷宗廟山川。'"又《禮記·曾子問》："孔子曰：'諸侯適天子，必告于祖，奠于禰。冕而出視朝，命祝史告於社稷、宗廟、山川。乃命國家五官而後行，道而出。告者，五日而遍，過是，非禮也。凡告，用牲幣。反，亦如之。諸侯相見，必告于禰，朝服而出視朝。命祝史告于五廟所過山川。亦命國家五官，道而出。反，必親告于祖禰。乃命祝史告至于前所告者，而後聽朝而入。'"《逸周書·世俘》："辛亥，薦俘殷王鼎，武王乃翼矢珪矢憲，告天宗上帝。"又"越五日，乙卯，武王乃以庶國祀馘于周廟，翼予沖子，斷牛六，斷羊二，庶國乃竟告于周廟，曰：'古朕聞文考脩商人典以斬紂，身告于天子稷，用小牲羊犬豕于百神，水土于誓社。'"李學勤在《〈世俘〉篇研究》中認爲："《逸周書》中的《世俘》一篇，記述武王伐紂的經過，是研究商周之際史實的重要依據之一"[1]，並在《〈逸周書源流考辨〉序》中指出《世俘》記武王伐紂，不少學者信爲實録"[2]。可見，《逸周書·世俘》的時代早於《左傳》所記録的時代，"告祭"在西周初期已經較爲成熟，並被用於武王克商後的重大典禮之中。《逸周書·世俘》對"告"祭的記載，與金文銘辭中"告"作爲祭祀類禮典出現在西周早期的文獻中是相吻合的。

含有"告"祭的銘辭有何尊（《銘圖》11819，西周早期）、沈子它簋蓋（《銘圖》05384，西周早期）、作册夨令簋（《銘圖》05352、05353，西周早期）、夌簋（《銘圖》05112，西周早期）、静鼎（《銘圖》02461，西周早期）、麥尊（《銘圖》

---

① 李學勤：《〈世俘〉篇研究》，《史學月刊》1988 年第 2 期，第 1 頁。
② 李學勤：《〈逸周書源流考辨〉序》，《西北大學學報》（哲學社會科學版）1992 年第 3 期，第 129 頁。

11820，西周早期）、班簋（《銘圖》05401，西周早期）諸器。

　　班簋銘文：“否臭（畀）屯（純）陟，公告乓（厥）事于上。”馬承源認爲“上”指“周王”。①　張秀華指出“不確，此處的上指上天”，並舉“《尚書·文侯之命》：‘昭升于上，敷聞于下’馬融注：‘上謂天’”來證明“上”指的是天神。②　張秀華的分析是正確的，班簋“告厥事于上”與何尊“廷告于天”的内涵是比較接近的。

　　比較特殊的是乖伯簋（《銘圖》05385，西周中期）。乖伯簋銘文記録的是一類特殊的“告”禮，與軍事征伐及獻俘有密切的關係。乖伯簋銘文“隹（唯）九年九月甲寅，王命益公征眉敖，益公至，告”。此處的“告”與“告”祭似無直接聯繫。張秀華《禮制研究》中引僞《尚書·武成》“厎商之罪，告于皇天后土”來說明乖伯簋“益公至，告”的内涵。③　李學勤在《從柞伯鼎銘談〈世俘〉文例》中，舉《逸周書·世俘》中一系列的戰爭叙述：

　　　　壬申，荒新至，告以馘俘。侯來命伐靡集于陳。

　　　　辛巳，至，告以馘俘。

　　　　甲申，百弇以虎賁誓命伐衛，告以馘俘。

　　　　乙巳，陳本、新荒蜀磿至，告禽霍侯、艾侯，俘佚侯小臣四十有六，禽禦八百有三十兩，告以馘俘。

　　　　百韋至，告以禽宣方，禽禦三十兩，告以馘俘。

　　　　百韋命伐屬，告以馘俘。④

以上六例，與此前舉兩例《逸周書·世俘》作爲“告”祭上天、祖先的“告祭”明顯不同。這裏均是周王派遣的將領獲勝後，有所擒獲，回到周師進行獻俘的禮儀。乖伯簋銘文的“至，告”所告的内容，依上舉《逸周書·世俘》當然是指“告以馘俘”，而不是一般的對上天、祖先的告祭。獻俘在周初很可能也是在宗廟進行的，所以不能輕易否定乖伯簋“告”的禮典性質，但與其他“告”祭加以區分仍然是必要的。從《逸周書·世俘》的文本來看，金文和《逸周書·世俘》中的“告”都可以區分爲這兩種類型。

---

① 馬承源：《商周青銅器銘文選（三）》，文物出版社1988年版，第109頁。
② 張秀華：《西周金文六種禮制研究》，吉林大學博士學位論文，2010年，第19頁。
③ 張秀華：《西周金文六種禮制研究》，吉林大學博士學位論文，2010年，第19頁。
④ 李學勤：《從柞伯鼎銘談〈世俘〉文例》，《江海學刊》2007年第5期，第14頁。

(五)裸

傳世文獻及禮書中主要有兩種"裸"禮。其一是在祭祀中，在神主前鋪上白茅，祭主以鬯酒獻尸，尸把酒澆在茅上，象神飲酒。①《詩經·大雅·文王》五章："殷士膚敏，裸將于京。"《毛傳》："裸，灌鬯也。"《禮記·郊特牲》："周人尚臭，灌用鬯臭，鬱合鬯，臭陰達於淵泉，灌以圭璋，用玉氣也。"《禮記·祭統》："君執圭瓚裸尸。大宰執璋瓚亞裸。"孔穎達疏："天子諸侯之祭禮，先有裸尸之事，乃後迎牲。"《周禮·春官·大宗伯》："以肆、獻、裸享先王。"鄭玄注："裸之言灌，灌以鬱鬯，謂始獻尸求神時也。"賈公彥疏："凡宗廟之祭，迎尸入户，坐於主北。先灌，謂王以圭瓚酌鬱鬯以獻尸，尸得之，瀝地祭訖，啐之，奠之，不飲。尸爲神象灌地，所以求神，故云始獻尸求神時也。"

學界關於"裸""瓚"釋讀的討論非常熱烈，根據學界已有的釋讀成果②，本小節主要集中對"裸"在金文中的用途進行討論。祭祀義的"裸"直接作"裸祭"動詞使用的有何尊(《銘圖》11819，西周早期)、德鼎(《銘圖》02266，西周早期)、小盂鼎(《銘圖》02516，西周早期)、不指鼎(《銘圖》02361、02362，西周早期)、㝬簋(《銘圖》05204，西周早期)、伯裸簋(《銘圖》05091，西周早期，本書認爲當定名爲"伯簋"，詳下)、㝬卣(《銘圖》13305，西周早期)、郙公敏父鎛(《銘圖》15815—15818，春秋晚期)諸器。

"裸"在金文中除了表示"裸"祭動詞以外，還可以作"祭品"修飾詞或直接指代祭品使用。作"祭品"修飾詞或直接指代祭品用的有我鼎(《銘圖》02399，西周早期)、榮簋(《銘圖》05099，西周早期)、史獸鼎(《銘圖》02433，西周早期)、内史亳同(《銘圖》09855，西周早期)、鮮簋(《銘圖》05188，西周中期)、王爵(《銘圖》08274，西周晚期)、毛公鼎(《銘圖》02518，西周晚期)、郙公敏父鎛(《銘圖》15815，春秋晚期)諸器。

張秀華指出，榮簋、鮮簋中"裸"用以修飾"裸祭"中所用的祭品。在對"禱"祭討論時我們已經指出，張秀華將不指鼎"禱裸"的"禱"誤釋爲"華"(《銘

---

① 錢玄、錢興奇編:《三禮辭典》"裸"條，江蘇古籍出版社1998年版，第844頁。

② 關於"裸"的字形分類，本書採用周忠兵《釋甲骨文中的"阞"》一文中對"裸""瓚"形體學術討論的總結來作爲金文"裸"字界定的標準。

圖》已經給出正確釋文)①，不楉鼎中"禱祼"是作爲一個祭祀短語存在的，"禱"和"祼"均用爲祭祀動詞。

我鼎銘辭"衱(延)礿絜二母，咸。畀遣襣(祼)二，彔貝五朋"(此據《銘圖》引)，應該斷句並釋讀爲"衱(延)礿絜二母，咸與。遣襣(祼)二彔，貝五朋"。由於銘文前面已經提到"妣乙""妣癸"兩位女性先人，後稱"二母，咸與"，即"二母"都來享祭。"遣"與"賜"的内涵相近，"遣祼二彔"意爲"賜祼玉二'彔'"，"彔"既可以指玉的單位(内涵與"品"相近)，也可以就作爲一種特指的玉類②。因此我鼎"祼"的辭例與榮簋、鮮簋是完全一致的，也用以修飾"祼祭"中所用的祭品。另外，毛公鼎"祼"的用法與我鼎相似，作爲祼品的修飾語；史獸鼎的"祼"，也應該作"祼祭所用的玉、貝"使用。

内史亳同的銘辭爲："成王易(錫)内史亳豊(醴)襣(祼)，弗叝(敢)攠(弛)，乍(作)襣(祼)銅(同)。"其中前一個"祼"作"祼賓客"使用，屬於第一種用法，後一個"祼"可以理解爲"同"的修飾詞，屬於第二種用法。

西周早期的伯祼簋的銘辭爲："佳(唯)王七月初吉辛亥，白(伯)卾(祼)于下宮"，一般學者均定名爲"伯祼簋"，細審辭例，這裏的"祼"作"祼祭"動詞使用更爲合適，其辭例與何尊"祼自天"、麩盨"祼于我多高"是一樣的。因此，上引句應該解釋爲"七月初吉辛亥的那一天，伯在下宮行祼禮"，此器的定名也當作"伯簋"。

郳公飫父鎛中有"歀"字，從"果"從"吹"，董珊《郳公飫父二器簡釋》指出"'歀'從吹、果聲，讀爲祼祭之祼。'吹'是歌部字，也可能是加注聲旁"③。其説可從，從辭例看"歀祀"讀爲"祼祀""祼瓚"文從字順。郳公飫父鎛中第一個"祼"字爲"祼祭"的意思，第二個"祼"字則作爲後一個"瓚"字的修飾詞使用。這兩個"祼"字對應了上舉兩種"祼"的用法。

"祼"的另一種用法是指"祼賓"之禮，在王的大賓客之禮過程中進行。《周禮·春官·典瑞》："祼圭有瓚，以肆先王，以祼賓客。"鄭玄注："爵行曰祼。"

---

① 張秀華：《西周金文六種禮制研究》，吉林大學博士學位論文，2010 年，第 24 頁。

② 陳劍師《釋西周金文的"豵(贛)"字》指出"'彔'字不識，但它經常在殷墟甲骨文提及'叕'的人祭卜辭中出現，可以肯定爲一種祭品"(《北京大學中國古文獻研究中心集刊》第一輯，北京燕山出版社 1999 年版)。其説甚確，但引文將"遣襣(祼)"與"二彔"間點斷，從其他金文辭例來看，似當作一句來理解。

③ 董珊：《郳公飫父二器簡釋》，復旦大學出土文獻與古文字研究中心網站(http：//www. gwz. fudan. edu. cn/old/SrcShow. asp? Src_ID=282)，2012 年 4 月 10 日。

賈公彥疏："此《周禮》祼，皆據祭而言，而於生人飲酒，亦曰祼。故《投壺》禮云：'舉觶賜灌'，是生人飲酒爵行，亦曰祼也。"《周禮·秋官·大行人》："上公之禮……王禮再祼而酢。……諸侯之禮……王禮壹祼而酢。……諸伯……王禮壹祼不酢。"鄭玄注引鄭司農云："祼，讀爲灌。再灌，再飲公也。而酢，報飲王也。"《周禮·春官·大宗伯》："大賓客，則攝而載果。"鄭玄注："載，爲也。果，讀爲祼。代王祼賓客以匜。君無酢臣之禮，言爲者，攝酢獻耳，拜送則王也。"以上"果"字皆借爲"祼"用。錢玄認爲，此種"祼"禮，因用圭瓚酌鬱鬯以獻賓客，故亦得稱"祼"。①

金文中將"祼"用作"祼賓"義的有麥鼎(《銘圖》02323，西周早期)、麥尊(《銘圖》11820，西周早期)、麥盉(《銘圖》14785，西周早期)、守宮盤(《銘圖》14529，西周早期)、萬杯(《銘圖》10865，西周早期)、鄂侯馭方鼎(《銘圖》02464，西周晚期)等器。

麥鼎、麥尊中有從"口"從"高"的"🔲"字，賈連敏在《古文字中的"祼"和"瓚"及相關問題》中，已經將其釋讀爲"祼"。他指出"此字即《説文》的'䰚'字"，"説文作'䰚'，當此形之訛"，"🔲"是"祼"字的一類異體，而不是一個假借字。②　麥盉中的"🔲"字拓片較爲模糊，但是根據辭例，應該與麥鼎、麥尊相同，故麥盉中此字也是"祼"，與麥鼎、麥尊用法相同。麥鼎、麥尊及麥盉中的"祼"的賓語都是"麥"，麥在這些銘辭中顯然都是做人名使用的，故這幾個器中的"祼"都是"祼賓"的意思。

(六)禋

"禋"祭是指以煙氣祭祀祖先的方式。《詩經·大雅·生民》："克禋克祀，以弗無子。"孔穎達《正義》："《釋詁》云：'禋，祭也。'……袁準曰：禋者，煙氣煙熅也。天之體遠，不可得就，聖人思盡其心，而不知所由，故因煙氣之上以致其誠。故《外傳》曰：'精意以享，禋。'此之謂也。"《詩經·周頌·維清》："肇禋，迄用有成，維周之禎。"《毛傳》："肇，始。禋，祀也。"《説文·示部》："禋，潔祀也。一曰精意以享爲禋。"馬瑞辰《通釋》："是禋乃祭祀通稱。"《周禮·春官·大宗伯》："以禋祀祀昊天上帝。"鄭玄注："禋之言煙。"

① 錢玄、錢興奇編：《三禮辭典》"祼"條，江蘇古籍出版社 1998 年版，第 844 頁。
② 賈連敏：《古文字中的"祼"和"瓚"及相關問題》，《华夏考古》1998 年第 3 期，第109~110 頁。

《尚書·舜典》："禋於六宗。"鄭玄注："禋，烟也。"（《通德堂經解》）《尚書·堯典》："禋於六宗。"鄭玄注："禋，煙也。"（《鄭氏佚書》）《尚書古文·洛誥》："曰明禋。"鄭玄注："禋，芬芳之祭。"（《通德堂經解》）

"禋"祭或"禋祀"在金文中也多有反映，包括"禋"祭的銘辭有史牆盤（《銘圖》14541，西周中期）、宋君夫人鼎（《銘圖》02222，春秋晚期）、哀成叔鼎（《銘圖》02435，春秋晚期）、蔡侯龖尊（《銘圖》11815，春秋晚期）、蔡侯龖盤（《銘圖》14535，春秋晚期）、陳喜壺（《銘圖》12400，春秋晚期）、齡史屍壺（《銘圖》12433，春秋晚期）、與兵壺（《銘圖》12445，春秋晚期）、中山王譽壺（《銘圖》12455，戰國中期）諸器。以上銘辭中，"禋"皆用作"禋祭"義用，時代較《詩》《書》文獻要晚，西周時期只有史牆盤可以作爲例證，不知"禋祭"在西周至東周之間，是否有内涵上的變化。

以上六類在傳世文獻中常見的祭祀禮類，在金文文獻中也較爲多見，這是金文記錄兩周禮類能與傳世文獻對應的重要内容。

二、與殷商甲骨文所記祭祀相對應的禮類

在金文中，還有一些祭祀禮類，這類祭祀詞彙在金文中比較稀見，在傳世禮書中也記載不多。它們的共同特徵是都能在甲骨文中找到對應的字詞，在此對這一祭祀禮類進行梳理。

（一）禦

傳世文獻中，"禦"祭這一禮類幾乎完全消失，只有《説文·示部》"禦，祀也"存有此義。然而《説文》中的"禦"從"示"，它是與甲骨、金文中的"御""禦"直接相關的詞，還是一個後起字表示較晚的一種祭祀，尚不能確知。《逸周書·世俘》有"戊辰，王遂禦"。前文已經説到《逸周書·世俘》所反映的是西周初期的歷史情況，對西周的語言保存較爲忠實，因此這裏的"禦"應該就是甲骨、金文中表示"御祭"的那個詞。楊樹達在《積微居甲文説·釋禦》中認爲甲骨文中的"御"一般都用爲祭祀名詞，金文中的"禦"是對甲骨文的繼承，内涵與甲骨文相一致。[1]

金文中含有"禦"作"禦祭"用的銘辭有耳必觶（《銘圖》10606，西周晚期）、我鼎（《銘圖》02399，西周早期）、叀尊（《銘圖》11728，西周中期）、作册嗌卣（《銘圖》13340，西周中期）、獃簋（《銘圖》05372，西周晚期）諸器。

---

[1]　楊樹達：《積微居甲文説　卜辭瑣記》，中國科學院1954年版，第17頁。

甲骨文中用爲“禦祭”的“禦”多作“卩”。金文中的“禦”一般可以隸定爲“祤”或者“禦”，比甲骨文“卩”多一“示”旁。金文多集中在西周時期，故金文中“禦”的内涵，一般學者認爲與甲骨文“禦”的内涵接近，二者有承續關係。

（二）酓

“酓”在甲骨文中非常普遍，金文中“酓”作爲祭祀詞彙，與甲骨文中的使用方式相近。關於“酓”的内涵，學界還没有統一的認識，李學勤在《談叔夨方鼎及其他》中認爲“酓”作爲祭祀有關的動詞可以單獨使用，也可以與各種祀典相連使用，“是意義寬泛的動詞，並非特種的祀典，並非特種的祀典或祀典中特定的儀節”①，朱鳳瀚在《論酓祭》中認爲“酓字讀西聲音，以酉與乡會意……應該是一種傾酒的祭儀，酓繼承殷代的祭祀方法，周代也是與其他祭名共見，組合爲一個祭祀過程”②。劉源在《商周祭祖禮研究》認爲“酓”是祭祀過程中的一項重要活動。③ 劉釗在《叔夨方鼎銘文管見》認爲“酓雖然與祭祀有關，但其本身却不一定就是祭祀，而很可能是祭祀前需要做的一件事情”④。張秀華認爲“繁卣、麥方尊‘酓祀’連言，‘祀’泛指祭祀，酓可以看作一種特定的祭祀方式”⑤。從以上分析來看，李學勤的分析是比較全面的，“酓祀”連言的情況下“酓”還是看作一種單獨的祭祀比較妥當，其他情況下，“酓”可能是一個大的祭祀過程中的一個環節，這種情況與“奠”“禱”的情況是較爲類似的，是禮典中的普遍情況。

金文中含有“酓”的銘辭有叔夨鼎（《銘圖》02419，西周早期）、麥尊（《銘圖》11820，西周早期）、繁卣（《銘圖》13343，西周中期）諸器。可以看到，含有“酓”的銘辭主要集中在西周早中期。有理由相信，“酓”祭是商代祭祀的一種遺存，在周代已經逐步減少。由於“酓”不見於傳世文獻，故甲骨、金文中“酓”的用例也比較少，具體内涵還有待其他文獻的佐證和充實。

“酓”祭與“彡（肜）”祭不是同一種祭祀，西周金文中的“彡”主要作爲人名使用（仲彤盨，《銘圖》05555、05556，西周晚期）。工簋（《銘圖續》0420，商

---

① 李學勤：《談叔夨方鼎及其他》，《文物》2001 年第 10 期，第 67~69 頁。
② 朱鳳瀚：《論酓祭》，《古文字研究》第二十四輯，中華書局 2002 年版，第 87~88 頁。
③ 劉源：《商周祭祖禮研究》，商務印書館 2004 年版，第 110~116 頁。
④ 劉釗：《叔夨方鼎銘文管見》，《黃盛璋先生八秩華誕紀念文集》，中國教育文化出版社 2005 年版，第 159 頁。
⑤ 張秀華：《西周金文六種禮制研究》，吉林大學博士學位論文，2010 年，第 26 頁。

代晚期或西周早期)中有"彡"作爲祭祀名，當與"肜"祭無關。

(三)䕼

西周早期的鳴士卿尊(《銘圖》11779)銘文爲：

丁子(巳)，王才(在)新邑，初▉(䕼)，王易(錫)敳(鳴)士卿貝朋，用乍(作)父戊隮(尊)彝，子▉。

銘文中的"▉"字如何釋讀，目前還存在比較大的爭議。李學勤在《論美澳收藏的幾件商周文物》一文中摹寫的藏於哈佛大學福格藝術館收藏的旅玉戈(《銘圖》19763，商代晚期)，銘文爲："曰䕼王大乙，才(在)林田，旅(俞)烮"，其中有"▉"字(摹本)，又舉《合集》36525中"▉"字(此字從"酉")，指出這兩個字與鳴士卿尊中的"▉"爲同一個字。① 陳劍師在《殷墟卜辭的分期分類對甲骨文字考釋的重要性》(簡稱《重要性》)中又舉出《合集》35982"▉"也與上述字爲同一個字。② 故唐蘭將"▉"釋爲"䕼工"二字③，不確。李學勤根據鳴士卿尊"初䕼"、旅玉戈"䕼王大乙"認爲"䕼"作爲一種祭祀名，應該無疑。

陳劍師認爲"按照古文字構造的通例"，"䕼"字是在甲骨文中的"▉""▉"上加注聲符"坒"字構成的，因此"▉""坒"只能是表音符號。早期多數學者認爲以上字形即《說文》"䵺"，其或體爲"餗"，並依此立說。陳劍師在《重要性》中指出"在對它('▉')的考釋意見中，以釋'䵺(餗)'影響最大，信從的人最多。釋'䵺(餗)'之說，認爲'▉'即'束'字，除此並無其他堅實根據"。從聲符"坒"得聲的"狂"是牙音(群母)陽部字，"餗"是舌音(書母)屋部字，兩字聲音遠隔，故將"▉"與"餗"字相聯繫，音理上顯然沒有什麼根據。

目前尚不能排除鳴士卿尊中的"▉"不從"坒"得聲的可能性，即使其不從"坒"字得聲，而是從"▉"得聲，"䕼"與"餗"相通的可能性也不大。施謝捷在

①　李學勤：《論美澳收藏的幾件商周文物》，《文物》1979年第12期，第74~75頁。

②　陳劍：《殷墟卜辭的分期分類對甲骨文字考釋的重要性》，《甲骨金文考釋論集》，綫裝書局2007年版，第401頁。

③　唐蘭：《西周青銅器銘文分代史徵》，中華書局1986年版，第46頁。

《釋"索"》一文中指出，以上"🔹"可釋爲從"糸"從"収"的字，象"手工作繩之形"。① 郭永秉、鄔可晶在《説"索"、"𠚤"》一文中認爲該字應該從"索"從"収"，隸定爲"𡩡"。郭永秉、鄔可晶在文中已經指出"從古文字看，作動詞的搓繩之'𡩡'與作名詞的繩索之'索'本非一字"，"至秦漢文字中似已絕跡，大概已爲'索'字所吞併"。② 根據以上意見，從甲骨文辭例看，"🔹"與"🔹"爲同一字異體，即從"食"從"𡩡"。陳劍師已經指出"古文字中可以肯定的'柬'實際上找不到有寫作'🔹'的"，同時，我們也找不到"柬"寫作"𡩡"的。因此從"𡩡"聲的字與從"柬"聲的字在形體上並不相混。

根據郭永秉、鄔可晶的釋讀意見，"𡩡"字後爲"索"字所吞併。故"𡩡"的讀音應與"索"不遠，與"酢""𠚤""瘥"等相近，爲齒音鐸部字，"楝"的上古音爲舌音(書母)屋部字，二者很少有相通的例子。並且，出土文獻中也沒有從"索"與從"柬"相通的例子，傳世文獻中從"索"與從"柬"相通僅有一例，《爾雅·釋木》："楝，赤楝，白者楝。"《釋文》："楝又作楝。"③

綜上所述，"🔹""🔹"作爲一種祭名並無疑問，但是將"🔹""🔹"與"楝"聯繫不可取。西周金文中的"𡩡"祭很可能是甲骨文中較常見的"🔹"祭的遺存。

(四)綮

我鼎"🔹"隸定爲"綮"，在金文中僅一見，我鼎(《銘圖》02399，西周早期)銘文爲：

> 隹(唯)十月又一月丁亥，我乍(作)祌(禋)棨且(祖)乙、匕(妣)乙、且(祖)己、匕(妣)癸，延(延)礿綮二母，咸與。

這裏的"綮"是祭名的一種。甲骨文中"叔"字多見，多爲從"木"、從"示"、從"又"之字，也有少量將從"木"改爲從"柬"形之字。馬承源在《商周

---

① 施謝捷：《釋"索"》，《古文字研究》第二十輯，中華書局 2000 年版，第 202 頁。
② 郭永秉、鄔可晶：《説"索"、"𠚤"》，《出土文獻》第三輯，中西書局 2012 年版，第 99~109 頁。
③ 轉引自高明高明、董治安編：《古字通假會典》，齊魯書社 1989 年版，第 359 頁。

青銅器銘文選(三)》中已經指出"古文從祟之字或從奈,如隸字"①,林澐對二字的異體關係做了較爲詳細的論述②,"祟"是"叙"的訛形現在已經形成共識。"叙"字在甲骨文中多作爲祭名出現,金文中的"紧"當爲其遺存。

另,師虤鼎(《銘圖》02495,西周中期)銘辭有:"白(伯)亦克███(叙)由(迪)先且(祖)疊孫子。"其中的"███"是否也作祭名使用,尚不清楚。存疑待考。

(五)禀

西周早期的量鼎(《銘圖》02364)銘文(相關部分)爲:

> 隹(唯)周公征伐(于)伐東尸(夷),豐白(伯)、専(薄)古(姑)咸戈(翦),公歸(歸),禀阝(于)周廟。

其中,"禀"字從雙手捧"隹"置於"示"前,有釋爲"釁""禂""褮"③等祭祀專詞或"薦雞之祭""獻俘祭祀"的,並與傳世文獻相對應。由於缺乏堅實證據,這些解釋皆不可信。

可以確定的是"禀"作爲祭名在甲骨文中用例並不少④,有從"隹"從雙手的"███"形,有從"隹"從單手的"███"形,也有僅從"隹"的"███"形,主要都用爲祭名。由此可知,"禀"是殷商祭祀的遺存,其內涵待考。

(六)燎

保員簋(《銘圖》05202,西周早期)、韋伯叚簋(《銘圖》05203,西周早期)皆有作"燎祭"的"尞"字。保員簋作"███"形,韋伯叚簋作"███"形,皆爲火燎柴堆之形。又小盂鼎舊釋有銘辭:"入寮(燎)周廟",由於現在公佈的拓本漫漶

---

① 馬承源:《商周青銅器銘文選(三)》,文物出版社1988年版,第86頁。

② 林澐:《讀包山楚簡札記七則·七》,《林澐學術文集》,中國大百科全書出版社1998年版,第21頁

③ 釋爲"釁",譚戒甫:《西周量鼎銘研究》,《考古》1963年第12期,第68頁;釋爲"禂",詹鄞鑫:《神靈與祭祀——中國傳統宗教宗論》,江蘇古籍出版社1992年版,第436~438頁;釋爲"褮",孫作雲:《説幽在西周時代爲北方軍事重鎮——兼論軍監》,《河南師範大學學報》1983年第1期,第32頁。

④ 劉釗主編:《新甲骨文編(增訂本)》,福建人民出版社2014年版,第16~17頁。

不清，姑且從舊釋認爲其含有用作"燎祭"的"尞"。

傳世文獻中"燎"用爲祭祀名稱，僅見於《逸周書·世俘》"庚戌，武王朝至燎于周"，又"武王在祀，大師負商王紂縣首白旂，妻二首赤旂，乃以先馘，入燎于周廟"。《逸周書·世俘》的性質前文已經提及，保留了比較早的西周文獻的面貌，故其"燎"的用法與金文銘辭中的用法一致。

甲骨文中"尞"用爲"燎祭"非常普遍，其字形有象木柴燃燒的"𤏳"形，有象柴堆的"𣂪"形，還有與金文一樣象"𤎩"的。由於金文中"燎祭"的辭例不多，且基本集中在西周早期，有理由相信，"尞(燎)"也是商代祭祀遺存的一種。

(七)牢

"牢"祭在西周金文中二見，見於貉子卣(《銘圖》13319，西周早期)和吕伯簋(《銘圖》04902，西周早期)。西周早期的貉子卣的銘辭有：

> 唯正月丁丑，王各(格)于吕啟，王牢于㢴(陸)，咸宜。

其中的"牢"作祭祀動詞使用，"牢"在甲骨文中多有用爲祭祀專詞，這裏的"牢"可視爲甲骨文中"牢祭"的遺存。"宜"此處仍當釋爲"宜肉"之義。《説文·㢴部》："㢴，依山谷爲牛馬圈也。""牢"與"㢴"可能有一定的關聯。又，西周早期的吕伯簋的銘辭有：

> 吕白(伯)乍(作)氒(厥)宮室寶障(尊)彝毁(簋)，大牢甘(其)萬年祀氒(厥)取(祖)考。

吕伯簋銘文中的"大牢"也可以理解爲"大牢祭"，用法與貉子卣相似。

在金文中還有一些賜物有大牢的例子，如，榮仲鼎(《銘圖》02412，西周早期)："子加焂(榮)中(仲))玽(瑒)嵩(瓚)一、牲大牢。"任鼎(《銘圖》02442，西周中期)："易(錫)脡牲、大牢，又鬯束、大卉(材)、芳(鬱)芣(秦、賁)。"以上兩例子中，大牢是作爲賜物出現的。

(八)𤔲與鼑(肆)

陳劍師在《甲骨金文舊釋"𩰊"之字及相關諸字新釋》一文中，考釋得出

"鼏"與"鼎"皆當讀爲"肆"，用法與甲骨文中的"鼏"與"鼎"相同，義爲"肆"祭，一種肆解牲體的祭祀方法。西周早期的盂鼎（《銘圖》01797、01798）銘文爲：

　　盉（盂）鼏（肆）文帝母日辛隣（尊）。

西周早期的中鼎（《銘圖》02382）銘文（相關部分）爲：

　　……中對王休命，鼏（肆）父乙尊。……

西周中期的夃鼎（《銘圖》02515）銘文（相關部分）爲：

　　……夃用絲（茲）金乍（作）朕（朕）文孝（考）宆白（伯）鼏（肆）牛鼎……

以上三器中的"鼏（鼎）"均應理解爲"肆祭"之義。
西周中期的段簋（《銘圖》05234）銘文（相關部分）爲：

　　唯王十又三（四）祀十又一月丁卯，王鼎（肆）畢，登（烝），戊辰，曾（贈）。王穫（蔑）段曆，念畢中（仲）孫子，令龏瑚逾（饋）大臠（則）于段……

西周中期的寓鼎（《銘圖》02394）銘文（相關部分）爲：

　　隹（唯）二月既生霸丁丑，王才（在）葊京鼎（肆）□。戊寅，王蔑寓曆（曆）……

關於以上兩例中的"鼎"，陳劍師認爲：

　　金文"鼎"字僅見於上引兩例，正好又皆非習見的所謂"鼏彝"或單稱"鼏"的銅器自名；再加上金文確定的所謂"鼏"字的寫法如"鼏"、"鼏"、"鼏"又都從"刀"而不從"匕"，確實容易使人對"鼎"是否與"鼏"等形爲一字心存疑慮。我們反覆考慮，覺得還是係一字的可能性大。①

傳世禮書中有《周禮・春官・典瑞》："四圭有邸，以祀天、旅上帝。兩圭有邸，以祀地、旅四望。祼圭有瓚，以肆先王，以祼賓客。圭璧，以祀日月星辰。"鄭玄注："鄭司農云：'……以肆先王，灌先王以祭也。'玄謂肆解牲體以祭，因以爲名。"《周禮・春官・大宗伯》："大宗伯之職……以肆獻祼享先王，以饋食享先王，以祠春享先王，以禴夏享先王，以嘗秋享先王，以烝冬享先王。"鄭玄注："肆者，進所解牲體，謂薦孰時也。"陸德明《釋文》："肆，他歷反，解骨體。"《周禮・春官・大祝》："大祝掌六祝之辭，以事鬼神示……凡大禋祀、肆享、祭示，則執明水火而號祝。"《詩經・周頌・雝》有"天子穆穆，於薦廣牡，相予肆祀"。《尚書・牧誓》："今商王受惟婦言是用，昏棄厥肆祀弗答。"由此可知，"𪔲"與"鼎"讀爲"肆"，用爲"肆祭"之義，金文祭祀禮類當增此一類。

(九)柴(附)

"柴"在傳世文獻中作爲祭名，指的是燔柴祭天。柴上加犧牲及玉帛燔之，煙氣上升，使神歆享。《尚書・舜典》："至于岱宗，柴。"《經典釋文》引馬融云："祭時積柴加牲其上而燔之。"又《禮記・郊特牲》："天子適四方，先柴。"鄭玄注："所到必先燔柴，有事於上帝也。"《周禮・春官・大宗伯》："以禋祀祀昊天上帝，以實柴祀日月星辰，以槱燎祀司中、司命、風師、雨師。"鄭玄注："禋之言煙，周人尚臭。煙，氣之臭聞者。槱，積也。《詩》曰：'芃芃棫樸，薪之槱之。'三祀皆積柴實牲體焉，或有玉帛。"《説文・示部》中有"祡"，"祡，燒柴焚燎以祭天神"，"祡"即"柴"的後起本字。

西周早期的大盂鼎(《銘圖》02514)銘文(相關部分)爲：

　　……虡酉(酒)無敢(敢)酣。有蒸(烝)祀。無敢(敢)酣。……

① 陳劍：《甲骨金文舊釋"𪔲"之字及相關諸字新釋(中)》，復旦大學出土文獻與古文字研究中心網站(http://www.gwz.fudan.edu.cn/old/srcshow.asp?src_id=281)，2007年12月29日。

將""釋爲"髭"，根據裘錫圭《讀〈安陽新出土的牛胛骨及其刻辭〉》一文中，將甲骨文""字釋爲"髭"。裘文指出甲骨文中"髭"作爲人名使用，"金文之圖形文字者大概屬於一族"，"盂鼎(即大盂鼎)的''字，當是在''字上加注'此'聲而成"。①

裘錫圭釋出"髭"字之前陳夢家在《西周銅器斷代》中已經將此字讀爲"柴"，訓爲"柴祭"。裘錫圭釋出"髭"字之後，馬承源《商周青銅器銘文選》、劉翔等《商周古文字讀本》都將"髭"字訓爲"柴"，即用爲"祡祭"之"祡"。根據辭例，大盂鼎此處訓爲"祡"於文義是比較通暢的，雖然金文中關於"祡"祭僅此一例，但考慮到傳世文獻述及"祡"祭比較明確，大盂鼎的年代又屬於西周早期，故可暫從此説。

由於"髭"與"祡"是通假關係，金文文獻中關於"祡"僅此一例，我們不能否認"祡祭"在金文文獻劃分禮類時獨立確立爲一類，確實是有比較大的風險的。這還有待於未來出土材料的驗證，故將"祡"這個禮類附在傳世文獻與金文相佐證的禮類的最末。

三、青銅器銘文所載禮類的時代性分佈

本部分以張秀華《禮制研究》、劉雨《西周金文中的祭祖禮》所提到的祭禮禮類爲基礎，對西周金文所涉及的祭祀禮典的禮類做了全面的清理。劉雨《西周金文中的祭祖禮》區分了二十類祭祀類型，除了上文已經説明錯誤的分類以外，已經全部包含在張秀華所提出的祭祀類型之中了。另外，前述提到的"鼑(肆)"祭(段簋，《銘圖》05234)，"曽(贈)"祭(段簋，《銘圖》05234)，還有"祔"祭(叔矢鼎，《銘圖》02419)由於銘文例子很少(多爲孤例)，釋讀尚莫衷一是，根據禮典禮類確定從嚴的原則，就不再對其進行一一分析了。

根據前述的相關結論，可以將西周金文所涉及的祭祀類型重新做整理，見表 2-3：

---

① 裘錫圭：《讀〈安陽新出土的牛胛骨及其刻辭〉》，《考古》1972 年第 5 期，第 45 頁。

表 2-3 西周金文所涉及的祭祀類型表

祭禮禮類	甲骨文	金　　文	禮書
禦	●	耳卣觶(《銘圖》10606，西周晚期)、我鼎(《銘圖》02399，西周早期)、夷尊(《銘圖》11728，西周中期)、作册嗌卣(《銘圖》13340，西周中期)、默簋(《銘圖》05372，西周晚期)	
肜	●	叔矢鼎(《銘圖》02419，西周早期)、麥尊(《銘圖》11820，西周早期)、繁卣(《銘圖》13343，西周中期)	
饙	●	嗚士卿尊(《銘圖》11779，西周早期)	
祭	●	我鼎(《銘圖》02399，西周早期)	
禜	●	量鼎(《銘圖》02364，西周早期)	
燎	●	保員簋(《銘圖》05202，西周早期)、辜伯叔簋(《銘圖》05203，西周早期)	
牢	●	貉子卣(《銘圖》13319，西周早期)、吕伯簋(《銘圖》04902，西周早期)	
肆	●	盂鼎(《銘圖》01797、01798，西周早期)、中鼎(《銘圖》02382，西周早期)、智鼎(《銘圖》02515，西周中期)、段簋(《銘圖》05234，西周中期)、寓鼎(《銘圖》02394，西周中期)	
柴*		大盂鼎(《銘圖》02514，西周早期)	
祠		西周甲骨 H11：117、H11：20 趙孟庎壺(《銘圖》12365，春秋晚期)，妾㠱壺(《銘圖》12454，戰國中期)	●
禴(礿)	●	士上卣(《銘圖》13333、13334，西周早期)、士上盉(《銘圖》14792，西周早期)、士上尊(《銘圖》11798，西周早期)、我鼎(《銘圖》02399，西周早期)、史喜鼎(《銘圖》01962，西周早期)	●
嘗		姬鼎(《銘圖》02303，西周晚期)、六年琱生簋(《銘圖》05341，西周晚期)、蔡侯𧊒尊(《銘圖》11815，春秋晚期)、蔡侯𧊒盤(《銘圖》14535，春秋晚期)、與兵壺(《銘圖》12445，春秋晚期)、十四年陳侯午敦(《銘圖》06077，戰國中期)、楚王酓延鼎(《銘圖》02165，戰國晚期)、楚王酓忎盤(《銘圖》14508，戰國晚期)、楚王酓延盤(《銘圖》11425，戰國晚期)、楚王酓延鈕鼎(《銘圖》01980，戰國晚期)、鄬陵君鑑(《銘圖》15065，戰國晚期)、以供器(《銘圖》19502，戰國晚期)	●

續表

祭禮禮類	甲骨文	金　文	禮書
烝	●	吕壺蓋（《銘圖》12373，西周早期）、高卣蓋（《銘圖》13345，西周早期）、大盂鼎（《銘圖》02514，西周早期）、伯獄簋甲（《銘圖》05275，西周中期）、段簋（《銘圖》05234，西周中期）、大師虘豆（《銘圖》06158，西周中期）、姬鼎（《銘圖》02303，西周晚期）、十四年陳侯午敦（《銘圖》06077，戰國中期）、陳侯因資敦（《銘圖》06080，戰國中期）	●
禘	●	小盂鼎（《銘圖》02516，西周早期）、鮮簋（《銘圖》05188，西周中期）、刺鼎（《銘圖》02428，西周中期）、大簋（《銘圖》05170，西周中期）、繁卣（《銘圖》13343，西周中期）、蔡侯𦉢尊（《銘圖》11815，春秋晚期）	●
禱	●	不栺鼎（《銘圖》02361、02362，西周早期）、獻侯鼎（《銘圖》02181、02182，西周早期）、叔矢鼎（《銘圖》02419，西周早期）、伯唐父鼎（《銘圖》02449，西周早期）、圉甗（《銘圖》03331，西周早期）、圉簋（《銘圖》04692，西周早期）、叔簋（《銘圖》05113、05114，西周早期）、盂爵（《銘圖》08585，西周早期）、季盆尊（《銘圖》11715，西周早期）、矢令尊（《銘圖》11821，西周早期）、圉壺（《銘圖》12299，西周早期）、矢令彝（《銘圖》13548，西周早期）	●
告(誥)	●	何尊（《銘圖》11819，西周早期）、沈子也簋蓋（《銘圖》05384，西周早期）、作册矢令簋（《銘圖》05352、05353，西周早期）、夋簋（《銘圖》05112，西周早期）、静鼎（《銘圖》02461，西周早期）、麥尊（《銘圖》11820，西周早期）、班簋（《銘圖》05401，西周早期）、乖伯簋（《銘圖》05385，西周中期）	●
祼	●	【"祼祭"義，用爲祭祀動詞】何尊（《銘圖》11819，西周早期）、德鼎（《銘圖》02266，西周早期）、小盂鼎（《銘圖》02516，西周早期）、不栺鼎（《銘圖》02361、02362，西周早期）、嗇簋（《銘圖》05204，西周早期）、伯祼簋05091，西周早期，當定名爲"伯簋"）、叜卣（《銘圖》13305，西周早期）、郘公敄父鎛（《銘圖》15815—15818，春秋晚期）	●

續表

祭禮禮類	甲骨文	金　　文	禮書
		【“祼祭”義，用爲修飾詞】我鼎(《銘圖》02399，西周早期)、榮簋(《銘圖》05099，西周早期)、史獸鼎(《銘圖》02433，西周早期)、鮮簋(《銘圖》05188，西周中期)、王爵(《銘圖》08274，西周晚期)、毛公鼎(《銘圖》02518，西周晚期)、榮仲鼎甲、乙(《銘圖》02412、02413，西周早期)、内史亳同(《銘圖》09855，西周早期)、邾公鞁父鎛(《銘圖》15815，春秋晚期)	●
		【“祼賓”義】麥鼎(《銘圖》02323，西周早期)、麥尊(《銘圖》11820，西周早期)、麥盉(《銘圖》14785，西周早期)、守宫盤(《銘圖》14529，西周早期)、萬杯(《銘圖》10865，西周早期)、鄂侯馭方鼎(《銘圖》02464，西周晚期)	
禋		史牆盤(《銘圖》14541，西周中期)、宋君夫人鼎(《銘圖》02222，春秋晚期)、哀成叔鼎(《銘圖》02435，春秋晚期)、蔡侯龖尊(《銘圖》11815，春秋晚期)、蔡侯龖盤(《銘圖》14535，春秋晚期)、陳喜壺(《銘圖》12400，春秋晚期)、𨡨史屌壺(《銘圖》12433，春秋晚期)、與兵壺(《銘圖》12445，春秋晚期)、中山王嚳壺(《銘圖》12455，戰國中期)	●

根據表2-3可以發現，凡是有傳世禮書對應禮典的金文銘文(在禮書一欄中畫●)，其銅器的數量相對較多；凡是没有傳世禮書對應禮典的，而有甲骨文對應禮典詞彙的金文銘文(在甲骨文欄中畫●)，其銅器的數量相對比較少。要解釋這一現象，可以從禮典在商周之際的變化來説明，甲骨文記述的商代禮典類型到了周代早中期還有比較多的遺存，以上列舉的“禦”“𥜽”“𨠍”“鑊”“𥜺”“燎”“牢”“肆”“柴”屬於這一類型的禮典，它們作爲商代禮典的遺存頑强地呈現在西周金文中，其中的大多數在西周早期逐漸走向了消亡，而有一部分最晚到了西周晚期還有所表現，如“禦”祭。

還有一類禮典，包括“祠”“禴”“嘗”“烝”“禘”“禋”“祼”“禱”“告(祰)”，這些禮典在傳世禮書中非常活躍，在西周金文中數量有很多。這些禮典顯然就是西周逐步固化成熟起來的周代禮典。它們存續的時代不盡相同，有一部分直到春秋戰國時期，仍有青銅器銘文記録這些禮典的存在。如“嘗”祭不見於殷商甲骨、金文，也不見於西周早期和中期的銅器銘文。這可能正是由於“嘗祭”是周人在西周晚期新設的祭祀禮典，此禮典在春秋戰國之後才成爲時祭之一。西周金文裏保留了不少甲骨文獻中常見但是後世禮書中却非常少見的祭祀詞彙，這正是由於西周時代殷禮遺存逐漸減少，周禮逐步取代殷禮走向典範化造成的。兩類禮典禮類的消長，正好説明了殷周之際禮制變化的特點。殷禮雖然在周初仍有大量遺存，但逐漸經歷了被周禮淘汰（放棄不用）和轉換（祭名不變，内涵變化）的過程，整個過程貫穿了西周的早中期。所謂殷周制度的變革，或許從這個意義上進行理解，才更符合實際情況。

第六節　青銅器銘文涉禮但却没有對應禮典詞彙造成的失收

青銅器銘文雖然描述了特定禮類却没有相關特徵詞彙出現，由此導致研究者將涉禮銘文失收的情況，也是利用青銅器銘文研究兩周禮典的誤區之一。西周中期的穆公簋蓋（《銘圖》05206）銘文没有記録與“狩禮”相關的任何詞彙，郭永秉經過考察認爲“（穆公簋蓋）雖然通篇未提‘獸（狩）’字，却是研究西周大蒐的珍貴材料”[1]。穆公簋蓋的銘文爲：

> 隹（唯）王初女（如）[圖]，廼（乃）自商𠂤（師）𢕿（復）還至于周，王夕卿（饗）醴于大室，穆公𠋫（侑）。[圖]，王兮（呼）宰利易（錫）穆公貝廿朋，穆公對王休，用乍（作）寶皇𣪘（簋）。

郭文首先分析了“[圖]”字右部所從爲“夗”，從而將本字與甲骨文中田獵刻辭中用作地名的“[圖]”（《屯南》86）、“[圖]”（《屯南》4233）、“[圖]”（《合集》28041）、“[圖]”（《合集》239）等幾個字相聯繫，説明此地爲一商王狩獵地點。這樣穆公簋蓋銘文所叙述的事件就與商代晚期的宰甫卣（《銘圖》13303，商代晚期）十分相似。宰甫卣銘文爲：

> 王來獸（狩）自豆彔（麓），才（在）磏師（次），王卿（饗）酉（酒），王姿

---

[1]　郭永秉：《穆公簋蓋所記周穆王大蒐事考》，《復旦學報》（社會科學版）2012 年第 5 期，第 131 頁。

(光)宰甫貝五朋，用乍(作)寶鼎(肆)。

根據楊寬的分析，宰甫卣所述的狩禮"並非一般的狩獵性質，是爲了校閱駐防在褬一帶的軍隊，也是舉行'大蒐禮'"①。郭永秉進一步分析舊釋從"示"的"褬"當釋爲"禄"，該地很可能就是甲骨文田獵刻辭中的"職"。據此，郭文認定穆公簋蓋銘文所述之事，即爲一次"大蒐禮"。郭文的分析環環相扣，很好地將不具有禮典特徵詞彙的穆公簋蓋銘文與具有禮典特徵詞彙的宰甫卣聯繫起來，從而落實了穆公簋蓋銘文的禮典性質。郭文指出"研究西周史事與禮制，除了傳世文獻，金文自然是最重要的資料，必須盡最大可能，挖掘出簡奧的銘文文字、詞句背後的信息。以研究大蒐禮爲例，如僅將眼光局限於尋找有'獸(狩)'字的銘文，顯然是不夠的"。這對本節所述研究金文禮典存在"銅器銘文涉禮但却没有對應禮制詞彙造成失收"的情況是很好的説明。

在銅器銘文研究中能與禮典儀節相扣合的案例並不是太多，主要由於金文詞句簡奧，往往無法對一篇金文銘文做出確切的解釋，因此也就無從談起對其禮典類型的認定了。

在禮典研究中還有一類特殊的内容也較容易產生本節所述的失誤，即與喪服、廟制、宗法相關的内容。雖然這類文獻並不是典型意義上的禮典文獻，但相關文獻一直被傳統禮學認爲是禮典研究的核心組成部分。根據禮學的這項傳統，尋找金文中與喪服、廟制、宗法相關的銅器銘文，也就成爲禮典研究的一項重要工作。由於宗法、喪服往往通過人際關係、祭祀先後關係來呈現，故不容易被輕易識別出來，只有熟悉了周代的宗法和喪服制度，才能從銘文中識別出有價值的信息。陳絜、賈海生等的文章對這方面的研究做出了一定探索。

西周晚期的應公鼎(《銘圖》02105)的銘文爲：

雁(應)公乍(作)障(尊)簋(簋)鼎斌(武)帝日丁。子＝(子子)孫＝(孫孫)永寶。

陳絜的《應公鼎銘與西周宗法》、賈海生的《由應公鼎及相關諸器銘文論應國曾立武王廟》所談的是同一個問題，即應公鼎銘文證實了應國曾立武王廟。②

---

① 楊寬：《西周史》，上海人民出版社 1999 年版，第 702 頁。

② 陳絜：《應公鼎銘與西周宗法》，《南開學報》(哲學社會科學版) 2008 年第 6 期，第 8~17 頁；賈海生：《由應公鼎及相關諸器銘文論應國曾立武王廟》，《湖南大學學報》(社會科學版) 2016 年第 5 期，第 27~29 頁。

《左傳》記載魯國除了立大廟祀周公外，還立周廟用以祭祀周文王。除魯之外，鄭、衛、宋都立有類似祭祀始封君所出先王的廟，具體的討論可以參看第七章對《穆天子傳》相關部分的討論。這裏應國所立之廟應當也是同樣類型的廟，以祭祀其始封君所出的武王。對應公鼎銘文的研究是通過銅器銘文驗證西周廟制和宗法制度的一個很好例子。

西周中期的帥鼎(《銘圖》02406)的銘文(相關部分)爲：

> 帥隹(惟)懋朕念王(皇)母董勻。自乍(作)後。王(皇)母厚商(賞)屰(厥)文母魯(魯)公孫用鼎(貞-鼎)。……

賈海生《帥鼎銘文的秘蘊》注意到了文母、王母的區別，認爲"王母與文母之稱屢見於西周銅器銘文，在同一篇銘文中稱呼不同，則絕非同一人"，並進一步認爲"王母當是絕嗣的大宗宗子之母"。[1] 李學勤認爲"文母"爲器主"帥"的祖母，"王母"爲帥的母親，"侯"用爲助詞，"商"讀爲"章"，義爲"彰顯"。[2] 由於本銘的釋讀還没法完全確認，故賈文可備一説，其關注銅器銘文中不同稱謂所體現出來的宗法内涵，是值得肯定的。

除了以上銅器銘文中提到的一些親屬稱謂和人物關係等宗法、喪服研究的重要内容以外，本章也舉一例以説明銅器銘文對兩周宗法喪服制度研究的重要性，以及它所能帶來的重要信息。

第七節 "大叔"在先秦文獻中的特殊内涵

2014 年年底，蘇州博物館徵集到一件春秋時期青銅劍，根據《史記·吳太伯世家》"二十五年，王壽夢卒。壽夢有子四人，長曰諸樊，次曰餘祭，次曰餘眛，次曰季札"的記載及該劍的銘文，此劍的器主是壽夢之子，諸樊、餘祭之弟吳王餘眛，故將此劍名爲"吳王餘眛劍"。由於青銅劍銘文長達 70 餘字，是先秦兵器中銘文最長的一件，並且銘文記載了吳國的史事，引起了學界的高度重視。程義、張軍政撰《蘇州博物館新入藏吳王餘眛劍初探》(簡稱《初探》)

---

① 賈海生：《帥鼎銘文的秘蘊》，《文史知識》2010 年第 10 期，第 151~153 頁。
② 李學勤：《綴古集》，上海古籍出版社 1998 年版，第 88~92 頁。

對此器加以介紹。① 董珊撰《新見吳王餘眛劍銘考證》對其銘文所載史事細加辯證。② 銘文中提及名爲"虡攻郘""虡攷此郘"的吳王，學者多認爲此即諸樊之長弟、餘眛之兄餘祭。在其他吳國兵器銘文中，多有以"虡矣工(句)鷹(吳)"稱吳王餘祭。董珊《吳越題銘研究》(簡稱《吳越題銘》)中列舉了三例，其中一器爲北京私人藏家所藏，殘劍銘文爲：

工(句)鷹(吳)大弔(叔)虡矣工(句)鷹(吳)自元用。③

關於此銘文中"虡矣"之稱"大叔"，董珊認爲"(國君的首弟)有時不用'仲'，直接用'叔'"④；《初探》一文認爲"更加證明此人(虡攷郘)的排行是王的首弟，即'大叔'，亦諸樊之後第一位"。

從傳世文獻並聯繫吳王餘眛劍銘文看，"虡攷郘"指吳王餘祭當屬無疑。然而將"大叔"直接理解爲某君之"首弟"或"長弟"，並由此推斷該人的身份，恐怕不妥。下文主要論述出土及傳世文獻中"大叔"這一稱謂的禮法意義及其精確內涵。

一、"大叔"作爲族氏與稱謂的兩種用途

傳世文獻中號曰"大叔"的有晉國始封君唐叔虞、鄭共叔段、周襄王之弟王子帶。另有衛大叔儀(大叔文子)、大叔懿子、大叔疾(大叔悼子)，鄭子大叔亦有"大叔"之稱。

在這些人物裏，衛大叔儀、大叔懿子、大叔疾與鄭子大叔稱謂中之"大叔"，與前三者並不相同。《左傳·哀公十一年》云："冬，衛大叔疾出奔宋。"杜預注："疾即齊也。"《春秋·哀公十一年》稱"衛世叔齊出奔宋"。何休《解詁》云："衛世叔齊，字疾。""衛大叔疾"即"衛世叔齊"，由於《左傳·哀公十

---

① 程義、張軍政：《蘇州博物館新入藏吳王餘眛劍初探》，《文物》2015 年第 9 期，第 75~82 頁。

② 董珊：《新見吳王餘眛劍銘考證》，《故宮博物院院刊》2015 年第 5 期，第 31~39 頁。董珊根據通假關係認爲吳王名"餘眛"之"眛"當作"眛"，本書爲行文方便仍從《史記》作"眛"。

③ 此殘劍後由藏家捐入國家博物館，於 2015 年年底至今在國家博物館"近藏集萃"特展上展出。

④ 董珊：《吳越題銘研究》，上海古籍出版社 2015 年版，第 14 頁。

一年》有"大叔懿子……生悼子",杜預注:"悼子,大叔疾",則大叔懿子是大叔疾之父。《左傳·襄公十四年》云:"衛人使大叔儀對。"杜預注:"大叔儀,衛大夫。"又《左傳·哀公十一年》云:"則大叔懿子止而飲之酒。"杜預注:"懿子,大叔儀之孫。"根據以上的關係,可知大叔儀爲大叔懿子(名不知,僅知謚號)之祖父,大叔懿子爲大叔疾之父。在這個世系中,"大叔"不可能是諸侯之弟的稱謂,只能是這一支的族氏。①

"鄭子大叔"見於《左傳·襄公二十四年》:"子大叔戒之曰:'大國之人,不可與也。'"杜預注云:"大叔,游吉。"游吉爲游氏,名吉。有注家認爲"大叔"可能爲游吉之字,楊伯峻注則説:"大叔即游吉,爲游氏之宗主。"這兩種説法無法落實"游吉"爲何有"子大叔"之稱,故都不可信。"游吉"稱"子大叔",很可能仍是將"大叔"用作族氏稱謂,表明作爲游吉所出祖的公子的身份爲"大叔","子"表示尊稱。這在後文還會有進一步的申説。

戰國璽印中有兩方含有"大叔"字樣,這些璽印中的"大叔"也都用爲姓氏,可見先秦時代以"大叔"爲氏的情況普遍存在。②

圖2-3 《璽彙》3428

圖2-4 《璽匯》3350

除了上述幾位春秋人物有"大叔"之稱,晉國始封君唐叔虞、鄭莊公之子共叔段、周襄王之弟王子帶,在《左傳》皆有"大叔"之稱。《左傳·昭公元年》:"及成王滅唐,而封大叔焉。"杜預注:"叔虞封唐,是爲晉侯。"楊伯峻注:"大叔即叔虞,成王同母弟。"③《史記·晉世家》云:"晉唐叔虞者,周武王子而成王弟。"又《左傳·昭公元年》云:"邑姜方娠大叔。"服虔曰:"武王

---

① "大叔氏"亦可稱爲"世叔氏",則大叔氏的祖先應該也是有"大叔"身份的公子。

② 吳振武:《古璽姓氏考(複姓十五篇)》,《出土文獻研究》第三輯,中華書局1998年版,第79~81頁。

③ 楊伯峻:《春秋左傳注》,中華書局1990年版,第1218頁。

后，齊太公女也。"又《左傳·昭公十五年》周景王謂晉籍談曰："叔父唐叔，成王之母弟也。"根據以上可知，唐叔虞爲周成王誦之同母弟，換言之，即成王之嫡長弟。

《春秋·隱公元年》云："生莊公及共叔段。"杜預注："段出奔共，故曰共叔。"《左傳·隱公元年》云："請京，使居之，謂之京城大叔。"杜預注："公順姜請，使段居京，謂之京城大叔，言寵異於群臣。"杜注認爲共叔段爲"京城大叔"是因爲"寵異於群臣"，恐怕不確。所謂"京城"即"京"地，"大叔"則因爲段爲鄭莊公之同母弟，故稱之。

周襄王之弟王子帶亦稱"大叔"。《左傳·僖公七年》云："惠王崩，襄王惡大叔之難。"杜預注："襄王，惠王大子鄭也，大叔帶，襄王弟，惠后之子也。"襄王母早死，繼母惠后，生王子帶。王子帶的情況與前二者稍異，其與襄王並不是同母弟，王子帶是周襄王繼母之子。根據喪服制度可知，士的繼母與已故或者被出的前妻是具有同等禮法地位的，因此王子帶被視作周襄王的嫡長弟就易於理解了。

根據上面的分析，可稱"大叔"之人至少有這樣一個共同點，即爲天子或諸侯之同母弟，或者說嫡弟。《左傳·昭公二十六年》云："王后無適，則擇立長。年鈞以德，德鈞以卜"，這是周代確立的宗法擇君制度。由於上舉三個例子，均沒有述及其他嫡弟，所以沒法判斷"大叔"是否指的就是國君的嫡長弟。《史記·吳太伯世家》云："二十五年，王壽夢卒。壽夢有子四人，長曰諸樊，次曰餘祭，次曰餘眜，次曰季札。"吳王壽夢死後，其長子諸樊成爲吳國國君，此時餘祭正是諸樊的嫡長弟。大叔盨矣殘劍及吳王餘眜劍爲此提供了關鍵的證據，由此可知，劍銘所稱之"大叔"正是指餘祭作爲國君諸樊之嫡長弟的身份。

二、青銅器銘文中的"大叔"

目前已見出土文獻資料中含有"大叔"的器物，除了本節開篇提到的大叔盨矣（餘祭）殘劍以外，還有 14 件，其中 12 件爲銅器（1 件僅存摹本），2 件爲璽印。考察銅器銘文，銅器大概可以分爲五組。

（一）第一組：西周器 4 件

（1）禹鼎，1940 年 2 月陝西扶風縣法門鎮任家村出土，西周晚期器，現藏中國國家博物館。《銘圖》編號 02498，其銘文（相關部分）爲：

……緐(肆)武公亦弗叚(遐)望(忘)朕(朕)聖且(祖)考幽大弔(叔)、懿(懿)弔(叔)……①

本器器主爲禹,幽大叔、懿叔爲禹之祖父與父親。

(2)禹鼎(僅存摹本),傳陝西華陰縣出土,《博古圖》收録摹本。《銘圖》編號02499,其銘文(相關部分)爲:

……穆(緐-肆)武公亦[弗]歷(遐)望(忘)[朕(朕)聖]且(祖)考幽大弔(叔)、懿(懿)[弔(叔)]……②

本器器主爲禹,銘文應與第(1)器基本相同。

(3)叔向父禹簋,原藏潘祖蔭,西周晚期器,現藏上海博物館。《銘圖》編號05273,其銘文(相關部分)爲:

弔(叔)向父禹曰:……乍(作)朕(朕)皇且(祖)幽大弔(叔)隣(尊)𣪕(簋)……③

本器器主爲叔向父禹,叔應爲器主之排行,向爲器主之字,禹爲器主之名。由於銘文中提到器主禹之祖爲幽大叔,與禹鼎器主禹的祖先相同,故兩器器主應該是同一人,器銘中提及的幽大叔也是同一人。

(4)舁鼎,西周中期器,出土情況不明,現藏西安博物院。《銘圖》編號02437,其銘文(相關部分)爲:

……用乍(作)氒(厥)文且(祖)大弔(叔)□□,孫=(孫孫)子=(子子)甘(其)永寶。④

① 吳鎮烽編著:《商周青銅器銘文暨圖像集成》第十四卷,上海古籍出版社2012年版,第387~388頁。
② 吳鎮烽編著:《商周青銅器銘文暨圖像集成》第十四卷,上海古籍出版社2012年版,第389~391頁。
③ 吳鎮烽編著:《商周青銅器銘文暨圖像集成》第十一卷,上海古籍出版社2012年版,第382~383頁。
④ 吳鎮烽編著:《商周青銅器銘文暨圖像集成》第十一卷,上海古籍出版社2012年版,第382~383頁。

本器器主爲畀□。本器拓片非常模糊，無法辨認。本器在有"大叔"銘文的諸器中時代最早，姑存待考。

(二)第二組：莒國器 1 件

(5)大叔之子平壺《銘圖》定名爲孝子平壺，孫剛《東周齊系題銘研究》(簡稱《齊系題銘》)定名爲莒大叔平瓠壺①，1988 年山東莒縣中樓鄉于家溝村出土，春秋晚期器，現藏於莒縣博物館。《銘圖》編號 12358，其銘文爲：

> 鄏(筥–莒)大吊(叔)之□子平乍(作)其盥□壺，用征台(以)□，□台(以)□歲，子＝(子子)孫＝(孫孫)，永保用之。②

本器器主爲莒國大叔之子"平"。《金文通鑒》將"子平"前之字釋爲"孝"，恐不確。此字據孫剛的意見，可能爲"孺"③。

(三)第三組：吳國器 3 件

(6)攻吳大叔铦如盤，1988 年 1 月江蘇六合縣程橋鎮程橋中學春秋墓葬(M3.4)出土，春秋晚期器，現藏於南京市博物館。《銘圖》編號 14415，其銘文爲：

> 工(攻)盧(吳)大吊(叔)铦女(如)自乍(作)行般(盤)。④

本器器主爲吳國之大叔"铦女(如)"。

(7)攻吳大叔铦如戈，澳門蕭春源珍秦齋藏，《銘圖》編號 17138，其銘文爲：

> 工(攻)盧(吳)大吊(叔)铦女(如)甕自乍(作)元用。⑤

---

① 孫剛：《東周齊系題銘研究》，吉林大學博士學位論文，2012 年，第 46 頁。

② 吳鎮烽編著：《商周青銅器銘文暨圖像集成》第十三卷，上海古籍出版社 2012 年版，第 266 頁。

③ 不排除是"中"字的可能，兩邊下垂的筆劃爲渤痕。作"孺"，亦可講通。此器孫剛定名爲"莒大叔平瓠壺"，不確，器主是莒大叔之子"平"，"平"本身並不是莒之大叔。

④ 吳鎮烽編著：《商周青銅器銘文暨圖像集成》第二十五卷，上海古籍出版社 2012 年版，第 429~430 頁。

⑤ 吳鎮烽編著：《商周青銅器銘文暨圖像集成》第三十二卷，上海古籍出版社 2012 年版，第 198 頁。

本器器主爲吳國之大叔"䤷女(如)"。

(8)攻吳大叔戲矣工吳鈹，春秋晚期器，現藏保利藝術博物館，《銘圖》編號 17857，其銘文爲：

> 工(攻)盧(吳)大戲矣工(句)盧(吳)自元用。①

根據董珊的意見，其銘文漏鑄"弔""乍"二字，補足文句後當作：

> 工盧(吳)大［弔(叔)］戲矣工(句)盧(吳)自［乍(作)］元用。

本器器主與吳王餘祭殘劍器主一樣，爲吳王餘祭，其時其尚未爲君。

(四)第四組：吕國器 3 件

(9)吕大叔斧，春秋晚期器，原藏端方，《銘圖》編號 18736，其銘文爲：

> 吕大弔(叔)占(之)賁(貳)車之斧。②

本器器主爲吕之大叔。

(10)吕大叔斧，春秋晚期器，原藏潘祖蔭，《銘圖》編號 18737，其銘文爲：

> 吕大弔(叔)之賁(貳)車之斧。③

本器器主爲吕之大叔。

(11)邵大叔斧，春秋晚期器，原藏潘祖蔭，現藏上海博物館，《銘圖》編號 18738，其銘文爲：

---

① 吳鎮烽編著：《商周青銅器銘文暨圖像集成》第三十二卷，上海古籍出版社 2012 年版，第 201 頁。

② 吳鎮烽編著：《商周青銅器銘文暨圖像集成》第三十四卷，上海古籍出版社 2012 年版，第 226 頁。

③ 吳鎮烽編著：《商周青銅器銘文暨圖像集成》第三十四卷，上海古籍出版社 2012 年版，第 227 頁。

邵（呂）大弔（叔）呂（以）新金爲賓（貳）車之斧十。①

本器器主爲邵之大叔，邵與呂爲同一國。

（五）第五組：殘器（國別不詳）1件

（12）弟大叔殘器，春秋早期器，1974年7月山西聞喜縣桐城鎮上郭村墓葬（M375.10）出土，現藏山西省考古研究所，《銘圖》編號19453，其銘文爲：

……弟大弔（叔）……婦季……②

本器器主可能是某位國君之弟，稱爲"大叔"的"某"。

從以上諸多器物來看，這些器物基本都是西周中期至春秋中晚期器。

第（1）器至第（3）器的器主都是禹，禹鼎銘文記載了禹效仿其祖父幽大叔、父親懿叔，協助武公敦伐鄂國並獲勝利的事跡。銘文中提到穆公事跡"克夾紹先王"，以穆公稱公看，穆公很可能是周的重臣或封君，曾經輔佐過周的先王。武公很可能是穆公的嫡傳後代繼承人，繼承了穆公的重臣或封君之位。有意思的是，禹稱穆公爲皇祖，說明禹也是穆公的後代，由此可以推測禹的先祖或是穆公或穆公之後的某位別子。禹提到他的祖父幽大叔、父親懿叔，則幽大叔很可能就是穆公之族大宗宗子的嫡長弟，禹是他的後代。

孫剛《齊系題銘》認爲仲子平鐘（《銘圖》編號15502—15510）的"時代應爲春秋中期。銘文中'仲子平'與莒大叔平瓠壺銘文中的'大叔平'二者很可能就是一個人，此壺時代也應定爲春秋中期"。雖然《齊系題銘》對二器的器主定名略有問題（應該都是大叔之子平），但提供了一項關鍵信息，即仲子平鐘之莒叔很可能就是上述第（5）器大叔之子平壺之莒大叔。兩器均爲春秋莒國器，器主都是莒國某公子（排行叔）之子平，因此兩器器主爲同一人的可能性非常大。由於"莒叔"所稱的是莒國排行第三以下的公子，與莒大叔是同一人，那麼就與傳世文獻"共叔段"之稱爲"大叔"情況完全相同，這給本節的論斷增添了一

---

① 　吳鎮烽編著：《商周青銅器銘文暨圖像集成》第三十四卷，上海古籍出版社2012年版，第228頁。

② 　吳鎮烽編著：《商周青銅器銘文暨圖像集成》第三十五卷，上海古籍出版社2012年版，第229頁。

個强證。

第(8)器如果按照《吳越題銘》的釋讀意見，可以與開篇論及的大叔獻矣劍視作内容相同的材料，互相印證。將大叔獻矣殘劍與吳王餘眜劍合觀，可以看到"大叔"之稱正是用來指作爲君兄樊諸的嫡長弟餘祭，"大叔"爲嫡長弟的性質是通過餘祭作爲樊諸第一順位繼承人而被揭示的，這在傳世史料當中從未有過反映。由於吳國特殊的繼承人順序，給我們提供了一個極好的例證。

第(12)器有"弟+大叔"的配合，"弟"與"大叔"是相關聯的，可説明大叔爲國君之弟。

其餘器物，雖然無法通過銘文知曉器主在該國的地位和身份，但可以根據銘文推測，"大叔"的稱謂在西周中期至春秋晚期廣泛存在於各諸侯國，並不僅限於傳世文獻所述的數例。

三、"大叔"的宗法内涵

傳世文獻中所述諸位"大叔"，除了吳王餘祭作爲第一順位繼承人得繼君統之外，唐叔虞的分封在西周之初，其時周代宗法制度尚不完備，與春秋時有異，可以暫且不論。春秋時代，僅有的兩位出現於史籍中的"大叔"均是以意圖篡奪君權者的面貌出現的，他們在國内勢力穩固、黨羽遍佈，與宗親的關係盤根錯節。因此有必要從先秦宗法制的角度分析一下大叔所處的特殊地位，以此來説明其作亂的制度性根源。喪服制度中，天子、諸侯爲之有服的，只有自己的嫡傳後代，如嫡子、嫡婦、嫡孫、嫡孫婦。根據禮家的總結，這個原則稱爲"諸侯絕周"。由於天子、諸侯是君，宗法制度以尊君統爲大原則，因而天子、諸侯是不能爲其伯叔、昆弟、庶子以及更遠的親屬服喪的，這些親屬爲國君服喪也不依照五服喪服制度中的"親親"原則爲國君服私親之服，而是以爲國君之服服之(斬衰三年)。這是瞭解先秦宗法制度者所熟知的。

在"別子爲祖，繼別爲宗"的原則下，國君的少數公子都可以獲得賜族，而根據《左傳·隱公八年》魯隱公爲公子無駭賜族的情況，公子賜氏立族(成爲大宗)往往在公子死後，那麼在諸公子去世之前，由誰來主持宗務呢?《禮記·大傳》云：

> 公子有宗道，公子之公，爲其士、大夫之庶者，宗其士、大夫之適者，公子之宗道也。

以上這章的大意是，公子們(諸侯的衆弟)也有立宗制度(並不因爲"諸侯絕周"

而使得國君諸弟没有了宗子）：諸公子的國君，封自己的衆兄弟爲士、大夫，則要立他們當中的嫡長弟爲他們的大宗子，這就是公子的立宗制度。①

由此可知，天子、諸侯的嫡長弟要扮演諸公子之宗子的角色。根據宗法制度推論，這個角色一般應該是有傳承性的，公之嫡長弟被賜氏立族的可能性比較大，賜氏立族之後，公之嫡長弟的嫡長子、嫡長孫一系會成爲這個大宗的宗子。其他公子卒後，部分後代也可能因爲賜氏立族而成爲大宗，那他們也就不以公之嫡長弟之族的大宗宗子爲宗主了。但是另一部分公子卒後，其後代並没有得到賜氏立族，那他們的後代就世世代代以國君的嫡長弟之族的大宗宗子爲宗主。《左傳》經傳中常常出現以某代國君的謚號爲族名的族群，如宋國的莊族、桓族、戴族，楚國的景氏、昭氏等，這些宗族的成立或許就是以"公子之宗道"的宗法制度作爲支撐的。《禮記·大傳》又云：

> 有小宗而無大宗者，有大宗而無小宗者，有無宗亦莫之宗者，公子是也。

所謂"有大宗而無小宗者"指的是衆公子中有公之嫡弟，由嫡長弟來做衆公子的宗子，衆公子視公之嫡長弟爲大宗宗子；所謂"有小宗而無大宗者"指的是衆公子中没有公之嫡弟，則在衆公子中選出一位庶公子，衆公子視此位公之庶弟爲小宗宗子，大概同於五服制度中的嫡子的地位；所謂"有無宗亦莫之宗者"指的是公只有一位昆弟，則這個昆弟既没有宗子也不被其他人視爲宗子。以上幾種情況是諸公子的喪服制度，也是其宗法制度。②《左傳·宣公二年》云："及成公即位，乃宦卿之適子而爲之田，以爲公族。又宦其餘子，亦爲餘子。"杜預注："餘子，嫡子之母弟也，亦治餘子之政。"這裏的公族、餘子可能也存在嫡長子、嫡長弟的分工。

根據宗法，諸公子之間的喪服制度與親屬昆弟之間的五服制度有所不同。禮書中，雖然小宗與大宗宗子之間的親屬關係已經出了五服，但小宗要以加隆的喪服爲大宗宗子服喪，服齊衰三月之服。公之嫡長弟與衆兄弟的親屬關係還在五服之内，與一般的小宗爲大宗所服又有所不同。根據《儀禮·喪服》，公之庶昆弟爲其昆弟僅服大功九月，而不是如五服制度規定的齊衰期年。《儀禮·喪服》傳文："何以大功也？先君餘尊之所厭，不得過大功也。"是因爲先

---

① 徐淵：《〈儀禮·喪服〉服叙變除圖釋》，中華書局 2017 年版，第 217 頁。
② 徐淵：《〈儀禮·喪服〉服叙變除圖釋》，中華書局 2017 年版，第 217 頁。

君有餘尊尚在，則庶昆弟之間亦不得服大功以上。又《儀禮·喪服》經文："丈夫、婦人爲宗子、宗子之母、妻。"小宗族人爲大宗宗子服喪爲齊衰三月。具體衆兄弟爲嫡長弟所服爲何，禮書無載，不得而知。

根據上面的分析，由於天子、諸侯的嫡長弟被其衆兄弟視爲大宗宗子，無論其排行在"伯、仲、叔、季"，地位都是非常特殊的，於衆兄弟有統帥宗族的職責，在國內培植黨羽自然非常便利。由此不難理解爲什麼春秋時代被史籍記載僅有的幾位"大叔"，均是意欲爭權者，實是宗法制度使然。

四、行次不分嫡庶及"孟"的一種特殊用法

《禮記·檀弓上》云："幼名，冠字，五十以伯仲。"先秦時代，男子雖然不一定五十歲以後才能以"伯、仲、叔、季"稱兄弟行輩，但是認爲"伯、仲、叔、季"是男子成年以後才會有的一種稱謂，應該較爲符合實際。《儀禮·士冠禮》云："伯某甫，仲、叔、季，唯其所當。"鄭玄注："伯、仲、叔、季，長幼之稱。"根據《士冠禮》男子的排行在二十歲行冠禮稱字時已經確定。根據先秦姓氏制度，伯行一，仲行二，從第三至倒數第二的兄弟皆稱叔，而末弟稱季，這是春秋時代通行的一般情況。這樣的制度或許從西周開始即逐漸在各國中普及開來，以至於到春秋戰國時代已經成爲各國通行的命名法則。如《左傳·襄公二十七年》云："齊慶封來聘，其車美，孟孫謂叔孫曰：'慶季之車不亦美乎？'"杜注："季，慶封字。"楊伯峻注云："《禮記·檀弓上》'五十以伯仲'，蓋慶封行第最幼，故稱慶季。"又魯國三桓之祖共仲、叔牙、季友，分別是魯莊公的二弟、三弟、四弟。《史記·魯世家》云："莊公有三弟，長曰慶父、次曰叔牙、次曰季友"，則慶父、叔牙、季友皆爲莊公之同母弟，且莊公最長。

是不是國君的嫡子才能有行輩之稱，而庶出則沒有？《左傳·昭公二十年》有公孟縶，根據杜預注"公孟，靈公之兄"，則公孟縶是衛靈公的庶兄，衛靈公爲嫡長子。《左傳·昭公二十年》衛豹、宗魯生稱其曰"公孟"，《左傳人物名號研究》認爲"《左傳》人物名號中與公有關或冠公字，因其爲公子，故以公字配行次曰公孟，如魯昭公之子務人，亦以公字配行次曰公叔務人"[1]。由此，公孟縶實際就是孟縶，孟縶即伯縶。又《左傳·莊公十一年》有"臧文仲"，《左傳·莊公二十八年》云："臧孫辰告糴于齊"，杜預注："臧孫辰，魯大夫臧文仲。"孔穎達疏引《世本》云："孝公生僖伯彄，彄生哀伯達，達生伯氏缾，缾生

---

[1] 方炫琛：《左傳人物名號研究》，臺灣政治大學博士學位論文，1983年，第178頁。

文仲辰。"這裏排行第二的臧文仲大概就是臧氏的宗子。其兄或爲早死，或爲庶出，排行在臧文仲之前，却沒有作爲大宗爲後於臧氏。又《左傳·莊公二十六年》之"東門襄仲"排行第二，爲魯莊公之子，魯莊公之長子當是公子般，而魯閔公開則是在魯莊公二十四年迎娶的哀姜之娣的兒子，自然年紀比公子般與公子遂要小不少。從這點上看，公子遂即東門襄仲肯定是庶出。

以上幾個例子可以說明，天子及諸侯之子在排行之時，"伯、仲、叔、季"應該並不區分嫡庶，只要成年，均分配以行次，行次按前述"伯（孟）行一，仲行二，從第三至倒數第二的兄弟皆稱叔，而末弟稱季"。"孟""仲"都可能是庶子的行次。

"伯、仲、叔、季"既然是嫡庶兄弟成年之後加入的排序，那就可以推斷共叔段一定是排行第三以下的嫡子，與鄭莊公爲同母弟，而在鄭莊公和共叔段之間應該還有一個或幾個庶兄弟。由于這些庶兄沒有什麼歷史作爲，所以《左傳》《史記》等史書也記之較略，有的直以"公子"稱之，而不以"伯、仲、叔、季"稱他們，因此就無法獲知這些人物的存在。同理，王子帶稱"大叔"也是一樣的情況。唐叔虞是成王的同母弟，而《左傳·僖公二十四年》富辰云："邘、晉、應、韓，武之穆也。"邘、應、韓的封君很可能就是唐叔虞的庶兄弟，佔有了周成王至唐叔虞之間的行次。

先秦載籍中還有一種關於"孟"的特殊用法與本論題相關，在這裏附帶申説一下。關於"孟"，一般的意見認爲與"伯、仲、叔、季"之"伯"内涵相同，均爲排行老大的稱謂。這種用法在兩周青銅器中屢見不鮮，作爲女子的稱謂普遍存在。然而在典籍中，"孟"還有另外一種用法，並沒有引起足够的關注。

晉國趙衰爲趙夙之弟，《左傳·僖公二十三年》有"從者狐偃、趙衰……"杜預注："趙衰，趙夙弟。"《史記·趙世家》謂周穆王"賜造父以趙城，由此爲趙氏"，趙衰即趙氏之後。《左傳·僖公二十四年》云"子餘辭"，杜預注："子餘，趙衰字。"《史記·趙世家》云："趙衰卒，謚爲成季。"趙衰又稱"成季"，杜注以"成季"爲趙衰，成爲其謚，季蓋其行次，與魯公子友之稱"成季"同例。

史籍中，又將趙衰稱爲"孟子餘""趙孟"。《左傳·昭公元年》"趙孟適南陽，將會孟子餘"，杜預注："孟子餘，趙衰，趙武之曾祖。"《左傳》自趙衰之後，只要是趙氏宗子，一律可以"趙孟"稱之。如《左傳·哀公二十年》云"趙孟降于喪食"，杜注："趙孟，襄子無恤，時有父簡子之喪。"趙無恤爲趙鞅之子，《左傳·哀公二十七年》稱其曰"趙襄子"，《史記·趙世家》"伯魯者，襄子兄，故太子"，則無恤有兄曰"伯魯"，而《左傳》仍稱趙無恤曰"趙孟"。趙氏自趙盾起，嗣位者皆稱"趙孟"。《左傳》稱趙衰爲"孟子餘"應該理解爲以"孟"配字，"子餘"爲趙衰之字，"孟"則指稱趙衰爲趙氏大宗宗子。

魯國之三桓之一的"孟孫氏"，又稱"仲孫氏"，本爲共仲之後。按文獻所説，共仲是魯莊公之嫡長弟，因此他所承擔的工作與前述之嫡長弟"大叔"相近。前文已經根據禮書所載做了嫡長弟宗法義務的詳細分析，仲孫氏很可能扮演着整個桓族大宗宗子的角色，由於魯莊公作爲國君不能擔任桓族大宗宗子，故桓族各公子應以共仲爲大宗宗子，因而稱其爲"孟"，這與排行毫無聯繫。杜預由於不清楚這一點，將共仲視作魯莊公的庶兄，與《史記》等文獻相悖，從叔牙欲立慶父史事來看，慶父是莊公嫡長弟的可能性很大，杜預的説法缺乏憑據。

由于魯國賜族三桓是依禮制以"仲""叔""季"爲氏，故魯國的官方史書《春秋》對此進行了如實記録。《左傳》中將"仲孫氏"均稱爲"孟孫氏"，則是魯國人對作爲大宗"仲孫氏"的另外一種習稱。由于共仲行次爲"仲"，而不是"叔"，故史籍所載也就没有"大叔慶父"之稱了。"慶父"之所以能發起魯難，顯然也是因爲他的特殊嫡長弟身份，依照排行稱"仲"，稱呼雖然與"大叔"不同，但其大宗宗子的身份却是如出一轍，宗法地位也就完全相同了。①

前文所舉"游吉"又稱"子大叔"，其始祖公子偃是鄭穆公之子，很可能是鄭靈公的嫡長弟，曾相鄭悼公如晉拜成。因此游吉的祖父公子偃可能有"大叔"之稱，游吉作爲游氏的大宗(繼承游販在游氏的宗子地位)被稱爲"子大叔"也就可以理解了，這也是"大叔氏"的一種變稱。這種稱法與將"共仲"之後稱爲"仲孫氏"，同樣是出於先秦的稱名習慣。所不同的是游吉一族以"游"爲氏更爲國人所熟習，故"大叔氏"最終没有成爲對游氏的主要稱呼。

五、正確釋讀"大叔"的含義

綜上，"大叔"並不是指國君的首弟或長弟，而是特指國君的嫡長弟。稱作"大叔"的嫡長弟與國君之間還有若干位庶兄弟。《吳越題銘》認爲"(國君的首弟)有時不用'仲'，直接用'叔'"的這種看法是不能成立的。

---

① 韓巍兄賜告，金文中除"大叔"之稱外，尚有"大仲"之稱值得關注，可證本書之説。六月大簋(銘圖 05170，西周中期)，其銘文(相關部分)爲："用乍(作)朕皇考大(太)中(仲)隣(尊)段(簋)。"盠駒尊(銘圖 11813，西周早中期)，其銘文(相關部分)爲："余用乍(作)朕文考大(太)中(仲)寶隣(尊)彝。"二器中的"大中"應讀作"太仲"，"大"即"太"，是排行爲"仲"者爲嫡長弟的例證。另，大中卣(銘圖 13111，西周早期)，其銘文爲："大中乍(作)父丁隣(尊)。""大中"爲生稱，則可能器主以"太仲"爲氏。

　　傳世文獻中"大子"可以稱爲"世子","大叔"亦可以稱爲"世叔","世"表示的是有所承繼的意思,"大"則説明無論國君的大子或其嫡長弟,都在國中佔有極爲重要宗法地位。"大叔"扮演着大宗宗子的角色,承擔替代國君收族主祭的責任。根據《儀禮‧喪服》,多數没有得到國君賜族的衆公子(即國君的諸庶弟)是不能作爲大宗之祖的,他們要以國君的嫡長弟作爲自己的宗子,嫡長弟因此也就具有了崇高的族内地位,這爲他與國君開展鬥争争奪權力提供了一個良好的禮法基礎,"大叔作亂"因此也成了春秋時代一種習見的政治敗壞模式。

　　本節對"大叔"稱謂的命名規則及其禮法内涵做了討論,這對釐清出土器物中被稱爲"大叔"人物的特殊地位,對理解傳世文獻中"大叔"稱謂的歷史意涵,提出了新的看法。相信隨着出土文獻的不斷增加,會爲更清晰地瞭解先秦時代周王室及諸侯宗室的禮法制度提供更多、更好的實物依據。

第三章　戰國書類竹書文獻
與兩周禮典研究

截至 2017 年 12 月已經出土和收藏的先秦書類文獻全部都是戰國竹書，主要有郭店戰國楚簡、上海博物館藏戰國楚簡、清華大學藏戰國楚簡三宗。由於這些文獻主要是獨立成篇的文章，所以也可以將其稱爲竹書文獻。竹書文獻篇目衆多，文獻性質多樣，所反映的思想流派不一，目前爲止並沒有全篇討論禮典的篇章。下面簡單梳理一下這些竹書篇章中與禮書有關係，以及涉及禮典研究的篇目。

1993 年 10 月，郭店楚簡出土於湖北省荆門市四方鄉郭店村郭店墓地一號墓，距離楚故都紀南城約 9 千米。該墓出土竹簡 804 支，全部竹簡 13000 餘字。1998 年 5 月文物出版社出版了由荆門市博物館編的《郭店楚墓竹簡》一書。郭店楚簡被整理爲十八組文獻以及一些無法綴合分組的殘片，它們是《老子(甲本)》《老子(乙本)》《老子(丙本)》《太一生水》《緇衣》《魯穆公問子思》《窮達以時》《五行》《虞唐之道》《忠信之道》《成之聞之》《尊德義》《性自命出》《六德》《語叢一》《語叢二》《語叢三》《語叢四》。其中，《老子》甲本、乙本、丙本內容均見於今本《老子》之內；《緇衣》與今本《禮記·緇衣》內容大體相當，但分章與章序與今本不同；《窮達以時》內容見於今本《荀子·宥座》、《孔子家語·在厄》、《韓詩外傳》卷七及《説苑》等書；《語叢》分爲四組，文句與《説苑·談叢》《淮南子·説林》相近。《緇衣》雖然與《禮記·緇衣》內容相近，但由於《禮記·緇衣》一般被認爲是子思所作，並不是談禮典的篇章，故與兩周禮典研究並無太大關聯。《六德》不見於今本傳世文獻，其中有"爲父絶君，不爲君絶父""爲兄弟絶妻，不爲妻絶兄弟"句，涉及具體喪服制度的討論，與《儀禮·喪服》《禮記·喪小記》等禮儀內容關係密切，學界對此討論熱烈，故本章將做進一步分析。

1994 年，上海博物館分別入藏兩批戰國楚簡。第一批 1200 餘支簡、第二批 497 支簡，總字數約 35000 字。兩批楚簡密切相關。2002 年 2 月開始至

2016 年年底，上海古籍出版社陸續出版了《上海博物館藏戰國楚竹書》(一)至(九)九冊，公佈了上博藏战国楚簡的主要篇目。2001 年 11 月出版的《上海博物館藏戰國楚竹書(一)》包括了《孔子詩論》《紂衣》《性情論》共三種書；2002 年 12 月出版的《上海博物館藏戰國楚竹書(二)》包括了《民之父母》《從政(甲、乙篇)》《昔我君老》《魯邦大旱》《子羔》《容成氏》共六篇；2003 年 12 月出版的《上海博物館藏戰國楚竹書(三)》包括了《周易》《中弓》《彭祖》《亙先》共四篇；2004 年 12 月出版的《上海博物館藏戰國楚竹書(四)》包括了《采風曲目》《逸詩》《昭王毀室 昭王與龔之脽》《柬大王泊旱》《内豊》《相邦之道》《曹沫之陳》共七篇；2005 年 12 月出版的《上海博物館藏戰國楚竹書(五)》包括了《競建内之》《鮑叔牙與隰朋之諫》《季庚子問於孔子》《姑成家父》《君子爲禮》《弟子問》《三德》《鬼神之明 融師有成氏》共八篇；2007 年 7 月出版的《上海博物館藏戰國楚竹書(六)》包括了《競公瘧》《孔子見季起子》《莊王既成 申公臣靈王》《平王問鄭壽》《平王與王子木》《慎子曰恭儉》《用曰》《天子建州(甲本、乙本)》共八篇；2008 年 12 月出版的《上海博物館藏戰國楚竹書(七)》包括了《武王踐阼》《鄭子家喪(甲本、乙本)》《君人者何必安哉(甲本、乙本)》《凡物流形(甲本、乙本)》《吳命》共五篇；2011 年 5 月出版的《上海博物館藏戰國楚竹書(八)》包括了《子道餓》《顏淵問於孔子》《成王既邦》《命》《王居》《志書乃言》《李頌》《蘭賦》《有皇將起》《鶹鷅》共十篇；2012 年 12 月出版的《上海博物館藏戰國楚竹書(九)》包括了《成王爲城濮之行(甲本、乙本)》《靈王遂申》《陳公治兵》《舉治王天下(五篇)》《邦人不稱》《史蒥問於夫子》《卜書》共七篇。以上諸篇目中，與禮典密切相關的有上博六《天子建州》、上博七《鄭子家喪》兩篇。其中《天子建州》與天子諸侯饗禮有關，《鄭子家喪》與刑餘罪人喪禮用棺制度及葬制有關。

2008 年 7 月，清華大學入藏一批戰國簡，一共 2388 枚，估計完整簡在 1700 至 1800 枚。2010 年 12 月開始至 2016 年年底，上海中西書局陸續出版了《清華大學藏戰國竹簡》(壹)至(陸)六冊，公佈了一部分清華藏戰國竹簡的重要篇目。2010 年 12 月出版的《清華大學藏戰國竹簡(壹)》包括了《尹至》《尹誥》《程寤》《保訓》《耆夜》《金縢》《皇門》《祭公》《楚居》共九篇；2011 年 12 月出版的《清華大學藏戰國竹簡(貳)》收錄了歷史著作《繫年》，共 138 支竹簡，全篇分爲 23 章，記述了從西周初年一直到戰國前期的歷史；2012 年 12 月出版的《清華大學藏戰國竹簡(叁)》包括了《説命(上)》《説命(中)》《説命(下)》《周公之琴舞》《芮良夫毖》《良臣》《祝辭》《赤鵠之集湯之屋》共八篇；2013 年 12 月出版的《清華大學藏戰國竹簡(肆)》包括了《筮法》《別卦》《算表》共三篇；

2015 年 4 月出版的《清華大學藏戰國竹簡(伍)》包括了《厚父》《封許之命》《命訓》《湯處於湯丘》《湯在啻門》《殷高宗問於三壽》共六篇；2016 年 4 月出版的《清華大學藏戰國竹簡(陸)》包括了《鄭武夫人規孺子》《管仲》《鄭文公問太伯(甲本)》《鄭文公問太伯(乙本)》《子儀》《子產》共六篇。以上諸篇目中，與禮典密切相關的包括清華一《耆夜》、清華六《鄭武夫人規孺子》兩篇。其中清華一《耆夜》與飲至禮、燕禮有關，清華六《鄭武夫人規孺子》與諸侯喪禮及服喪制度相關。

除了以上篇目，楚簡中還有不少與容禮有關的篇目。容禮相關的内容在禮學研究中一般被認爲是廣義禮典研究的一部分。由於本書在緒論中對禮典做了較爲狹義的定義，故本章就不對楚簡竹書類篇目中與容禮有關的章節進行詳細的討論了。竹書中與容禮相關的篇目有：上博二《昔者君老》、上博四《内豊》、上博五《君子爲禮》、上博六《天子建州》等，這些内容與《禮記》中《曲禮》《内則》《少儀》，《論語》中的《鄉黨》等篇目關係比較密切。它們記録了先秦貴族日常生活中的目容、聽容、言容、色容、坐容、立容、行容、乘容等方方面面的規範，形成了對禮書所記不足的有效補充。其中《昔者君老》還提到了大子在爲先君居喪時的容貌："君卒。大子乃無聞無聖(聽)、不聞不命，唯悲哀是思，唯邦之大矛(務)是敬"，這條材料與喪禮直接相關，與《鄭武夫人規孺子》中的鄭武公喪禮相關的内容也可以相互參照。在做出土文獻禮典研究時候也不能忽略這些與容禮有關的簡文。①

以上所舉的竹書篇目與《儀禮》相關篇目所述的禮典制度有密切的關係，由於這些篇目的抄寫時代與《儀禮》的成書時代相去不遠，通過討論這些竹書中所涉及的禮典内容的内涵，對於加深《儀禮》相關篇章的内涵認識有着很大的價值。下面將逐篇分析這些出土竹書禮典相關内容的具體内涵。

第一節 郭店楚簡《六德》"爲父絕君"句析義

郭店楚簡《六德》篇不見於今本傳世文獻，主要内容是講"六位""六職"和"六德"的關係以及"六位"在"人道"中的重要作用。相似記載見於《禮記·郊

---

① 傳世文獻中容禮相關的研究可以參看魯士春：《先秦容禮研究》，臺灣天工書局1998 年版；出土簡帛中容禮相關的研究可以參看曹建墩：《戰國竹書所見容禮考論》，《中國經學》第 13 輯，廣西師範大學出版社 2014 年版。

特牲》《大戴禮記·本命》《説苑·建本》《儀禮·喪服》，① 顯然屬於儒家類的文獻。

一、《六德》"爲父絶君" 句釋讀

《六德》中有 "爲父絶君，不爲君絶父" "爲兄弟絶妻，不爲妻絶兄弟" 句，涉及具體喪服制度的討論，與《儀禮·喪服》《禮記·喪小記》等禮儀内容關係密切，學界對此討論熱烈。先將該句迻録如下：

> 爲父鹽（絶）君，不爲君鹽（絶）父。爲昆弟鹽（絶）妻，不爲妻鹽（絶）昆弟。爲宗族邥（殺）朋友，不爲朋友邥（殺）宗族。②

整理者認爲 "鹽" 即《説文》古文 "絶" 字 "𢇍" 之異體。魏啓鵬認爲此字釋爲 "繼"，引《汗簡》收古文 "繼" 字作 "鹽"，並引黄錫全舉拍敦（《銘圖》06073，春秋晚期）銘中文 "𢇍" 字釋爲 "繼" 作爲證據。③ 金文中，"鹽" 字釋爲 "繼" 的還有叔卣甲、乙（《銘圖》13327、13328，西周中期），其字形作 "鹽"。魏啓鵬認爲 "絶" 與 "繼" 字形有異，"絶" 字 "大抵以刀斷絲之形"，此 "繼" 字中間無横綫表示斷絶之義。從金文來看魏啓鵬此説没有理據，金文釋爲 "繼" 的兩個字中間均有横斷之形，可見這不是區分 "絶" 與 "繼" 的標準。又上博一《孔子詩論》中簡27、簡29有 "繼" 字形，其中簡27的辭例爲 "北風不鹽（絶）人之怨，子立不……" 上博一釋文已經指出《詩經·邶風·北風》有 "北風其涼，雨雪其雱" 句，④ 因此《孔子詩論》中的 "北風不鹽人之怨" 只能釋爲 "北風不絶人之怨"。此外，上博六中《用曰》篇有 "繼" 字，其字形從 "糸" 從 "鹽"，與單獨使用的 "鹽（絶）" 並不相混。考慮到郭店簡與上博簡同屬楚系文字，時代相距也不是太遠，魏啓鵬 "鹽" 爲 "繼" 字説並不可靠。

"邥" 字，裘錫圭按：似與《性自命出》"开（瑟）" 爲一字，疑當讀爲 "殺"，

---

① 劉釗校釋：《郭店楚簡校釋》，福建人民出版社2005年版，第107頁。

② 荆門市博物館編：《郭店楚墓竹簡》，文物出版社1998年版，第190頁。

③ 魏啓鵬：《釋〈六德〉"爲父繼君"——兼答彭林先生》，《中國哲學史》2001年第2期，第103頁。

④ 上海博物館編：《上海博物館藏戰國楚竹書（一）》，上海古籍出版社2001年版，第157~158頁。

"減省"義①；張光裕認爲此字假借爲"失"②；顔世鉉認爲此字爲"麗"字古文，用爲"離"③；李零認爲此字假借爲"疾"④。本書認爲，將"八刀"讀爲"殺"，取"減省"之義最爲符合簡文的禮制義涵，由於後半句不是本書討論的重點，後文不再對此字加以申述。

二、"爲父絕君"與"諸侯絕周"之"絕"

在以上釋讀的基礎上，已經有不少學者對郭店楚簡《六德》"爲父絕君"句的內涵進行了討論。多數學者認爲本句與喪服禮制有關，劉樂賢在郭店楚簡國際學術研討會上發表《郭店楚簡〈六德〉初探》指出"這段話前、後文都與喪服的禮制有關"，"句中的'絕''殺'都是喪服用詞，是減殺之意"，提出"當服父喪與服君喪有衝突時，可以將君服做減省，而不是爲君喪而減省父喪"。⑤ 同會，魏啓鵬提出《六德》中"絕"應釋爲"繼"，並提出相關的喪服學解釋："爲父服喪時，逢君之喪，則將君之喪放在其次；爲君服喪時，逢父之喪，則不能將父服喪置於其後。爲昆弟服喪時，逢妻之喪，則將妻之喪放在其次；爲妻服喪時，逢昆弟之喪，則不能將爲昆弟服喪置於其後。"⑥雖然前文已經指出魏啓鵬關於"絕"釋爲"繼"的意見不正確，但魏啓鵬首先明確提出了，《六德》中"爲父絕君"句所討論的是"二喪相遭"如何安排喪服的問題。

其後，彭林在《再論郭店簡〈六德〉"爲父絕君"及相關問題》中，從喪服義理的角度，駁斥了魏啓鵬"絕"釋爲"繼"的意見。並將本句中的"絕"與《禮記·大傳》中的"絕族無施服"相聯繫，認爲"禮書每每以'絕'字稱親屬關係之斷裂，並進而論喪服變化"。彭林進而據此討論"古代喪禮還有一種'絕服'制度"，認爲《中庸》的"期之喪，達乎大夫"，鄭玄注："天子、諸侯絕之，不爲

---

① 荆門市博物館編：《郭店楚墓竹簡》，文物出版社 1998 年版，第 190 頁。

② 張光裕：《郭店楚簡研究·第一卷·文字編》，臺灣藝文印書館 1999 年版，第 605 頁。

③ 顔世鉉：《郭店楚墓竹簡儒家典籍文字考釋》，《經學研究論叢》第六輯，臺灣學生書局 1999 年版，第 171~187 頁。

④ 李零：《郭店楚簡校讀記》，《道家文化研究》第十七輯"郭店楚簡"專號，生活·讀書·新知三聯書店 1999 年版，第 520 頁。

⑤ 劉樂賢：《郭店楚簡〈六德〉初探》，《郭店楚簡國際學術研討會論文集》，湖北人民出版社 2000 年版，第 386~387 頁。

⑥ 魏啓鵬：《釋〈六德〉"爲父繼君"——兼答彭林先生》，《中國哲學史》2001 年第 2 期，第 104 頁。

服"是對"'爲父絕君'之'絕'字最好的注腳"。因此，彭林認爲"爲父絕君"句意即"當父喪與君喪同時發生時，應當服父喪而絕君之喪服，不得服君喪而絕父之喪服"。① 彭文又根據同樣的思路分析了"爲昆弟絕妻"的内涵，對"絕"的分析與"爲父絕君"句相類。在分析"爲宗族殺朋友"，彭林將"殺"與《禮記·喪服小記》中的"下殺""上殺""旁殺"相聯繫，認爲《六德》之"殺朋友"與《禮記·大傳》之"殺同姓"句式相同，其意爲"殺止，即在喪服的邊界"。② 以上，彭文將"天子絕周，大夫絕緦"的"絕"，與《六德》"爲父絕君"相聯繫，顯然是不恰當的，前者説明的是一種經過服術"尊尊"調整之後出現的喪服現象；後者説明的是在二喪相遭之時，尊同親異的情況下，如何對喪服進行調整變通的原則，將二者混淆起來，則將喪服討論中兩個差異很大的領域混爲一談了。

魏啓鵬在彭文发表後，發表了《釋〈六德〉"爲父繼君"——兼答彭林先生》一文，文中將其釋"絕"爲"繼"的理由重新申述了一番（之前並没有付諸文字）。魏文最後，舉了《禮記·曾子問》中"君薨既殯"章並做説明"在並遭父喪與君喪時，儒家的態度是兩相兼顧，權變而取宜，'使恩與義得以交盡而無憾'，如果如彭文所稱'應絕君之喪服'，則恩義兩傷，大違於禮了"，認爲彭文中所舉"絕服"之意，是"絕某某之喪服"，即"不能爲之服喪"是與簡文無關的喪服現象。

魏文對彭文將"爲父絕君"與"絕服"相聯繫的批評是精確的，喪服制度中所謂"絕服"是"按照喪服規定的服叙，不能爲之服喪服"的意思，與二喪相遭之時進行權變的情況有很大的差別。然而，由於魏文没能對"絕"與"繼"做出正確的分析，故該文也没有對二喪相遭在禮書中其他的例子進行進一步的分析討論，關於二喪相遭的情況下"絕"的具體内涵没有能給出翔實的説明。

三、關於"親親"與"尊尊"的歧見

魏文發表之後，關於"爲父絕君"禮制屬性的討論暫告一段落。對於"爲父絕君"的禮義的討論逐步展開。李存山在 1999 年發表的《讀〈忠信之道〉及其他》中已經提及"《六德》篇有云：'爲父絕君，不爲君絕父'，這是以前未曾發

---

① 彭林：《再論郭店簡〈六德〉"爲父絕君"及相關問題》，《中國哲學史》2001 年第 2 期，第 98~100 頁。

② 彭林：《再論郭店簡〈六德〉"爲父絕君"及相關問題》，《中國哲學史》2001 年第 2 期，第 98~100 頁。

現的先秦儒家文獻明確講父子關係高於君臣關係、反對將君臣關係絶對化的思想"①。前文已經引述過的劉賢樂《郭店簡〈六德〉初探》舉《説苑・修文》及《韓詩外傳》中記載的同一件事——"齊宣王問田過，喪君與喪父孰重，田過答父重"之事，來説明"爲父絶君"可能是戰國時代儒者的一種普遍思想。② 李零在2002 年發表的《郭店簡校讀記》中認爲："從簡文内容看，作者明顯强調的是，'親親'重於'尊尊'。"③

彭林在魏文發表之後，又發表了《〈六德〉柬釋》，該文並未對魏文的批評做出直接回應，而是在"天子諸侯及卿大夫士有地者皆得稱君"一節，對李存山提出的"這是以前未曾發現的先秦儒家文獻明確講父子關係高於君臣關係"以及"反對將君臣關係絶對化的思想"提出了質疑，認爲"若父喪與君喪同時發生，兩者喪服規格與時間相同，則服父之喪而不服君之喪……簡文所言，不過爲古代喪服之通則"④，從而批評李存山之説爲謬。文中彭林對"爲父絶君"的認識似乎吸收了一部分魏啓鵬的意見。

基於彭文的批評，李存山又發表了《"爲父絶君"並非古代喪服之"通則"》，李文轉引《禮記・曾子問》"大夫士有私喪"章來説明《禮記》中對"有君喪服於身，不敢私服"的規定。又舉《禮記・曾子問》"父母之喪弗除可乎"章，説明"因爲服君喪，致使'終身不除父母之喪'"（按：李文"終身不除父母之喪"用陳澔《禮記集説》之説，誤，不可取信）。由此得出結論："《六德》篇所謂'爲父絶君，不爲君絶父'並非古代通則"，並進一步認爲："'爲父絶君'是《六德》篇作者的一種特殊立場。"⑤

林素英在《郭店"爲父絶君"的喪服意義》中對以上兩個方面的問題做了回應，首先林文肯定了魏啓鵬《釋〈六德〉"父爲繼君"》的結論，即"爲父絶君"是"並遭君父二喪時的權衡"，並通過《禮記・曾子問》"君薨既殯"章及"君之喪既引"章，將"爲父絶君"分爲五種的情況，第一種是"君未殯而臣有父母之

① 李存山：《讀〈忠信之道〉及其他》，《中國哲學》第二十輯"郭店楚簡研究"專輯，遼寧教育出版社 1999 年版，第 269 頁。

② 劉樂賢：《郭店楚簡〈六德〉初探》，《郭店楚簡國際學術研討會論文集》，湖北人民出版社 2000 年版，第 386~387 頁。

③ 李零：《郭店楚簡校讀記（增訂本）》，北京大學出版社 2002 年版，第 138 頁。

④ 彭林：《〈六德〉柬釋》，《簡帛研究 二○○一》上册，廣西師範大學出版社 2001 年版，第 155 頁。

⑤ 李存山：《"爲父絶君"並非古代喪服之"通則"》，《中國哲學》第二十五輯"經學今詮四編"專輯，遼寧教育出版社 2004 年版，第 159~171 頁。

喪”，第二種是“君既殯而臣有父母之喪”，第三種是“君啟殯而有父母之喪”，第四種是“君既引而臣聞父母之喪”，第五種是“父母之喪既引聞君薨”。指出在這五種情況下，同時爲人臣、人子者所應當進行的喪祭和服喪規範，林文認爲“爲父絕君”句“凸顯人臣與人子‘兼服’君父二喪時，服喪者該如何權衡平衡之問題”。① 林文引入《禮記·曾子問》五種情況對父喪與君喪相遭進行討論，大大深化了“爲父絕君”句的討論深度，將該問題推進到了禮學實質性的討論階段。

可惜的是，林文由於没有將《禮記·曾子問》“大夫士有私喪”章提出的“有君喪服于身，不敢私服”納入考慮，從而得出了“從其權衡平衡之道，又可説明‘服術’的六大原則終究以‘親親’爲首，却又必須設法兼顧‘尊尊大義’的道理”的結論，並進一步認爲“‘其恩重者其服重，故爲父斬衰三年，以恩制者也’是最根本的體制”，林文總結“可知‘爲父絕君，不爲君絕父’的服喪記錄，正凸顯整體喪服制度本於人情而製禮的事實，不過在人情之外，尚且還必須懂得權衡輕重緩急以兼顧‘尊尊大義’”云云。②

由上可知，林文認爲《六德》“爲父絕君”的義理與《儀禮·喪服》的義理是一致的，從而消解了李存山和劉賢樂提出的問題，讚成彭林認爲“爲父絕君”乃“古代喪服之通則”的意見。同時，林文對《禮記·曾子問》中五種二喪相遭的情況，體現的是“親親”高於“尊尊”還是“尊尊”高於“親親”的認識，也出現了完全的顛倒。

賈海生在《郭店竹簡〈六德〉所言喪服制度》一文中，對《六德》篇“爲父絕君”句作了簡略評述，基本同意林素英之説，認爲“傳世所記喪服制度，也反映了親親重於尊尊的觀念”。並舉“《喪服》首章上列斬衰服，下列服制所爲之人以父列於天子、君之前”“《禮記·大傳》‘服術有六’親親居首，次列尊尊”爲證，以此説明喪服制度以親親爲本。③ 賈文進而指出《禮記·曾子問》中七十子後學所選擇的記文並非都傾向於強調親親重於尊尊，並舉《禮記·曾子問》“大夫士有私喪”章爲證，認爲《六德》親親重於尊尊之義“當是有感而發，目的是匡救時弊”。

---

① 林素英：《郭店“爲父絕君”的喪服意義》，《簡帛研究 二〇〇二二〇〇三》，廣西師範大學出版社 2005 年版，第 78~81 頁。

② 林素英：《郭店“爲父絕君”的喪服意義》，《簡帛研究 二〇〇二二〇〇三》，廣西師範大學出版社 2005 年版，第 82~82 頁。

③ 賈海生：《郭店竹簡〈六德〉所言喪服制度》，《傳統中國研究集刊》（九、十合輯），上海人民出版社 2012 年版，第 136~137 頁。

賈文所列《儀禮·喪服》及《禮記·大傳》兩個以順序爲例的證據，並不能成立，因此賈文的主要價值在於指出林文所没有納入考慮的《禮記·曾子問》"大夫士有私喪"章，指出了該章的内涵在於"尊尊"重於"親親"，但對林文舉《禮記·曾子問》其他諸章在五種情況下所反映的喪服傾向應當也是"尊尊"重於"親親"即"爲君絕父"却没有給出任何說明，這與賈文錯誤地認同林文《儀禮·喪服》以"親親"爲本的觀念是聯繫在一起的。

四、《曾子問》二喪相遭情形下的服制安排

要對以上諸文中發生的種種錯誤理解做全面的釐清，就不得不對《儀禮·喪服》的基本原則做出說明，同時對《禮記·曾子問》相關諸章作詳盡分析，從而對"爲父絕君，不爲君絕父；爲昆弟絕妻，不爲妻絕昆弟"的喪服服制得到正確的認識。

林素英在《郭店"爲父絕君"的喪服意義》中已經指出，《六德》所論述的喪服變禮是在父親之喪與國君之喪、妻子之喪與兄弟之喪相遭時才會出現的困境。這是認識"爲父絕君，不爲君絕父；爲昆弟絕妻，不爲妻絕昆弟"的大前提。《禮記·曾子問》有幾條於此相關的章節，"君薨既殯"章有：

> 曾子問曰："君薨既殯，而臣有父母之喪，則如之何?"
> 孔子曰："歸居于家。有殷事，則之君所，朝夕否。"
> 曰："君既啟，而臣有父母之喪，則如之何?"
> 孔子曰："歸哭而反送君。"
> 曰："君未殯，而臣有父母之喪，則如之何?"
> 孔子曰："歸殯，反于君所，有殷事則歸，朝夕否。大夫，室老行事；士，則子孫行事。大夫内子，有殷事，亦之君所，朝夕否。"

此章論述的是君之喪與父母之喪相遭的三種情況，這三種情況都是在君喪與父母之喪非常接近的情況下產生的，"君未殯""君薨既殯""君既啟"三者都是父母之喪後於君喪。"君既啟"情形中父母之喪與君喪時間相隔最遠，爲三至五個月左右；"君未殯"情形中相隔最近，只相差幾天；"君薨既殯"則介於前二者之間。另有"君之喪既引"章：

> 曾子問曰："君之喪既引，聞父母之喪，如之何?"
> 孔子曰："遂。既封而歸，不俟子。"

此章論述的是君之喪與父母之喪相遭的另外一種情況，其中"君之喪既引"的情形與上舉一章"君既啟"的時間非常接近，但又有所不同。《儀禮·既夕禮》："請啟期，告于賓。"鄭玄注："將葬，當遷柩于祖。有司於是乃請啟殯之期於主人，以告賓。"鄭注中的"殯"指的是大斂。又有"啟之昕，内外不哭"。《儀禮·既夕禮》所説之"啟"，是將棺柩從原來"殯"中遷到祖廟的儀節，士有一廟，即祖廟，啟殯遷柩於祖廟。第二天舉行祖奠，之後有司象徵性地請葬期。士喪禮規定在啟殯的第二天進行祖奠、第三天進行遣奠，遣奠之後史"讀賵釋筭"，最後才是引柩出宫至於墓壙的儀程。《禮記·檀弓下》有："弔於葬者，必執引，若從柩及壙，執紼。"鄭玄注："示助之以力，車曰引，棺曰紼。從柩，嬴者。"孔穎達疏："凡執引用人，貴賤有數。若其數足，則餘人不得遥行，皆散而從柩也。至壙下棺空時，則不限人數，皆悉執紼，是助力也。"

由此可知，"君之喪既引"的内涵與《儀禮·既夕禮》中史"讀賵釋筭"完畢之後的"商祝執功布以御柩。執披。主人祖。乃行。踊無筭。出宫，踊，襲。至於邦門。……至於壙"一節是對應的。士喪禮中"啟殯"與"既引"發生在前後三天之中，由於諸侯的喪禮的等級更高，儀節也更加繁複，故諸侯"啟殯"與"既引"的時間差較士喪禮可能也更大一些。無論如何，"啟殯"與"既引"不是在同一天進行的。

有了以上的説明，《禮記·曾子問》對君薨先於父母之卒的情況分爲了由近及遠四種："君未殯""君薨既殯""君既啟""君之喪既引"。

"君未殯"的情況下，作爲國君臣子的孝子，可以回家先完成父母的小斂大斂之禮，之後返回君的殯宫，參與國君的大斂。林素英指出，這裏孝子之所以可以先歸家處理父母的殯禮，是因爲國君的大斂時間比較長，所謂"士三日而殯，諸侯五日而殯"，"有殷事則歸，朝夕否"指的是君大斂之後，孝子遇到父母之喪的"殷事"，可以回到家中參與祭祀。

"君薨既殯"的情況下，由於國君已經大斂完畢，嗣君和衆臣爲國君舉行的是朝夕哭和朝夕奠。作爲國君臣子的孝子，其父母新喪，則可以馬上回家爲父母舉行大小斂等喪禮重要的儀式。國君喪禮若有"殷事"（鄭玄注："殷事，朔月、月半薦新之奠也。"）則要到國君的殯宫參加祭祀，也就是説在孝子的父母之喪大斂完成之前，如果沒有遇到國君既殯後的殷祭，孝子就不用參與爲國君的居喪。如果父母之喪的大斂已經完成，此時孝子應當回到國君的殯宫參加國君喪禮的朝夕哭及朝夕奠。

"君既啟"的情況下，作爲國君臣子的孝子可以不參加爲國君舉行的祖奠以及遣奠，在進行完父母始死之禮後即當回國君之宗廟參加國君的出殯落葬儀式。國君落葬儀式結束後，則可以回家繼續爲父母舉行小斂、大斂的儀節。這體現了國君之喪的落葬要重於父母之喪的大小斂。

“君之喪既引”的情況下，作爲國君臣子的孝子應該等到國君的棺柩下到墓壙中，封土完全封上之後，馬上回到家中爲父母舉喪，不用等國君的嗣子一起回來。由於先君落葬後國君嗣子從葬地回宮還有比較複雜的禮儀規程，故孝子不參加這些禮儀而徑直爲父母奔喪是合乎禮儀和人情的。

以上四種情況都是國君之喪在先而父母之喪在後，接來下我們看下父母之喪在前而國君之喪在後的情況。《禮記·曾子問》“父母之喪既引”章：

> 曾子問曰：“父母之喪既引，及涂，聞君薨，如之何？”
> 孔子曰：“遂。既封，改服而往。”

父母之喪已經開始出祖廟落葬，此時聽聞君薨，則要等父母之柩下至墓壙中，封土之後，孝子改服赴君之喪，而不回家爲父母舉行安魂之虞祭。聯繫前述“君之喪既引”的情況看，這個環節國君之喪與父母之喪的權衡輕重相同，估計此時父母之喪的虞祭、卒哭祭同上引“君未殯”的情況一樣，由“室老、子孫行事”。

又，《禮記·曾子問》“大夫士有私喪”章：

> 曾子問曰：“大夫、士有私喪，可以除之矣，而有君服焉，其除之也如之何？”孔子曰：“有君喪服於身，不敢私服，又何除焉？於是乎有過時而弗除也。君之喪，服除而後殷祭，禮也。”

由於爲國君之喪的服等與父親之喪的服等相同（要重於爲母親之喪的服等），作爲國君臣子的孝子，如果其父母之喪在前，國君之喪在後，則在三年喪喪期之內爲國君所服的服等總是重於爲父母所服的服等（由於有先後）。根據喪禮的一般性規定，所謂“不敢私服”，是指孝子此時主要根據國君之喪的變除節奏來變除喪服，只有等君喪之大祥結束之後才能爲父母舉行小祥和大祥的變除祭祀禮。

五、《曾子問》與《六德》“絕服”異同

從以上分析的一系列二喪相遭的情況來看，喪禮的一般原則是兼顧二禮，

並且尤重喪禮始死到大斂完畢這段禮節，既殯之後的儀節如果與大斂之前的儀節衝突，總是先照顧始死至大小斂階段的喪禮儀節。這段時間無論是君喪還是父喪，都是人情最爲哀痛的階段，因此也最爲喪禮所重視。由此可知，並不存在因爲君之喪而不舉行父之喪的情況，也不存在因爲父之喪而不參與君之喪的可能。無論是國君喪禮中的重要儀節，還是父親喪禮中的重要儀節，作爲臣子的孝子都是要盡可能按時參加的。

由於君喪的重要性與父喪大致相同，故孝子在重要儀節沒有衝突的情況下，一定是兩面兼顧的，這是先秦喪禮的精義所在。之前研究文章中討論關於簡文内涵時，對於喪禮禮典中二喪相遭情況下如何變禮的討論都失之含混，沒有具體考慮禮典的實際舉行情況。《禮記·雜記下》有：

> 有父之喪，如未没喪而母死，其除父之喪也，服其除服。卒事，反喪服。
>
> 雖諸父昆弟之喪，如當父母之喪，其除諸父昆弟之喪也，皆服其除喪之服。卒事，反喪服。如三年之喪，則既穎，其練、祥皆同。

以上兩條説的是二喪相遭的情況下，即使重服在身也要爲先喪的人舉行輕服變除之祭祀。祭祀當天，遭喪之人可以暫時換上爲先喪之人所服較輕的喪服，待祭祀完成之後，遭喪之人再換上爲後喪之人所服較重的喪服。

如果國君之喪在前，"君未殯"的情況下，這段時間内如果恰好遇到父（母）之喪，則完成父母之喪的小斂、大斂等重要儀節後，返回國君的殯宫，繼續參加國君的小斂、大斂喪儀。從文義看，作爲臣子的孝子可以優先舉辦父母大小斂的喪儀，待儀式結束之後，再參加國君的大小斂喪儀。林文認爲國君的斂期要長於遭喪之人父母的斂期，故二者可以兼顧，此説有一定的道理。①即便如此，臣子返回君所之後，就不再參加父母之喪殷祭之外的常祭了，而國君之喪的殷祭常祭均要參加。由此可見，君喪是重於臣喪的，這可以視爲"爲君絶父"的一種情形。

如果國君之喪在前，"君薨既殯"的情況下，遭喪之人則"歸居于家，有殷事，則之君所，朝夕否"。可見他仍要參加國君的殷祭，只是在父母未殯之前

---

① 考慮到《禮記·曾子問》並没有給出如果父母之喪正處於始死而未殯的階段，此時若遇到國君新喪，應該如何服喪的内容。故"君未殯"的情形下，雖有"歸殯父（母）"明文，但不能作爲此章主張"爲父絶君"的依據。

不需要參加國君的朝夕常奠。我們推測，一旦父母大斂之後，遭喪之人還是要返回國君的殯宮爲國君服喪，參加朝夕哭奠，家中常祭皆由室老子弟代行。待到國君落葬直至三年之喪結束，才在家爲父母服喪並補行大小祥祭。"君既啟"的情況也大致如此，可以依此類推。

如果父（母）之喪在先，國君之喪在後，父（母）親之喪的輕服變除祭祀就要延後舉行。根據前述，如果國君之喪在父母之喪後，爲國君居喪則不能爲父母進行大小祥祭祀，也就是說如果爲父母之喪的喪服已經比較輕了，而此時孝子正在爲國君服喪，就不能爲父母換上較輕的喪服舉行大小祥祭，只能等待國君之喪完全結束之後才能爲父母舉行祭祀。從《禮記·曾子問》所舉"君之喪，服除而後殷祭，禮也"來看，是君喪重於臣喪的。

根據《禮記·曾子問》及《禮記·雜記》，這些篇目所主張的均爲"爲君絶父"。所謂的"絶"，取"絶斷"之義，特指"不爲某某服喪服"，與服敘中的"絶服"確有詞義上的共同點，然而所指差別很大。"爲君絶父（母）"是指父母大斂、落葬之後直到國君的三年之喪完全結束之前，孝子不能爲父母服喪服，不能參加父母之喪的常奠和殷祭，並且不能爲父母舉行大小祥祭祀，即孔子所謂"有君喪服于身，不敢私服"，"絶"字內涵與喪服規範完全對應，體現的是隆君的"尊尊"之義。《六德》文義正是將其顛倒過來，"爲父絶君"大概是指國君大斂、落葬之後直到父母的三年之喪完全結束之前，臣子主要是爲父母守喪，而不能參加爲國君的居喪，以及其他爲國君之喪舉行的殷祭、常祭。

林文認爲簡文的意思是"先遭君喪時，由於國君或者五日而殯五月而葬……因而爲人子者不能等待君喪處理完畢始返家哭喪，而需中斷爲君所服之喪，先行反家哭喪以盡人子之哀"，從而說明"'服術'的六大原則終究以'親親'爲首"。林文完全忽略了前述《禮記·曾子問》"大夫士有私喪"章的內容，錯誤地將服術中隆殺服等的"親親"原則與二喪相遭時的服喪原則聯繫起來，並且斷章取義地認爲《六德》所謂"爲父絶君，不爲君絶父"所對應的就是"君薨既殯"章"君未殯"的這種情況，而沒有將其他幾條納入考慮，由此得出了《禮記·曾子問》的內涵與《六德》所述相同的錯誤結論。《禮記·曾子問》的相關章節，尤其是"大夫士有私喪"等章，與《儀禮·喪服》在義理上都是強調喪服制度"尊尊之義"這一特點的，這是研究禮學者的主流認識。林文雖能指出《六德》此章所論屬於"二喪相遭"的情形，卻未能正確利用《禮記》的相關材料進行分析。

沈文倬在《漢簡〈服傳〉考》中曾說明，無論先秦還是兩漢禮家，對《儀禮·

喪服》中的一些重要義理往往有着自己有不同的理解，①《禮記·曾子問》體現的雖然是"爲君絕父"之義，時代略晚一點的《六德》完全有可能主張"爲父絕君"，畢竟它們的主張都是對同一個禮典框架中喪禮儀節的損益。即使《六德》"爲父絕君"句體現的是不同於《禮記·曾子問》二喪相遭的處理原則，也不會對上述的國君喪禮以及父母喪禮産生太大的衝擊，所不同的只是孝子居喪時是重君還是重父罷了。這樣看來，李存山、劉賢樂、李零對《六德》義理上的推斷仍是正確的，只要再加上二喪相遭的具體禮典背景，就能較好地説明《六德》此句的主旨了。由於禮書記述的相關內容太少，《六德》中"爲昆弟絕妻，不爲妻絕昆弟"等句，是否與《禮記·曾子問》及《儀禮·喪服》的主張不同，没有辦法對它們作進一步分析並加以印證了。可以肯定的是，"爲昆弟絕妻，不爲妻絕昆弟"處理的也是妻喪與昆弟喪相遭而産生的倫理困境以及相應的喪服制服難題。

第二節　上博簡《天子建州》與天子諸侯饗禮

《上海博物館藏戰國楚竹書(六)》中《天子建州》全篇"所記主要關乎'禮'制，其中有些內容可以在今本大、小戴《禮記》中見到相似記載"②。該篇所述與《禮記》中《王制》《禮器》篇等傳世文獻內容比較接近，主要談周代不同階層的禮制規定與行爲規範，以禮的等級爲框架，全面論述禮的各個方面。其中有關於禮制的內容，即"政"類的禮學文獻；有關於禮的一般性原則的章節，即"學"類的禮學文獻；有關於禮容及常禮的內容，即禮典文獻最基礎的內容。

一、《天子建州》的禮學文獻性質

《天子建州》"凡天子建之以州，邦君建之都，大夫建之以里，士建之以室"；"天子七世、邦君五世、大夫三世、士二世"；"士象大夫之位，身不免；大夫象邦君之位，身不免；邦君象天子之位，身不免"；"天子坐以矩，食以儀，立以懸，行以興，視惟量，顧還身；諸侯食同狀，視首正，顧還肩，與卿大夫同恥(止)度；士視，目恒正，顧還面，不可以不聞。恥(止)度，民之儀

① 沈文倬：《宗周禮樂文明考論》，浙江大學出版社 2006 年版，第 218 頁。
② 上海博物館編：《上海博物館藏戰國竹書(六)》，上海古籍出版社 2007 年版，第 309 頁。

也”；“凡天子歆氣，邦君食饎，大夫承餕，士受余”；“天子四辟筵席，邦君三辟，大夫二辟，士一辟”等章節都是在禮的等級框架下，論述不同階層貴族的規範。整理者已經指出“天子七世、邦君五世、大夫三世、士二世”與《禮記·王制》“天子七廟，三昭三穆，與太祖之廟而七；諸侯五廟，二昭二穆，與太祖之廟而五；大夫三廟，一昭一穆，與太祖之廟爲而三”，及《禮記·禮器》有“天子七廟，諸侯五，大夫三，士二”所述廟相同。① 又《天子建州》“天子四辟筵席，邦君三辟，大夫二辟，士一辟”與《禮記·禮器》“天子之席五重，諸侯之席三重，大夫再重”所述用席制度大致相同。② 可見論述禮制等級的相關內容是《天子建州》的主體。

《天子建州》中也有一些論述禮的一般原則的章節，如“禮者義（儀）之兄也。禮之於宗廟也，不精爲精，不美爲美。義（儀）反之，精爲不精，美爲不美。故無禮大廢，無儀大孽”。整理者將簡文中的“義”理解爲“仁義”的“義”，裘錫圭在《天子建州（甲本）小札》（簡稱《小札》）中指出簡文中“義”當讀爲“儀”，並解釋簡文：

> 禮、儀二者，禮爲根本，儀爲形式，故有“不精爲精，不美爲美”及“精爲不精，美爲不美”之不同。禮重玄酒大羹，即以不精爲精，不美爲美。儀者斤斤計較於形式，故與禮反。③

《天子建州》中還有“文陰而武陽，信文得事（吏），信武得田。文德治，武德伐，文生武殺。日月得其輔，相之以玉斗，戕（仇）戗（讎）戔（殘）亡。洛（樂）尹行身和二：一喜一怒”。又，“事鬼則行敬，懷民則以德，斷刑則以哀”。以上這類泛言禮之原則的章節，則可以歸於學類的禮文。

《天子建州》還有一類禮文，主要與常禮相關：“朝不語內，攻不語戰”；“在道不語慝，處政不語樂。尊俎不制事，聚衆不語逸”；“男女不語麗，朋友不語分”；“臨食不語惡，臨兆不言亂、不言侵、不言滅，不言拔，不言敦，故龜有五忌。臨城不言毀，觀邦不言亡，故見傷而爲之祈，見窔而爲之入”；

----

① 上海博物館編：《上海博物館藏戰國竹書（六）》，上海古籍出版社 2007 年版，第313 頁。

② 上海博物館編：《上海博物館藏戰國竹書（六）》，上海古籍出版社 2007 年版，第315 頁。

③ 裘錫圭：《〈天子建州〉（甲本）小札》，簡帛網（http：//www. bsm. org. cn/show_article. php？id=627），2007 年 7 月 16 日，下引同。

"時言而世行，因德而爲之制，是謂中不違。所不教於師者三：强行、忠謀、信言"。這類禮文的内容屬於常禮的範疇，與《禮記·曲禮》《少儀》、《論語·鄉黨》所論的内容相近。這些内容嚴格來説是禮典類文獻最基礎的内容，討論的是在非重大禮儀場合，人應當遵守的一般禮儀規範。

經過上述區分之後，對於《天子建州》不同性質的禮學文本就有了較爲清晰的分類。

二、《天子建州》"天子歆氣"章釋讀

《天子建州》有一章被學者認爲與禮典密切相關，並引發了較大的争論。該章節是：

> 凡天子鎗（歆）氣，邦君飤（食）蜀（蠲），大夫承膴（餕），士受余（餘）。

關於"鎗"字，裘錫圭《小札》云："'天子'下一字應從'金'聲，似可讀爲'歆'，'金'見母侵部，'歆'曉母侵部，古音相近。""歆氣"與"食濁"爲對，當指攝取食物之精華部。關於"氣"字，楊華認爲"氣"可讀爲"餼"，指殺牲。《周禮》"饔餼五牢"鄭注："牲，殺曰饔，生曰餼。"《論語》"告朔之餼羊"何晏集解引鄭注："牲生曰餼。"[1] 關於"飤"字，整理者認爲"飤"同"食"。[2] 關於"蜀"字，整理者將"蜀"讀爲"濁"。"蜀""濁"字均從蜀得聲，可通。[3] 楊華則認爲"濁"指"鬱鬯"，鄭玄注："鬱齊、醴齊皆濁酒。""蜀"字讀爲"蠲"，《上海博物館藏戰國楚竹書（伍）》中《鮑叔牙與隰朋之諫》第三簡即有"器必蜀（蠲）"，可證本章"邦君飤蜀"當讀爲"邦君食蠲"。關於"膴"字，整理者將"膴"讀爲"薦"。裘錫圭認爲"薦"當讀爲"餕"，二字皆精母文部字，"餕"與"餘"義近。楊華則認爲"薦"在《儀禮》中是進設脯醢的專稱。[4] 關於"余"字，整理者認爲

---

① 楊華：《上博簡〈天子建州〉禮疏》，《古禮新研》，商務印書館2012年版，第423~450頁。

② 上海博物館編：《上海博物館藏戰國竹書（六）》，上海古籍出版社2007年版，第324頁。

③ 上海博物館編：《上海博物館藏戰國竹書（六）》，上海古籍出版社2007年版，第324頁。

④ 楊華：《上博簡〈天子建州〉禮疏》，《古禮新研》，商務印書館2012年版，第438頁。

“余”通“餘”。

楊華指出“不少學者(如何有祖先生)都朝着祭祀之後分食祭品的思路，來理解這一句話”，但他不認爲“天子歆氣”章所述爲祭禮後分食之禮。楊華認爲其可以對照《禮記·禮器》中“天子適諸侯”章的內容，所述之禮與天子、諸侯、大夫之間互相的饗宴之禮有關。《禮器》曰：

> 天子適諸侯，諸侯膳以犢。諸侯相朝，灌用鬱邑，無籩豆之薦。大夫聘禮以脯醢。

因此楊華認爲“天子適諸侯，諸侯膳以犢”對應的是“天子歆餼”，“諸侯相朝，灌用鬱邑，無籩豆之薦”對應的是“邦君食濁”，“濁”是指没有經過“縮”(過濾)的“鬱齊”。“大夫聘禮以脯醢”對應的是“大夫承薦”。因此“天子歆氣”章所説明的正是天子、諸侯之間互相朝覲時，饗宴所用的食物等級。楊華將《天子建州》“天子歆氣”章禮典的性質定爲“饗禮”。

在楊文之後，曹建墩發表了《上博簡〈天子建州〉與周代的饗禮》，該文重新討論了“天子歆氣”章所屬禮典類型的性質，曹文也將其禮典類型歸於“饗禮”，所不同的是，他認爲所舉的饗食等差，是在同一次天子對諸侯的大饗禮中的區別，“是周王與諸侯以下不同階層的貴族在一起共食的禮儀”，而並非如楊華所述，是在天子、諸侯互相朝聘過程中發生的饗燕禮所用食物等級的不同。曹文認爲“此禮規模大，規格高，有周王參加，諸侯以下貴族皆入席，當非尋常的燕禮與食禮”，簡文所論“是關於大饗禮中各等級貴族所遵循的飲食禮規”。①

曹文同意裘錫圭將“歆”讀爲“歆”的意見，認爲“歆氣”表達的是“周人尚臭”的觀念。曹文認爲“在大饗禮中，天子至尊德厚，歆享食物之馨香氣臭；諸侯卑抑，德下天子，則禮節性地使用俎食、脯醢等‘褻味’；大夫在受獻時有脯醢之薦，而無牲體之俎；至於士，由於地位卑下，則餕尊者之‘食餘’”。

曹文提出此説，爲的是説明“周代‘至敬不饗味而貴氣臭’的飲食觀念”。然而，如果諸侯饗天子是曹文所指的大饗禮，天子歆香而不食，那就和諸侯祭祀祖先時尸所扮演的角色相類，祭禮中的尸是不是因爲他扮演神而不進食呢？《儀禮·特牲饋食禮》有明文：

---

① 曹建墩：《上博簡〈天子建州〉與周代的饗禮》，《孔子研究》2012 年第 3 期，第 93~95 頁。

尸升，入，祝先，主人從。尸即席坐，主人拜妥尸。尸答拜，執奠；祝饗，主人拜如初。祝命接祭。尸左執觶，右取菹揲於醢，祭於豆間。佐食取黍、稷、肺祭，授尸。尸祭之，祭酒，啐酒，告旨。主人拜，尸奠觶，答拜。祭鉶，嘗之，告旨。主人拜，尸答拜，祝命爾敦。佐食爾黍稷於席上，設大羹涪於醢北，舉肺脊以授尸。尸受，振祭，嚌之，左執之，乃食，食舉。主人羞胏俎於臘北。尸三飯，告飽。祝侑，主人拜。佐食舉乾，尸受，振祭，嚌之。佐食受，加於胏俎。舉獸乾、魚一，亦如之。尸實舉於菹豆。佐食羞庶羞四豆，設於左，南上有醢。尸又三飯，告飽。祝侑之，如初，舉骼及獸、魚，如初，尸又三飯，告飽。祝侑之如初，舉肩及獸、魚如初。佐食盛胏俎，俎釋三個，舉肺脊加於胏俎反黍稷於其所。

可見，尸雖然扮演的是祖先的神降，但在實際的行禮過程中，他還是吃食物的，雖然這種吃是象徵性的，但不能就此認爲這就是“歆香”。所謂“歆香”其實仍然是指死去的先人不能實際吃食物，所以食物及鬱邑的香氣在行禮過程中使他們享受到了，生人與死人的最大區別也在這裏。故曹文的結論違背了周代饗禮的基本安排，没有辦法在衆多饗禮相關的文獻中得到落實。天子“歆香”説完全是一種對具體禮制抽象的想象，在實際饗禮中不可能存在活人“歆香”受饗的可能性。《周禮·春官·大司樂》有“大饗不入牲，其他皆如祭祀”，故祭祀祖先的“大饗禮”與天子對諸侯的“大饗禮”的核心區别僅僅在於是否將活牲牽入廟内。如果祭祖，則天子牽牲入廟；如果饗諸侯，則在廟外烹製完畢後以鼎俎入廟。

三、《天子建州》“天子歆氣”章的饗禮性質

由於楊文着重對《天子建州》全文進行禮制疏證，没有對其饗禮性質作充分展開説明，所以本節略爲申述之。

首先，曹文所認爲的“大飧禮”在傳世典籍中本來就有三種内涵。《周禮·春官·大司樂》：“大饗不入牲，其他皆如祭祀。”賈公彥疏已經指出“凡大饗有三”。第一種是指合祀先王。《禮記·禮器》：“大饗其王事與？”又云“郊血，大饗腥”。鄭玄注：“大饗，祫祭先王也。”這類大饗禮是天子祖先祭禮的代名稱，所謂“大饗”即祖先神來享用時王的祭品。第二種是《周禮·春官·大司樂》：“大饗不入牲，其他皆如祭祀。”鄭玄注：“大饗，饗賓客也。”賈公彥疏：

"與《郊特牲》'大饗尚腶脩'爲一物。言不入牲，謂饗亦在廟，其祭祀則君牽牲入殺，今大饗亦在廟，諸侯其牲在廟門外殺，因即烹之，升鼎乃入，故云不入牲也。"這類大饗禮是王饗諸侯之禮，相當於曹文前述之大饗禮。第三類是《禮記·月令》季秋："是月也，大饗帝。"鄭玄注："言大饗者，徧祭五帝也。《曲禮》曰'大饗不問卜'，謂此也。"第三類大饗禮是祭祀五方天帝，與《天子建州》所述的"大饗禮"無關。

曹文所述的大饗禮，只能是王饗諸侯之禮或諸侯饗王之禮。在此禮典中，饗的對象是諸侯或天子，禮典中是否能有天子"歆氣"，需要做進一步的考察。《左傳·宣公十六年》有對王饗諸侯的"大饗禮"的記述："王聞之，召武子曰：'季氏，而弗聞乎？王享有體薦，宴有折俎。公當享，卿當宴，王室之禮也。'"杜預注："享則半解其體而薦之，所以示共儉。"孔穎達疏："王爲公侯設宴禮，體解節折，升之於俎，即殽烝是也。其物解折，使皆可食，共食啜之，所以示慈惠也。其宴飲殽烝，其數無文若祭祀體解，案《特牲饋食禮》有九體：則肩一、臂二、臑三、肫四、胳五、正脊六、橫脊七、長脇八、短脇九。此謂士禮也。若大夫禮，則十一體，加脡脊、代脅。其諸侯天子無文，或同十一。"根據注疏，諸侯大夫來聘，王饗之以體薦、折俎。

又《左傳·襄公二十七年》有："宋人享趙文子，叔向爲介，司馬置折俎，禮也。"《左傳》對於合乎周禮的行爲，一般都會給予"禮也"的評價。此時趙文子爲第一大國晉國的執政，宋人享趙文子仍然以卿禮即上大夫禮，而沒有僭用諸侯禮，故《左傳》給予"禮也"的高度評價。

根據上述情況，則諸侯在朝覲天子的時候天子會致送"饔餼"，《周禮·秋官·掌客》："凡諸侯之禮，上公……饔餼九牢，其死牢如飧之陳，牽四牢。米百有二十筥。醯醢百有二十甕。車皆陳，車米眂生牢，牢十車。車乘有五籔。車禾眂死牢，牢十車，車三秅。芻薪倍禾，皆陳。乘禽日九十雙。""侯伯饔餼七牢"，"子男饔餼五牢"，"凡介、行人、宰史皆有飧饔餼。以其爵等爲之禮"。鄭玄注："饔餼，既相見，致大禮也。大者既兼飧積，有生、有腥、有孰，餘又多也。"這裏所臚列的致"饔餼"是天子對諸侯的致送，饔是已殺之牲，包括已煮熟之飪、殺而未煮之腥。餼是活牲，或謂之牽。饔餼的內容除牲牢外，還有醯醢、米禾、芻薪、乘禽，等等，物品非常豐富，而致送饔餼爲聘禮中之大禮。因此"饔""餼"是饋贈中之大者，以"饔餼"來指代整個聘禮中的致送之物。楊文所舉"饔餼五牢"，正出自《儀禮·聘禮》："君使卿韋弁，歸饔餼五牢"，是諸侯派卿對他國派來的正使致送的禮物。根據楊文的分析，諸侯應有饗天子之禮，從而可以落實"天子歆餼"的具體內涵。

或曰“諸侯饗王非禮”，《禮記·郊特牲》有：“天子無客禮，莫敢爲主焉。君適其臣，升自阼階，不敢有其室。”然而《左傳·莊公二十一年》記述了鄭厲公饗周惠王的史事，“鄭伯享王于闕西辟，樂備”。孔穎達疏：“春秋之時則有諸侯饗天子……非亂世正法也”。楊伯峻認爲“《郊特牲》不可爲據，後文原伯譏鄭伯，不在其享王，而在樂備，可見享王於當時亦非不合理”①。諸侯饗賓客之饗禮一般在宗廟舉行，《左傳》中鄭厲公却在“闕之西辟”舉行，是否也是爲了避與周王進行主賓之禮尚難以判斷，但春秋時確有諸侯饗天子之禮是明白無誤的。

楊文在將“氣”改釋爲“餼”時，並沒有對“歆”做出説明，“歆”在多數文獻中均爲“鬼神食氣”之義。然而故訓中將“歆”直接訓爲“饗”的也不乏其例，如《詩經·大雅·生民》：“履帝武敏，歆。”《毛傳》：“歆，饗。”可見“歆”本來或也有“饗”的意思，只是後來成了“神饗”的專用詞彙，是否“歆”本來並不專用於神，而是既可以用於神也可以用於人。除此之外，也不排除“鎬氣”讀作其他的可能性，這些都值得我們進一步探究。

附帶説明一下，楊文將《禮器》“天子適諸侯，諸侯膳以犢”與簡文“天子歆餼”對應，將“諸侯相朝，灌用鬱鬯，無籩豆之薦”與“諸侯食鐲”對應（楊文讀爲“食濁”），“大夫聘禮以脯醢”與“大夫承餕”相對應（楊文讀爲“承薦”）。“食濁”“承薦”之辭爲傳世禮書所無，與“諸侯相朝，則設鬱鬯，而無籩豆之薦”相對應顯得較爲勉强，故“邦君食鐲，大夫承餕，士受餘”應當還是表示在天子、諸侯饗禮時各個等級不同的用物等差。

由以上分析可知，將“氣”釋爲“餼”有其合理之處，這裏的“餼”是通言，就如同用“饗餼”指代“饗餼九牢，其死牢如飧之陳，牽四牢。米百有二十筥。醯醢百有二十甕。車皆陳，車米眡生牢，牢十車。車乘有五籔。車禾眡死牢，牢十車，車三秅。芻薪倍禾，皆陳。乘禽日九十雙”一樣，舉其重者以包其輕者，“餼”指“犢”，也是饗天子的其他食物的總稱。

此外，諸侯在饗天子之時，是否有特別的用牲之法，無從知曉。《周禮·春官·大司樂》“大饗不入牲，其他皆如祭祀”，賈公彥疏：“祭祀則君牽牲入殺，今大饗亦在廟，諸侯其牲在廟門外殺，因即烹之，升鼎乃入，故云不入牲也。”這是天子饗諸侯的情況。如果諸侯饗天子，有否可能使用的是活牲，故特用“餼”來表示，這也不是不能考慮的。

---

①　楊伯峻：《春秋左傳注》，中華書局 1981 年版，第 217 頁。

第三節　上博簡《鄭子家喪》所反映的 春秋時代刑餘罪人喪葬儀式

　　《上海博物館藏戰國楚竹書(七)》的《鄭子家喪》(甲本、乙本)並不是禮學文獻，其文本的性質接近於馬王堆帛書《春秋事語》，記述了一段楚國歷史。根據《左傳》的記錄，這段史事發生在魯宣公十年到十二年之間(前599—前597年)。簡文講述了鄭國大夫公子歸生(子家)死後，楚莊王以其弒君爲由，出兵討伐鄭國，使其葬禮不成的故事。對於《左傳》《國語》中叙述禮典相關內容的研究一直是禮典研究的重要組成部分，這些內容往往被用來佐證或者補充禮書中記述的不足，《鄭子家喪》內容整體框架是典型的史事叙述，但其中涉及大夫喪禮的部分，成爲本篇研究的一個重點。以下先將簡文關於公子歸生(子家)喪禮的部分逐録如下：

　　　　奠(鄭)人啠(青-請)亓(其)古(故)，王命畣(答)之曰：“奠(鄭)子甲3豪(家)遺(顛)逄(覆)天下之豊(禮)，弗悕(畏)禮(鬼)神之不羕(祥)，憖(戕)惻(賊)亓(其)君。余牆(將)必囟(思-使)子豪(家)毋呂(以)城(成)名立於上，而咸(滅)甲4□於下。奠(鄭)人命呂(以)子良爲執命，囟(思-使)子豪(家)利(梨)木三督(寸)，絉(疏)索呂(以)絖(紘)，毋敔(敢)丁門而出，數(掩)之城至(基)。甲5王許之。①

一、“利木三寸”與刑餘棺制

　　簡文“利木三寸”，復旦讀書會讀“利”爲“梨”，“梨木”意爲“梨樹之木”。陳偉認同讀爲“梨”，指出“梨”有“割裂”“剖離”義。② 李天虹認爲“利”或可讀爲“離”，古書中“利”或從“利”聲字和“離”通假的例子常見。並舉《儀禮·士

----

① 本節所引釋文及注釋參見復旦大學出土文獻與古文字研究中心研究生讀書會(簡稱“復旦讀書會”)：《〈上博七·鄭子家喪〉校讀》，復旦大學出土文獻與古文字研究中心網站(http://www.gwz.fudan.edu.cn/old/SrcShow.asp? Src_ID=584)，2008年12月23日。

② 陳偉：《〈鄭子家喪〉通釋》，簡帛網(http://www.bsm.org.cn/? chujian/5166.html)，2009年1月10日。

冠禮》"離肺，實於鼎"，鄭玄注："離，割也"等爲書證。① 楊澤生認爲"利"當讀爲"厲"，"厲木"意爲"惡木"，如"榖木""桐木"之屬。筆者認爲李天虹的釋讀意見"利"讀爲"離"近是。古書中"離"與"利"及從"利"得聲之字直接相通的例子頗多。如《荀子·非十二子篇》："綦谿利跂。"楊倞注："利，與離同。"《禮記·少儀》："離而不提心。""離"，《經典釋文》作"犁"，云："犁，本又作離。"相關文例，不煩枚舉。

復旦讀書會認爲"旹"字從"旨""斧"聲，讀爲"寸"。《信陽長臺關楚簡·遣册》有"長六寸""徑四寸間寸"等，"寸"作"斧"，詳見劉國勝②、沈培③之説，對楚文字中從"斧"之字可讀爲"寸"有詳解。

復旦讀書會認爲文中"利木三寸"意爲"給鄭子家用梨木製的三寸薄棺"，並指出《左傳·宣公十年》對本事的記錄爲"鄭子家卒。鄭人討幽公之亂，斲子家之棺，而逐其族"，從而認爲"斲子家之棺"與上博簡《鄭子家喪》所説的情況不相同。杜預注云："以四年弑君故也。斲薄其棺，不使從卿禮。"杜注認爲鄭公子歸生（子家）死後，其葬制與一般的卿大夫葬儀不同。蔣文（筆名"一蟲"）《由〈鄭子家喪〉看〈左傳〉的一處注文》認爲"利（梨）木三旹（寸）"與《左傳》"斲子家之棺"可互相發明，舊注中杜注孔疏信而可從。她認爲"剖棺見屍"的説法不符合《左傳》本意，指出"《左傳》中的'斲子家之棺'的意思應當是斲薄子家之棺，降低其葬禮的等級"。子家之棺"利木三寸"正是"斲薄"的結果，《左傳》杜注與《鄭子家喪》在這方面的論述並不矛盾。④

葛亮在《上博七〈鄭子家喪〉補説》中認爲："爲了編故事的需要，《鄭子家喪》的作者把鄭人主動'斲子家之棺'，改編成了在楚軍的逼迫下才這麼做。這麼一改，就增加了楚王伐鄭的正義性。"同時，葛亮也認爲楊伯峻《春秋左傳注》從沈欽韓《春秋左傳補注》及劉文淇《春秋左氏傳舊注疏證》之説爲非，"斲棺"並不是"剖棺見屍"的意思。楊注舉《三國志》及時代更晚的書例是誤用了書證，杜注及孔疏説明"使子家利木三寸"是對公子歸生卿等級喪禮的降禮是正確的。⑤

_____

① 李天虹：《〈鄭子家喪〉補釋》，簡帛網（http：//www. bsm. org. cn/？ chujian/5169. html），2009 年 1 月 12 日。

② 劉國勝：《信陽長臺關楚簡〈遣册〉編聯二題》，《江漢考古》2001 年第 3 期，第 67 頁。

③ 沈培：《上博簡〈緇衣〉篇"舎"字解》，饒宗頤主編：《華學》第六輯，紫禁城出版社 2003 年版，第 68~74 頁。

④ 蔣文：《由〈鄭子家喪〉看〈左傳〉的一處注文》，《學語文》2010 年第 1 期，第 47 頁。

⑤ 葛亮：《〈上博七·鄭子家喪〉補説》，復旦大學出土文獻與古文字研究中心網站（http：//www. gwz. fudan. edu. cn/old/SrcShow. asp？ Src_ID=616），2009 年 1 月 5 日。

李天虹在《竹書〈鄭子家喪〉所涉歷史事件綜析》中列舉了幾條棺槨三寸的例子。《左傳·哀公二年》云：

> 簡子誓曰："……若其有罪，絞縊以戮，桐棺三寸，不設屬辟，素車樸馬，無入於兆，下卿之罰也。"杜預注："屬辟，棺之重數。王棺四重，君再重，大夫一重。"陸德明《釋文》："案禮，上大夫棺八寸，屬六寸；下大夫棺六寸，屬四寸。無三寸棺制也。棺用難杇之木，桐木易壞，不堪爲棺，故以爲罰。墨子尚儉，有'桐棺三寸'。"①

陸德明所引的禮文是《禮記·喪大記》之文，其云：

> 君大棺八寸，屬六寸，椑四寸；上大夫大棺八寸，屬六寸；下大夫大棺六寸，屬四寸，士棺六寸。

《左傳·哀公二年》孔穎達疏云：

> 是屬辟爲棺之重數也。《大記》之文，從外向內，大棺之內有屬，屬之內有椑。椑，親身之棺。鄭玄云："椑，堅著之意也。"如記文，大夫無椑。今簡子自言有罪始不設辟者，鄭玄云：'趙簡子云"不設屬椑"，時僭也。'爲時僭日久，自言無罪則僭設，有罪乃不設耳。"

又《禮記·檀弓》云：

> 有子曰："夫子制於中都，四寸之棺，五寸之槨，以斯知不欲速朽也。"鄭玄注："爲民作制。"

又《左傳·哀公二年》孔穎達疏云：

> 民猶四寸，簡子言三寸者，亦示其罰之重，令制度卑於民也。

---

① 李天虹在文中將此句誤引爲杜預《集解》文，實爲陸德明《經典釋文》文。李天虹：《竹書〈鄭子家喪〉所涉歷史事件綜析》，《出土文獻》第一輯，中西書局 2010 年版，第 188～189 頁。

以上根據《禮記·喪大記》及鄭玄注的補充，當時的棺制（不討論重棺制度的情況下）大概是這樣的：君大棺八寸、上大夫大棺八寸、下大夫棺六寸、士棺六寸、庶民四寸。無論這是否符合春秋時代的實際情況，孔穎達疏提醒我們，如果作爲禮制調整來看"桐棺三寸"的話，恐怕卿大夫不會一下子降殺如此之多的等級，以至於比庶民的棺制還要低。

《左傳》中有記述在禮制等級的框架內對大夫的賞罰進行損益的例子，《左傳·襄公二十六年》云：

> 鄭伯賞入陳之功，三月甲寅朔，享子展，賜之先路三命之服，先八邑；賜子産次路再命之服，先六邑。子産辭邑，曰："自上以下，降殺以兩，禮也。臣之位在四，且子展之功也，臣不敢及賞禮，請辭邑。"公固予之，乃受三邑。公孫揮曰："子産其將知政矣。讓不失禮。"

這個例子是説子産受鄭簡公賞入陳之功，推辭六邑之賞的史事。子産爲何最終受賞三邑，是由於排行最前的子展受八邑。按照當時的禮制，排行每排位向後一位，則減少兩個賞邑。由於子産排行在第四，故按照正常的賞賜，當爲二邑，不過由於子産在入陳之戰中起到了主要作用，所以比原來正常受賞的二邑增加了一邑，故爲三邑。就因爲這個原因，公孫揮評價子産："子産其將知政矣，讓不失禮。"

由此可見，公子歸生（子家）之喪不能用降制來説明，孔穎達所謂"簡子言三寸者，亦示其罰之重，令制度卑於民也"説明"三寸之棺"已經大大超出了《禮記·喪大記》所舉用棺制度的底綫。

李文在舉了《左傳·哀公二年》趙簡子之言後，又提到《荀子·禮論》中有專門論述"三寸"棺之文："刑餘罪人之喪，不得合族黨，獨屬妻子。棺槨三寸，衣衾三領，不得飾棺，不得晝行，以昏殣，凡緣而往埋之。"[1]

正如李文指出的"可能……罪人之棺三寸已是定制"，《荀子·禮論》楊倞注："然則厚三寸，刑人之棺也"，點明了"桐棺三寸"表示的並不是棺制的等殺，而是刑餘罪人專門使用的棺木。根據前述對刑餘罪人喪禮的種種措施和限制，應該説這已經和大夫之喪禮降等沒有太大關係了，可能是春秋時代刑人下

---

① 李天虹：《竹書〈鄭子家喪〉所涉歷史事件綜析》，《出土文獻》第一輯，中西書局2010年版，第189頁。

葬的通例。

李文還舉了《墨子·節葬下》"禹東教乎九夷，道死，葬會稽之山，衣衾三領，桐棺三寸，葛以緘之⋯⋯"的例子，認爲這也是罪人之棺三寸的佐證，這或是墨家托古之説，有戰國制度的影子。西山尚志甚至認爲"利木三寸，疏索以絋"是《鄭子家喪》爲墨家文獻的證據，① 其説殊不可信。《墨子·節葬下》還提到一次"三寸之棺"：

> 故古聖王制爲葬埋之法，曰：棺三寸，足以朽體；衣衾三領，足以覆惡。

顯然《墨子》無論是説禹的葬式還是古聖王之制，都是在托古以論今，至於古代是否真的有"三寸之棺"的制度並不重要。《荀子·禮論》所稱的"刑餘罪人之喪"與《墨子·節葬》所主張的"禹道死"及"古聖王之制"的葬式雖然是一致的，但完全可能是戰國時代人附會的結果，戰國時代墨子學派所主張的三寸之棺與春秋時代刑餘罪人的制度很難找到必然的聯繫。

從上面的分析來看，"利木"讀爲"梨木"並沒有直接的證據，可以暫不考慮。本文認爲"利木三寸"應當讀如"離木三寸"，意即"斲子家之棺"爲"三寸"厚，以爲薄葬之棺。不過"利木三寸"並不如蔣文、葛亮所分析的是簡單對公子歸生(子家)葬制的降等，而是春秋戰國時代專門用於對有罪之人的喪禮制式。

二、"疏索以絋"與刑餘遷屍之具

(一)"疏索以絋"的"索"

"索"字，整理者没有給出説明，復旦讀書會認爲"索"是指束棺之緘繩，所引書證爲《墨子·節葬下》"衣衾三領，桐棺三寸，葛以緘之"。"絋索"，復旦讀書會讀爲"疏索"。"疏"訓"粗"，義爲"粗劣"。先秦文獻將"索"釋爲"緘棺之繩"的辭例很少，復旦讀書會所引的《墨子》文也並没有提到"索"字，而是按文意推尋的，顯得勉强。因此遽然將"索"字解釋爲"緘棺之繩"，缺乏顯明的書證支撑，應當再考慮其他的釋讀方案。

---

① 西山尚志：《上博楚簡〈鄭子家喪〉中的墨家思想》，《齊魯文化研究》，泰山出版社 2010 年版，第 249 頁。

　　筆者認爲"索"應該是指下葬時使用的引車或者引棺的繩子，而不是用來束棺的。《左傳·昭公三十年》云："先王之制，諸侯之喪，士弔，大夫送葬；唯嘉好、聘享、三軍之事於是乎使卿。晉之喪事，敝邑之間，先君有所助執綍矣。"杜預注："綍，輓索也。禮，送葬必執綍。"楊伯峻《春秋左傳注》："綍音弗，挽柩車之大繩。"《禮記·曲禮上》云："助葬必執綍。"鄭玄注："綍，引車索。"《禮記·王制》云："喪三年不祭，唯祭天地、社稷，爲越綍而行事。"鄭玄注："綍，輴車索。"又《禮記·檀弓下》有："弔於葬者必執引，若從柩，及壙，皆執綍。"鄭玄注："車曰引，棺曰綍。"陸德明《經典釋文》："綍，音弗，棺索。"《鄭子家喪》中的"索"，正是文獻中之"綍"，是送葬者用來牽棺及壙的繩索。

　　禮書中"綍"與"綍"通，均表舉棺之索。《周禮·地官·遂人》云：

　　　　大喪，帥六遂之役而致之，掌其政令，及葬，帥而屬六綍及竁，陳役。

鄭玄注："綍，舉棺索也。"《禮記·緇衣》云："子曰：王言如絲，其出如綸，王言如綸，其出如綍。"鄭玄注："綍，引棺索也。"陸德明《經典釋文》已經指出"綍，音弗"。"綍"與"綍"的古音極近，故"綍""綍"當指一事。

　　前舉《禮記·檀弓下》鄭注已經説明。析言之，車曰"引"，棺曰"綍"；合言之皆稱"綍"。《禮記·雜記下》有："升正柩，諸侯執綍五百人，四綍皆銜枚。……大夫之喪，其升正柩也，執引者三百人。"鄭玄注："綍、引同耳，廟中曰綍，在塗曰引，互言之。"又《禮記·喪服大記》有："君葬用輴，四綍二碑。"鄭玄注："在櫬曰綍，行道曰引，至壙將窆，又曰綍。"可見只要棺在輓車之上，則稱"引"，棺不在輓車之上，則稱"綍""綍"。《説文·車部》："輓，引之也。"徐鍇《繫傳》作"引車也"。《漢書·韓安國傳》顏師古注："輓，引車也。"古輓車就是引車的意思，也就是送葬載棺之車。"綍"，正指"輓索"。

　　由《禮記·雜記下》"升正柩，諸侯執綍五百人"，"大夫之喪也，執引者三百人"，可知道當時大夫殯葬之禮的執綍者衆多，公子歸生(子家)是卿，故如果按正禮下葬，其執綍者必不少。

　　其實《爾雅·釋水》有"綍，繂也"的訓義。王引之在《經義述聞》之《爾雅》編中已經説明過"索"與"綍"的關係，在"綍繂也"條明確指出"繂"非一般的繩索，王引之云：

> 《釋文》：綍本或作綷，本或作綷。家大人曰：綍，聲之變轉也。綷
> 之爲綍，猶吳謂筆爲不律（不律，律也。不，發聲，説見前"不律謂之筆"
> 下），而燕謂之弗也。引棺索謂之綍，亦謂之綷（鄭注《檀弓》曰："於碑間
> 爲鹿盧下棺，以綷繞。"《正義》曰："綷即綍也。"《喪大記》："君葬用輴，
> 四綷二碑。"注曰："綷或爲率，率與綷同。"《釋名》曰："從前引之曰綍，
> 縣下壙曰綷。"）維舟索謂之綷，亦謂之綍，其義一也。邵引《説文》"綍，
> 亂系也"，"綷，索屬"，皆失之（二者皆非繩索）。①

徐在國《傳抄古文字編》中收録了"綷"字（出自《集篆古文韻海》），看字形
此字就是"綷"字。由於"綷"字秦漢以降未見，因此爲戰國古字的可能性不小。
"綷"是一個從"索""率"聲之字。《禮記·喪大記》鄭玄注云："'綷'或爲
'率'，'率'與'綷'同。"根據《爾雅》的義訓，"索""綷""綷""綷""綍"的聯繫
非常緊密，戰國以前"索"與"綍"在某些場合可以互訓是完全可以成立的。

（二）"疏索以綋"的"綋"

《鄭子家喪》的整理者認爲"綋"讀爲"供"，"疏索以綋"意即"供疏索"。此
説文意難於講通，不足取。復旦讀書會讀"綋"爲"紘"，認爲"綋"與"紘"音近
相通。並舉《廣雅》"紘，束也"，王念孫《廣雅疏證》"《考工記·輪人》'良蓋弗
冒弗紘'。是凡言紘者，皆繫束之義"作爲書證。復旦讀書會又將"紘"訓爲
"束"（"紘"可改讀爲"鞏"）。"綋"從"共"得聲，上古音"共"屬見母東部，
"紘"屬匣母蒸部，兩者音近可通。復旦讀書會認爲文中"疏索以紘"意爲"用粗
劣的緘繩捆綁（棺木）"。

"紘"在多數先秦文獻里專有所指。一是冠帶。《禮記·雜記》："孔子曰：
管仲鏤簋而朱紘，旅樹而反坫……"鄭玄注："冠有笄者爲紘。紘在纓處兩端，
上屬下不結。"《説文·糸部》："紘，冠卷也。"二是編磬之繩。《儀禮·大射
禮》："韜倚於頌磬西紘。"鄭玄注："紘，編磬繩也。設韜於磬西，倚於紘也。"
"紘"作"編磬之繩"用時例子較多，不勝枚舉。不以"紘"的這些主要義項來釋

---

① （清）王念孫述，王引之記：《經義述聞》，《中國經學基本叢書》第六册，上海書
店 2012 年版，第 225 頁。括號內爲王引之自注之文。

簡文，而取比較少見的《考工記·輪人》爲證恐怕也不妥當。既然前文已將"索"釋爲輓棺之緋，則將"絋"訓爲"束棺"義的"紘"就難於講通。

筆者認爲簡文中的"絋"當讀爲"輁"。《儀禮·既夕禮》："夷牀、輁軸饌於西階東。"鄭玄注："夷牀饌於祖廟，輁軸饌於殯宮，其二廟者，於禰亦饌輁軸焉。古文'輁'或作'拱'。"所謂"輁"，就是載柩之車，形如牀，下有軸代輪，繫引繩，輓而行。《儀禮·士喪禮》："升棺用軸。"鄭玄注："軸，輁軸也。輁狀如牀，軸其輪，輓而行。"又《儀禮·既夕禮》："遷於祖，用軸。"鄭玄注："軸，輁軸也。"錢玄《三禮辭典》云："軸專爲升棺，遷於祖廟時用之。若葬日載柩入壙，則用辀車。"

《儀禮·既夕禮》孔穎達疏中描述了"輁軸"的使用場景："《士喪禮》將殯云：'棺入，主人不哭。升棺用軸。'則遷於祖時，亦升輁軸於階上，載之挽柩而下。"可見，"輁軸"正是用來將死者的棺柩從殯宮遷到禰廟，再從禰廟遷到祖廟時的工具。其下有軸，其上用緋，是爲方便遷屍而設計的。在殯宮和禰廟停柩的時候，皆用輁軸，到了祖廟不再需要移動，則遷屍於夷牀。前文已經舉了《禮記·雜記》中"諸侯""大夫"死後，升柩之時，執緋者衆多的情況。所謂"升柩"就是指將死者的棺柩，從禰廟堂下的臺階升上禰廟之堂以及從祖廟堂下的臺階升上祖廟之堂。"升柩"時"緋（綍）"所引的就是"輁軸"。

"輁"字從"車"，按故訓認爲"輁"也是載具（鄭玄即執此意見），但細審辭例，發現"軸"才是中心詞，"輁"修飾"軸"的可能性不小。文獻中"軸"有單用的例子，而"輁"沒有直接作爲葬具用的例子，都是與"軸"連用。鄭玄所見的《儀禮》古文本將"輁"寫成"拱"，説明"輁"字整齊爲"車"部的情況可能在較晚的秦漢時代。先秦所用表示秦漢時代"輁"字的字可能是"拱"，也可能是《鄭子家喪》中的"絋"字，這符合漢字發展的一般規律。或許正因爲"軸"要用"緋"來牽引，所以"輁"用作喪葬動詞時可以寫爲從"糸"的"絋"，或者可以寫作從"手"的"拱"。而"絋""拱"所從的"共"字正可與"共同牽引"之義聯繫。所謂"輁軸"即衆人"共同牽引"之"軸"。

從另一角度來看，也可以將禮書中的"輁"視作一個喪禮動詞。它的使用情況可以與"肂"作類比。"肂"既可以作爲喪禮中的一種具體器用使用，如《儀禮·士喪禮》"掘肂見衽。棺入，主人不哭。升棺用軸，蓋在下"中"肂"，指的是"埋棺之坎也"；也可以指"大斂"這項禮儀，如《逸周書·作雒解》："武王既歸，成歲十二月崩鎬，肂於成周。"這種看法與直接將"絋""拱"理解爲動詞並無矛盾，只是從文字流變角度以及漢代人用字習慣兩個不同方向來觀察而已。

《儀禮·喪服》云：“改葬，緦。”鄭玄注：“從廟之廟，從墓之墓，禮宜同也。”孔穎達疏：“又朝廟載柩之時，士用輁軸，大夫以上用輴，不用屬車，飾以帷荒，則此從墓之墓亦與朝廟同可知，故云禮宜同也。”所謂“從墓之墓”，是指改葬時從原來的墓地遷移到新的墓地，大夫、士所用的葬具與“朝廟載柩”時相同，這裏的用度是孔穎達根據禮書中的記載總結出來的。由此，“疏索以紼”讀爲“疏索以輁”的意思就是説，（停殯遷柩時）用粗劣的“紼”牽着子家的斲薄之棺來升柩，這是對公子歸生（子家）喪禮等級的極大貶低（士喪禮尚不用“疏索”，且文中未言及用士一級的“軸”）。“疏索”是指粗劣的“紼”，“輁”作爲動詞則指牽引屍牀。可以想見載公子歸生（子家）的載柩之具可能連士喪禮的“軸”都不具備。公子歸生（子家）是卿，其葬具尚不及士，恰恰與簡文點出“利木三寸”的用意完全相同。

三、“毋敢當門而出”“掩之城基”與刑餘葬式

《鄭子家喪》“毋敢丁門而出”，“丁”字復旦讀書會讀爲“當”。“丁門”是一個動賓結構，可以讀作“當門”。“敎”字復旦讀書會讀爲“掩埋”之“掩”。“埮”與“敎”應該是表示同一個字。從“炎”得聲的字與從“奄”“弇”得聲的字相通。復旦讀書會認爲“毋敢當門而出，掩之城基”的意思是“（公子歸生）的棺木不許從城門出城，只能埋在内城的城墻底下”。

劉信芳認爲“門”指的是“廟門”，舉《禮記·檀弓上》“及葬，毀宗躐行，出於大門，殷道也。學者行之”作爲書證。① 然而公子歸生（子家）並不是當時人所稱的學者。鄭玄注明確説：“周人浴不掘中霤，葬不毀宗躐行。”又説：“學於孔子者行之，倣殷禮。”公子歸生（子家）既不是殷人之後，也不是孔子的學生，劉文所舉的例子並不合適。

我們認爲此處的門指的是城門，春秋時代大夫下葬要專闢喪道，有時候甚至要拆除道上的建築以拓寬道路，並且在經過城門之時送葬的孝子還要與國君的使臣有一番禮節。《儀禮·既夕禮》有：

　　　　至於邦門，公使宰夫贈玄纁束。主人去杖，不哭，由左聽命。賓由右

① 劉信芳：《〈上博藏（七）〉試説（之三）》，復旦大學出土文獻與古文字研究中心網站（http：//www. gwz. fudan. edu. cn/old/SrcShow. asp? Src_ID＝669），2009 年 1 月 18 日。

致命。主人哭，拜稽顙。賓升，實幣於蓋，降。主人拜送，復位，杖。乃行。

公子歸生(子家)之喪如果要從城門過，必然與國君使臣有一番交接。正因爲這一點，子家之喪不敢從城門出，故只能葬在墻基之下了。由此可見，刑餘罪人不但棺薄，其喪禮也是極爲簡陋的，簡直可以視爲不成喪禮。《荀子·禮論》中有專門論述刑餘"三寸棺"之人葬儀的内容：

> 刑餘罪人之喪，不得合族黨，獨屬妻子。棺槨三寸，衣衾三領，不得飾棺，不得晝行，以昏殣，凡緣而往埋之。①

所謂"昏殣"的"昏"，是指在陰陽交割的黄昏。按喪禮，一般人下葬應在中午之前，因爲孝子還要趕回家中進行安魂的"虞祭"，然而刑餘罪人在昏時下葬，則説明其親人當天並不回去舉行虞祭。"昏殣"的"殣"義爲路邊之冢，作動詞使用義爲"在路邊隨處掩埋"。《説文·土部》："墐，道中死人，人所覆也。"《詩經·小雅·小弁》："行有死人，尚或墐之。"《説文》"墐"作"殣"。《左傳·昭公三年》："道殣相望。"《玉篇·歹部》："殣，路冢也。""昏殣"説明罪餘之人是葬不以時，不擇葬處的。

《左傳·哀公二年》孔穎達疏云："戰敗無勇，投諸塋外以罰之。"《周禮·冢人》云："凡死於兵者，不入兆域。"鄭玄注："戰敗無勇，投諸塋外以罰之。"以上兩例的"投"指不將死者葬於族墓之中，而只能埋葬在族墓"諸塋"之外。《孟子·萬章下》"志士不忘在丘壑"(按："忘"通"妄")説的大概是同樣的意思，即横死於兵者往往只能在丘壑草草埋葬。《鄭子家喪》的"掩之城基"恰恰可以與《荀子·禮論》中的"殣"字相對應。古代葬制多爲族葬，墳塋多在郊外，城基、道邊隨意"殣"之都是不入族墓、不擇葬處的表現。另外，《荀子·禮論》所謂"凡緣"，注家認爲是平時所著之服，不用親人及朋友贈送的襚。"緣"通"緣"，也可能指死者所著的喪服不能如其官爵當著之朝服那麼華貴。總之，刑餘罪人的下葬葬式和服裝規制比起其身前的地位身份都有大幅的減損，往往

---

① 劉信芳：《〈上博藏(七)〉試説(之三)》，復旦大學出土文獻與古文字研究中心網站(http://www.gwz.fudan.edu.cn/old/SrcShow.asp?Src_ID=669)，2009年1月18日。

不及士一級貴族的葬式。

四、先秦刑餘罪人喪葬儀式

《鄭子家喪》所反映的並不是大夫的喪禮儀節，而是一種比較特殊的對待罪人的喪禮，這種喪葬制度根據傳世文獻及出土文獻《鄭子家喪》可以總結出幾個特點：（1）以斷薄爲三寸的棺木爲葬具；（2）以"衣裘三領，凡緣"入斂；（3）遷屍升柩用低於士喪禮的載柩之具；（4）棺柩不能當城門而出；（5）"掩之城基"或"道殣"，不入族墓諸塋；（6）下葬在昏，不在午前，當日無"虞"。這些特徵都反映了這次喪葬禮典對公子歸生（子家）喪葬儀式在等級上的大幅減損，符合楚莊王命令中"鄭子家顛覆天下之禮，弗畏鬼神之不祥，戕賊其君。余將必使子家毋以成名立於上，而滅□於下"的政治要求。鄭子良對子家喪禮的具體禮制安排甚至低於春秋時代一般士庶的喪葬禮節以及相應用度，是對公子歸生（子家）弒君的嚴厲懲罰。《鄭子家喪》讓我們有機會一窺春秋時代特殊的刑餘罪人喪葬禮典。

第四節　從清華簡《耆夜》飲至禮典推測其成書年代

《清華大學藏戰國竹簡（壹）》於 2010 年 12 月發表，其中有一篇抄有篇題的文章，簡末的篇題爲"郘夜"，共 14 支簡，其中 4 支簡有殘缺。簡文講述了武王八年伐黎大勝之後，在文王太室舉行飲至典禮，武王君臣飲酒作歌的故事。① 李學勤認爲武王八年伐郘之事，與《尚書·西伯戡黎》所記述的爲同一事。② "郘"讀爲"耆"或"黎"（以下爲行文方便，篇題一律寫爲"耆夜"），這一點已經成爲學界的共識。

關於"夜"字的釋讀，不同學者有不同的看法。《耆夜》一篇中，"夜"字共出現 5 次，篇中 4 個"夜"字釋義相同，一般沒有異議（具體含義尚有爭議，見下文）。篇題的"夜"字，劉光勝認爲與篇中的"夜"字意義不同，意爲

① 李學勤主編：《清華大學藏戰國竹簡（壹）》，中西書局 2010 年版，第 149 頁。
② 李學勤：《清華簡〈郘夜〉》，《光明日報》，2009 年 8 月 3 日。後收入《初識清華簡》，中西書局 2013 年版，第 19 頁。

"夜晚"。① 此説很有道理，先秦禮典很少在夜間舉行，然而唯有飲酒禮、燕禮有至夜執燭舉火例子。②《儀禮·燕禮》有"宵則庶子執燭於阼階上，司宮執燭於西階上，甸人執大燭於庭，閽人爲大燭於門外"，諸有司執燭時已經到了燕禮"無筭爵""無筭樂"的階段，即燕禮的最後階段，不屬於正禮的部分。賓客飲醉之後，可自行退場。《耆夜》的場景正是在飲至禮最後的"無筭爵""無筭樂"背景下展開的。因此篇題"夜"字應當理解爲"夜晚"，"夜"字點出了整個《耆夜》禮典的禮制場景，這對後文討論武王、畢公高、召公保、周公旦、辛公諫甲、作策逸、邵尚甫的禮典角色有重要的提示作用。

一、《耆夜》釋文及"夜爵"

簡文的主體内容主要分爲兩個部分，一是記述飲至禮典的場面，二是記述進行飲至禮過程中君臣之間的賦詩。由於詩歌不是我們討論的重點，故下列釋文將賦詩的詩文内容略去，重點討論飲至的具體禮儀環節。

武王八年，征伐鄱(耆)，大戢(戡)之。還，乃飲至于文大(太)室。繹(畢)公高爲客，邵(召)公保奭(奭)爲 1 夾(介)，周公弔(叔)旦爲宔(主)，辛公諫繆(甲)爲立(位)，夏(作)策娩(逸)爲東尚(堂)之客，邵(吕)上(尚)甫命(望)爲 2 司政(正)，監飲酉(酒)。

王夜(舉)箟(爵)昌(酬)繹(畢)公，夏(作)訶(歌)一夂(終)，曰藥₌脂₌酉(《樂樂旨酒》)……3 王夜(舉)箟(爵)昌(酬)周公， 4 夏(作)訶(歌)一夂(終)，曰戠₌宛₌(《輶乘》)……5 周公夜(舉)箟(爵)昌(酬)繹(畢)公，夏(作)訶(歌)一夂(終)曰鼎₌(《鼎鼎》)。……周 7 公或(又)夜(舉)箟(爵)昌(酬)王，夏(作)祝誦一夂(終)，曰明₌上₌帝₌(《明明上帝》)……周公秉箟(爵)未飲，蚰(蟋)蟀(蟀) 9 𧉚(躍)隥(陞)于

① 劉光勝：《清華大學藏戰國竹簡(壹)整理研究》，上海古籍出版社 2016 年版，第68 頁。
② 《左傳·莊公二十二年》：陳公子完與齊桓公燕飲，"飲桓公酒，樂，公曰：'以火繼之。'辭曰：'臣卜其晝，未卜其夜。不敢。'"可見舉行燕飲禮時，如果主賓覺得不盡興的話，可以把燕飲延長到夜裏。《儀禮》和《禮記》記述的其他先秦禮典，則一般不能在夜裏舉行。禮典如果至夜還没有完成的話，應當告一段落，明日繼續進行。舉火行禮一般被視作違禮。

尚(堂)，[周]公复(作)訶(歌)一夂(終)，曰蝨₌蝨₌(《蟋蟀》)。①

　　清華簡整理者已經指出這篇簡文的禮典性質，即周王、諸侯出行或者出征，返回時要在宗廟舉行的飲至典禮。整理者舉《左傳·桓公二年》"凡公行，告於宗廟；反行，飲至、舍爵、策勛焉，禮也"。又舉楊伯峻《春秋左傳注》説"師返，於宗廟'告祭後，合群臣飲酒，謂之飲至'"②。釋"夜爵"爲"舍爵"説"設置酒杯，猶言飲酒"。③

　　整理者將文中的"夜爵"與《左傳》中的"舍爵"聯繫，表面上看似有一定的道理，實際上却没有根據。整理者説，"夜筮"，"夜，喻母鐸部……舍，在書母魚部，可相通假"。李學勤認爲"夜"讀爲"毦"："毦，古音端母鐸部，該字《尚書·顧命》作'吒'，訓爲'奠爵'，與'舍爵'同義。"④裘錫圭根據新蔡葛陵墓主"平夜君"讀爲"平輿君"，認爲"夜筮"當讀爲"舉爵"。⑤ 武王、周公、畢公賦詩皆在無筭爵的這個環節，雖然在無筭爵的環節《儀禮》經文並没有使用"舉"字，但通過前面旅酬時用"舉"，可以想見"無筭爵"時的酬也是舉爵以酬酒的。《儀禮》之《鄉飲酒禮》《燕禮》中多有"奠爵""奠觶"的用法，但如果將"夜"理解爲"奠"，則"奠爵"的行爲不具有酬"某人"的内涵，置於文中與儀節不合。裘錫圭引《儀禮·鄉飲酒禮》"一人洗，升舉觶於賓"，又舉《儀禮·燕禮》"公又舉奠觶，唯公所賜，以旅於西階上……"證明將"夜"釋爲"舉"，從飲至禮的儀節上考慮是很合理的。

二、《耆夜》所涉禮典問題徵疑

　　討論《耆夜》飲至禮典的主要論文有馬楠《清華簡〈郘夜〉禮制小札》⑥、曹

---

　　①　本釋文以復旦大學出土文獻與古文字研究中心研究生讀書會《清華簡〈耆夜〉研讀札記》爲底本，略作修訂[復旦大學出土文獻與古文字研究中心網站(http://www.gwz.fudan.edu.cn/old/SrcShow.asp? Src_ID=1347)，2011年1月5日]。

　　②　楊伯峻：《春秋左傳注》，中華書局1981年版，第91頁。

　　③　楊伯峻：《春秋左傳注》，中華書局1981年版，第91頁。

　　④　李學勤：《清華簡九篇綜述》，《文物》2010年第5期，第53頁。

　　⑤　裘錫圭：《説"夜爵"》，《出土文獻》第二輯，中西書局2011年版，第17~21頁。

　　⑥　馬楠：《清華簡〈郘夜〉禮制小札》，《清華大學學報》(哲學社會科學版)2009年第5期，第13~15頁。

建墩《清華簡〈耆夜〉篇中的飲至禮考釋二則》①、丁進《清華簡〈耆夜〉篇禮制問題述惑》②、伏俊璉和冷江山《清華簡〈郎夜〉與西周時期的"飲至"典禮》③、程浩《清華簡〈耆夜〉篇禮制問題釋惑》④、李家浩《清華竹簡〈耆夜〉的飲至禮》⑤、劉光勝《清華簡〈耆夜〉禮制解疑》⑥、王少林《清華簡〈耆夜〉所見飲至禮新探》⑦等數篇。

馬楠《清華簡〈郎夜〉禮制小札》首先對《耆夜》所涉及的禮制問題做了討論，並基於釋文提出了幾項意見。馬文主要提出以下三個問題：

第一，周公爲命。馬文認爲周公爲"命"是指"侑酒之命辭"之意。並在"主人、客、夾"條認爲"此不云主人，或膳夫爲主人，常事不書；或武王親爲主人"。這是錯誤地根據清華簡舊釋"宝"爲"命"的釋文造成的，馬文寫於2009 年，此時清華簡還在初步整理階段，《清華大學藏戰國竹簡（壹）》發佈的時候整理者已經將"周公叔旦爲宝"的"宝"讀爲"主"了，故此條無需多做討論。

第二，辛公爲位、作册逸爲東堂之客。其中"東堂之客"的内涵不清。馬文認爲"東堂"即"東箱"。"東箱"的確切所指歷代禮家聚訟不已。馬文認爲"'東堂之客'當在東序之東，北面"，但如此一來"此位過尊，亦似不合"。

第三，奠爵酬酒（按：當爲"舉爵酬酒"，此處列舉，暫從馬文的釋讀）。武王奠爵酬畢公、周公，周公又奠爵酬畢公、武王。與《儀禮·燕禮》所載一獻、旅酬、無筭爵皆異。並引《左傳·昭公元年》"趙孟、叔孫豹、曹大夫入於鄭，鄭伯兼享之"之事爲之解，認爲"或飲至之禮，與凡常飲酒禮不合；或武

---

① 曹建墩：《清華簡〈耆夜〉篇中的飲至禮考釋二則》，復旦大學出土文獻與古文字研究中心網站（http: //www. gwz. fudan. cn/SrcShow. asp? Src_ID=1651），2011 年 9 月 14 日。

② 丁進：《清華簡〈耆夜〉篇禮制問題述惑》，《學術月刊》2011 年第 6 期，第 123～130 頁。

③ 伏俊璉、冷江山：《清華簡〈郎夜〉與西周時期的"飲至"典禮》，《西北師大學報》（社會科學版）2011 年第 1 期，第 59～64 頁。

④ 程浩：《清華簡〈耆夜〉篇禮制問題釋惑——兼談如何閱讀出土文獻》，《社會科學論壇》2012 年第 3 期，第 69～77 頁。

⑤ 李家浩：《清華竹簡〈耆夜〉的飲至禮》，《出土文獻》第四輯，中西書局 2013 年版，第 19～31 頁。

⑥ 劉光勝：《清華簡《耆夜》禮制解疑》，《陝西師範大學學報》（哲學社會科學版）2015 年第 5 期，第 28～35 頁。

⑦ 王少林：《清華簡〈耆夜〉所見飲至禮新探》，《鄭州大學學報》（哲學社會科學版）2015 年第 6 期，第 131～135 頁。

王之初,行禮與《儀禮》不同,難以質言"。

馬文所舉三個問題,第一個由於釋文改釋,已經取消。第三個問題,前節已經説明,"夜爵"當從裘錫圭釋讀爲"舉爵"。第二個問題關係到對飲至禮儀節的理解,將在後文詳述。

其後,丁進發表了《清華簡〈耆夜〉中的禮制問題述惑》,用《儀禮‧燕禮》中的飲酒儀節全面對照《耆夜》飲至禮中的飲酒儀節,提出了七個疑惑。丁文將《耆夜》與《儀禮‧燕禮》相聯繫,從禮典的形式來講,是最爲合理的。丁文認爲《耆夜》飲至飲酒禮與傳世禮書的主要差別有:

第一,"不以公卿爲賓主"問題。丁文指出,在傳世文獻中由於諸侯地位尊貴,要選一位與客地位相當的有司作爲主人。客人中設一位正賓,其次設一位介,其餘來客作爲眾賓。丁文認爲《耆夜》以周公爲主,違背了"不以公卿爲賓主"的原則。

第二,本國大臣稱"賓"與稱"客"的問題。丁文認爲,《儀禮》一書表示主客關係的詞絶大多數情況下用"賓"不用"客",並通過對《儀禮》中述及"客"的例子,説明"客"只能用於他國來賓。丁文由此還進一步分析了《左傳》《史記》中"賓""客"使用的情況,認爲《史記》中稱"客"多於稱"賓",稱"客"是一種更晚的使用習慣。

第三,"東堂之客"的問題。丁文認爲"東堂之客"可能是《儀禮‧燕禮》中的"小臣師",是負責整個典禮的小臣的副手。丁文認爲"小臣師"在《耆夜》中稱爲"客"很不合理。

第四,君主燕禮不酬"獻主"的問題。在《耆夜》中,周公對應《儀禮‧燕禮》中的角色是主人,主人代表國君向賓、介賓、眾賓勸酒。既然主人代表國君向來賓勸酒,則主人不應該向國君勸酒,國君也不應該向主人勸酒。

第五,武王、周公現場作歌的問題。丁文認爲《耆夜》作歌與《儀禮》中《鄉飲酒禮》《燕禮》《鄉射禮》《大射禮》的作歌、用樂時間都不同。以上《儀禮》所述四禮有正歌、無筭樂之分,正歌在禮書中是集中演奏的,無筭樂是在無筭爵的環節演奏的。丁進認爲《耆夜》中每酬必作歌,與禮書中的任何一種記述都對應不起來。

第六,武王賦詩與酬酒儀節矛盾的問題。丁文認爲《耆夜》文中武王所賦《樂樂旨酒》有"嘉爵速飲,後爵乃從"句。該句與《儀禮》中所述飲酒禮中的酬酢儀節不相符合。

第七,周公"出戲"的問題。丁文認爲周公賦《蟋蟀》一詩體現出"帝王教訓大臣的氣度,頗有'出戲'之感",認爲周公對武王有所僭越。

根據以上七點疑問，丁文進而質疑清華簡《耆夜》的真僞尚存疑問，可能是今人僞作的竹書。

飲至禮在傳世禮書中失載（或者在較早的時代相關文獻已經亡佚），與簡文所述飲至禮最爲接近的禮典爲《儀禮·燕禮》中的燕飲儀節。由於丁文對照《儀禮》燕禮指出了《耆夜》飲至禮不合於禮典的諸項疑問，故接下來以丁文提出的幾個問題作爲討論的基礎。

三、《耆夜》所涉禮典問題釋惑

丁文發表之後，程浩發表的《清華簡〈耆夜〉篇禮制問題釋惑——兼談如何閱讀出土文獻》一文，從出土文獻研究規範的角度對丁文質疑《耆夜》僞作的七項理由做了逐一駁斥。① 李家浩的《清華竹簡〈耆夜〉的飲至禮》、劉光勝的《清華簡〈耆夜〉禮制解疑》也對丁文提出的禮制問題提出了各自的見解。程文從文獻角度對丁文提出的批評是有力的，然而程文未能從禮學的角度正面回應丁文提出的問題，並且對《耆夜》飲至禮的禮典性質認識略有偏誤，從而削弱了其論證的準確性和力度。李文和劉文並未直接回應丁文提出的問題，在討論《耆夜》文本的同時，涉及了丁文提出的部分問題。以下擬對丁文提出的禮制方面的質疑做出正面的回應，同時對程文、李文及劉文中的一些偏誤加以糾正。

（一）"主賓敵體"是燕飲禮的主要原則

程文認爲由於《耆夜》所述的禮典爲王禮，而《儀禮·燕禮》記述的僅僅爲諸侯禮，二者有等級上的差別，故王室以公卿爲燕禮主人來向賓客獻酒並無不妥。程文引用西周金文的例子説明周王可以直接主持饗禮。由於金文文辭簡略，含有"王饗某"的銘辭，並不能證明禮典是由周王直接主持的。《儀禮》對禮典的記述則較爲詳細，如果《儀禮》中的相關儀節也用非常簡略的文辭記録下來，恐怕在形式上與金文相差無幾，故没有必要引金文饗禮的例子對簡文進行説明。丁文所謂"不以公卿爲賓主"在《儀禮·燕禮》中的確切的内涵是諸侯不以卿（上大夫）爲主人，而以普通大夫爲主人，在燕禮中負責勸酒的主人是擔負煩勞的角色，故不以卿來擔任。相對應的，燕禮中的賓也只能由一般大夫擔任。如果來

---

① 復旦大學出土文獻與古文字研究中心碩士李靈潔 2012 年畢業論文《出土楚簡所見與今本大小戴〈禮記〉相關文獻研究》對丁文提出的七個問題做了駁正，由於其駁正意見比較簡略，又没有舉出文獻或禮典方面的關鍵證據，故本書不再一一臚列辨析。唯第（七）條"速"當訓爲"邀請"，其文已經指出，然而其後李文仍將《輶乘》詩中"嘉爵速飲，後爵乃復"理解爲同一個爵，與本書的禮制意見不合，特作説明。相關叙述可以參看李靈潔文。

聘的賓爲卿，則普通大夫也不能作爲燕禮中的主人，否則就違反了行禮主賓身份應當敵體的原則。以此，燕禮中的主人和主賓都只具有象徵意義。

程文據此推論，如果《耆夜》中飲至禮也採用這樣的禮制規定，"那麼周公、畢公等功臣就要作壁上觀，整個爲慶哉者之功而舉行的飲至禮便成了膳夫等大夫的遊戲了"。其實，從《燕禮》文本及後世注疏來看，經典禮制的規定正是如此，燕禮中的主角都不在燕禮過程中擔任揖讓周旋的角色。丁文的核心問題在於，這種爲了避免上卿操勞而由大夫代勞的規範在周代未必是很早就形成的，即便周初已經形成，在具體禮典舉行的過程中也未必完全得到貫徹。程文已經指出，周公爲主、畢公爲客，很好地體現了主賓敵體的禮制規範。相較於"公卿不爲賓主"，這才是禮之大節，大節不誤恰恰説明了《耆夜》篇並非胡編亂造，而是有所根本。

(二)本國大臣稱"賓"與稱"客"的問題

李文認爲"畢公高爲客"之客，相當於禮書所説飲酒禮的賓、介之"賓"，指上賓。程文舉了新蔡簡和郭店簡的例子，説明戰國中晚期簡牘中使用"賓"和"客"都較爲常見。不僅如此，科學發掘的包山楚簡中，有"宋客""東周之客"而不用"賓"。同時期的金文中"賓""客"連言的例子也很多。《左傳·襄公二十三年》有：

> 季武子無適子，公彌長，而愛悼子，欲立之。訪於申豐曰："彌與紇，吾皆愛之，欲擇才焉而立之。"申豐趨退，歸，盡室將行。他日，又訪焉。對曰："其然，將具敝車而行。"乃止。訪於臧紇。臧紇曰："飲我酒，吾爲子立之。"
> 季氏飲大夫酒，臧紇爲客。既獻，臧孫命北面重席，新樽絜之。召悼子，降，逆之。大夫皆起。及旅，而召公鉏，使與之齒。季孫失色。

"季武子"與"臧紇"皆爲魯國大夫。這段文字明白無誤地記載了在同一國中，在飲酒禮的場合，將"賓"稱爲"客"的例子。這種使用方法與《耆夜》中"客"的用法是完全相同的。令人不解的是，丁文不知爲何忽略了此關鍵例證。① 先秦傳世

---

① 劉光勝《清華簡〈耆夜〉禮制解疑》第三節舉了《國語·周語上》"惠王二年，邊伯、石速、蔿國出王"章"子國爲客"的例子，同樣證明"賓"與"客"在傳世文獻中可以同義互用，與本書所舉《左傳·襄公二十三年》的例子一致。

文獻中的"客"只能用來指"他國之賓"，不能用於本國之賓的條例，完全是丁文臆定出來的，毫無根據。《左傳》"臧紇爲客"的例子恰恰説明"畢公爲客"的正確性，説明《耆夜》文本的時代性或與《左傳》相近。

(三)"東堂之客"的問題

程文認爲"東堂之客"的稱謂令人費解。李文認爲"東尚之客"之"客"，跟"畢公高爲客"之"客"有别，應該是類似鄉飲酒禮的衆賓之長，也就是《禮記·鄉飲酒義》的"三賓"。李文、劉文均認爲"東尚"應讀爲"東上"，而非改讀爲"東堂"，這些認識都是不正確的。

丁文將"東堂之客"認定爲"小臣師"一類的司職人員較爲合理。《耆夜》中除了周公爲主、畢公爲客以外，還有三個重要的角色：辛公諫甲爲位、作策逸爲東堂之客、邵尚甫父命爲司正(監飲酒)。爲位、東堂之客、司正是燕禮禮典飲酒禮中安排整個禮典最關鍵的司職人員，他們分别對應了《儀禮》中的小臣、小臣師、司正。其中司正之名簡文和《儀禮·燕禮》完全相同，《禮記·鄉飲酒義》："一人揚觶，乃立司正焉。"鄭玄注："立司正以正禮，則禮不失可知。"胡匡衷《儀禮釋官》："案《國語》'晉獻公飲大夫酒，令司正實爵'。高誘注：'司正，正賓主之禮者。'其職無常官，飲酒則設之。"可見，司正在燕禮中是監督無筭爵之時主賓飲酒的臨時官員。

辛公諫甲擔任爲位的職分，《周禮·夏官·小臣》："小臣掌王之小命，詔相王之小法儀。掌三公及孤卿之復逆，正王之燕服位。"所謂"燕服位"就是燕禮中的向位和服飾。在《周官》中"小臣"隸屬於"大僕"，《大僕》所掌爲"掌正王之服位，出入王之大命"，又"王燕飲，則相其法"。可見《周官》中的"大僕""小臣"的執掌與簡文中的"爲位"近似。由於《周官》一書綜合了春秋戰國時代各國的衆多官職，故可以認定東周時代大僕和小臣在燕飲禮中的職分是相類似的，它們之間是否真的如《周官》所説有隸屬關係則難以斷定。《耆夜》記述的是王級的飲至禮，在此禮典中辛公諫甲的職分爲"爲位"，對應的就是《儀禮·燕禮》中的"小臣"，也就是《周官》中的"大僕""小臣"之職，兩者是同一職位的不同稱法。由此，李文認爲"爲立"之"立"由於聲音的關係可讀爲"僕"的意見，從禮制角度來講並不能成立。

至此，"爲位(小臣)""司正"的職務已經可以充分認定，故根據《儀禮·燕禮》："小臣納卿大夫……小臣師一人在東堂下。"鄭玄注："師，長也。小臣之長一人。"可以推斷出，簡文中的"東堂之客"指的就是《儀禮·燕禮》中的"小臣師"。馬文釋"東尚(堂)"爲"東箱"，丁文説"東尚(堂)"是"東序"，李文説"東尚"是"東上"，皆不可取。"東堂之客"職守所在的位置可以參看黃以周《禮書通故》繪製的《燕禮儀節圖》，正處於堂東附近的位置。

何以此處要稱執掌典禮的官員爲"客"？丁文、程文認爲不能解釋。其實，"東堂之客"的"客"可以取"儐相"或者"掌客"的義項。

根據《儀禮·燕禮》，"小臣"和"小臣師"的執掌是有所不同的，小臣主要是負責禮典的政令和賓客的向位，"小臣師"則負責引導大夫行禮。《儀禮·大射儀》："小臣師納諸公、卿、大夫。"鄭玄注："小臣師，正之佐也。""客"則可以理解爲《周官·秋官·掌客》中的"掌客"：

> 掌四方賓客之牢禮、餼獻、飲食之等數與其政治。王合諸侯而饗禮，則具十有二牢，庶具百物備；諸侯長，十有再獻。王巡守、殷國，則國君膳以牲犢，令百官百姓皆具，從者三公視上公之禮，卿視侯伯之禮，大夫視子男之禮，士視諸侯之卿禮，庶子壹視其大夫之禮。

在《周官》中，"掌客"的職守是管理饗禮中的飲食庶具，這與小臣師的執掌比較接近，"東堂之客"的意思是"東堂之司客"。《尚書·舜典》有"賓於四門"，鄭玄注："賓，擯。"又，《左傳·隱公七年》有"風伯弗賓"，皆爲其例。裘錫圭在《"諸侯之旅"等印考釋》[1]一文中説到，《安昌里館璽存》收有一紐璽印文爲"諸侯之旅"，《續衡齋藏印》著錄有一紐白文的"戠（職）旅"印。裘文認爲，《安昌里館璽存》所收璽之"諸侯之旅"，與《墨子》"諸侯之客"語例相同，義爲"來自他國的旅人"，用該璽的人即是管理他國所來旅人的官員，與《續衡齋藏印》所收璽之"戠（職）旅"是一個意思。"由於包括'羈'和'客'在内的'旅'的人數很多，所以需要設職旅這類官來管理有關的事務"，由此可見，管理賓客的職官可以稱爲"客"，"東堂之客"與"諸侯之旅"的用法是一致的，是"職客"的意思。

（四）君主燕禮不酬"獻主"的問題

程文認爲根據《儀禮·燕禮》諸侯燕禮不酬"主人"的情況，説明《耆夜》的飲至禮與燕禮是兩碼事。前文在對丁文第一、第三個問題的陳述中已經説明，《耆夜》中周武王爲君，周公爲主人，畢公爲客，辛公諫甲爲位，作策逸爲東

---

[1] 裘錫圭：《"諸侯之旅"等印考釋》，《文物研究》第 6 輯，黃山書社 1990 年版，第 202~205 頁。

堂之客，邵尚甫父命爲司正監飲酒的人物職分組合與《儀禮·燕禮》完全相同，《耆夜》飲至禮典可以説是脱胎於燕禮的。程文認爲《耆夜》反映的内容與燕禮是兩碼事，恐難成立。

丁文對《儀禮·燕禮》的儀節做了粗略歸納，其中有(1)主人獻賓；(2)賓酢主人；(3)主人獻公；(4)公酢主人；(5)主人酬賓；(6)公酬賓；(7)賓酬大夫長(及衆大夫)幾個最主要的儀節。這些儀節正説明了在燕禮中諸侯、主人、賓之間雖然身份相隔懸殊，但他們依然可以完成酬酢之禮。在燕禮的正禮中對獻酒、酢酒、酬酒的對象有比較嚴格的規定，諸侯、主人、賓客應當依禮行事。正禮舉行完畢後要歌正歌，奏正樂，即工歌《鹿鳴》《四牡》《皇皇者華》，奏《南陔》《白華》《華黍》，此時仍未到賓主賦詩之時。待正歌、正樂完成，到了無筭樂、無筭爵的旅酬階段，君臣之間互相酬酒就成了常態。《儀禮·燕禮》"無筭爵"至"無筭樂"中間這段正記載了諸侯和大夫之間互相酬酒的場面，由兩個士負責給諸侯和諸侯指定的酬酒對象進爵、受爵，《耆夜》所描述的就是這個階段的場面。丁文認爲《儀禮·燕禮》無筭爵中並没有記述卿大夫和賓客之間的互相酬酒，也没有記述賓與諸侯、主人與諸侯之間的互相酬酒，因此推論《儀禮·燕禮》的無筭爵只是諸侯酬大夫，這顯然不合於無筭爵的禮義，是丁文的憑空想象。

所謂無筭爵，主賓之間雖然還保持一定的儀態和名分，但總體上就是諸侯、主人、賓之間的互相酬酒，絶不僅僅止於《儀禮·燕禮》所記述的很小一部分。如《儀禮·特牲饋食禮》："賓弟子及兄弟弟子洗……舉觶於其長……爵皆無筭。"鄭玄注："賓取觶酬兄弟之黨，長兄弟取觶酬賓之黨，惟已所欲，亦交錯以辯，無次第之數，因今接會，使之交恩定好，優勸之。"可見《儀禮·特牲饋食禮》中所記録的酬酒與實際無筭爵時酬酒有很大的差别，實際"無筭爵"時酬酒參與的人數更多，互相之間酬酒的過程更長，不能拘泥於《儀禮·燕禮》所記録的部分。

《左傳》記載有貴族燕飲時賦詩的場景，如《左傳·襄公二十七年》：

> 鄭伯享趙孟于垂隴，子展、伯有、子西、子産、子大叔、二子石從。趙孟曰："七子從君，以寵武也。請皆賦，以卒君貺，武亦以觀七子之志。"子展賦《草蟲》，趙孟曰："善哉，民之主也！抑武也，不足以當之。"伯有賦《鶉之賁賁》，趙孟曰："床第之言不逾閾，況在野乎？非使人之所得聞也。"子西賦《黍苗》之四章，趙孟曰："寡君在，武何能焉！"子産賦《隰桑》，趙孟曰："武請受其卒章。"子大叔賦《野有蔓草》，趙孟曰："吾

子之惠也。"印段賦《蟋蟀》，趙孟曰："善哉，保家之主也！吾有望矣。"公
孫段賦《桑扈》，趙孟曰："'匪交匪敖'，福將焉往？若保是言也，欲辭福
祿，得乎？"

在這次饗禮中，鄭國的印段也賦了一首《蟋蟀》，這類賦詩場景應該都是
以飲酒禮中"無筭爵"爲背景的，只是《左傳》未予交代罷了。根據《耆夜》的記
述，《左傳》中子展、伯有、子西、子產、子大叔、二子石所賦之詩，應當是
他們酬趙孟之時各自的言志詩。鄭簡公此時雖然在場，却不是酬酒的主要施與
者。由此可知，諸大夫與賓之間的酬酒同樣是無筭爵、無筭樂階段的重要組成
部分。如果按照丁文的設計，則《左傳》中的賦詩在禮制上一律無所安頓了。

（五）武王、周公現場作歌的問題

程文已經指出"所謂'當場原創'樂歌，則完全是對'作'的誤讀"，"《耆
夜》中武王、周公'作歌'，恐怕還是應該理解爲他們朗誦了既有的詩篇"。這
項判斷是準確的。前述已經説明《耆夜》的賦詩性質，與《左傳》所載貴族在宴
飲禮中賦詩的性質相同，故周武王、周公所賦之詩顯然就是他們用以言志的成
詩，並不是他們的即興創作。至於丁文説"每酬必作歌……互相'敬酒'則有
四十九次以上"，"如果每酬必作歌，那就不是'飲至禮'而是'樂至禮'了"。
這樣的推論看似誇張，其實毫無問題，不能以今況古。《儀禮·燕禮》中所
謂"無筭樂"指的就是這種情況，在"無筭爵"的過程中雖然未必每酬必有賦
詩，但賦詩的也不在少數，一酬一歌，很符合當時應有的場景和氛圍，與
《左傳》的叙述也更相合。丁文圍繞"作歌"還提出了一些牽强的理由，就不
再一一反駁了。

（六）武王賦詩與酬酒儀節矛盾的問題

程文認爲"嘉爵速飲"可能是《詩》《書》成辭，這些語句形成於燕禮禮典未
備之時。其説有一定道理。還需指出的是"速飲"的"速"恐怕不是"快速"或
"告誡"的意思，在《詩經》里"速"皆用爲"招請""招至"的意思，"嘉爵速飲，
後爵乃從"只能解釋爲"（主人）好的酒爵來招請飲酒，（賓客）的酒爵就跟上
了"。該詩所説的正是主賓之間一人一個酒爵，與無筭爵時主賓各一爵完全一
致。錯誤地將"速"釋爲"快速"，使得丁文得出詩文與燕禮儀節不符的錯誤
結論。

(七)周公"出戲"的問題

程文已舉《逸周書·瘳敬》説明周公使用告誡的口吻並無不妥。劉文第五節進一步補充《荀子·儒效》所記録的周公訓詞,認爲《儒效》以霍叔襯托周公,而《耆夜》則以群臣凸顯周公,"兩篇在'有意突出周公'方面存在驚人的一致"。其實,上舉《左傳·襄公二十七年》印段賦《蟋蟀》,同樣也是當着鄭簡公的面歌賦的,杜預注説,"曰'無以大康,職思其居。好樂無荒,良士瞿瞿',言瞿瞿然顧禮儀",因此趙文子有"善哉,保家之主也"之嘆。周公在飲至禮中賦此詩没有不妥之處,説周公出戲,是無稽之談。

四、《耆夜》的禮典性質與成書年代

根據上面的分析,丁文所舉七個問題從禮制上講非但没有問題,反而説明《耆夜》飲至禮與春秋戰國時代禮書所記的燕禮禮典若合符節。雖然李文、劉文未將《耆夜》飲至禮與《儀禮》燕禮相對應,程文也未能充分説明丁文在禮典認定上的合理性,但都不懷疑《耆夜》的真實性。丁文雖然正確地將《耆夜》飲至禮與《儀禮》燕禮禮典相聯繫,但却錯誤地根據其所認定的禮典上的不一致,輕易得出《耆夜》爲僞作的結論。經過上文的分析,即使單純站在禮制角度觀察《耆夜》,也無法認定《耆夜》爲後世僞作,更何況《耆夜》在古文字與出土文獻方面的特徵能充分證實其真實性。程文對丁文輕易質疑《耆夜》篇的真僞提出嚴肅批評是正確的。

《耆夜》篇在禮典上與燕禮的契合度很高,恰恰説明其並不是一宗西周早期文獻,《耆夜》的成書應該與《儀禮·燕禮》《左傳》等篇目相先後,時代不會差距很遠。簡文中提到的裁者後武王、畢公高、召公保、周公旦、辛公諫甲、作策逸、邵尚甫行飲至禮的故事,當有其本源。這一史事所用的禮典框架則是春秋時代的,這也就揭示了今本《蟋蟀》歸在《唐風》,而《耆夜》中却成了周公賦詩的原因。

《耆夜》中的賦詩可能是春秋時代受過《詩》《書》教育的士人安在武王、周公這些歷史人物身上的,就像後世小説里宋代人物會吟誦一些明代創作的詩歌一樣,屬於文學的再創作。簡文《蟋蟀》的文本比今本《詩經》中的《蟋蟀》要古,可能與漢唐間《詩經》的不斷改寫定型有關,並不能因爲簡文中有較古的《蟋蟀》,記述的又是武王、周公的事跡,就草率地認爲《耆夜》成書於西周。

第五節 清華簡《鄭武夫人規孺子》篇涉禮字詞考釋

《清華大學藏戰國竹簡(陸)》中的《鄭武夫人規孺子》是一篇講鄭國初年史事的文章,全篇共有 18 支簡,敘事完整。① 簡文講述了鄭武公去世至下葬前後,鄭武夫人武姜對嗣君鄭莊公的規誡及莊公的表態。由於莊公是武公的嫡長子,全篇簡文又發生在舊國君大斂至小祥這段喪禮的重要時期,故簡文中述及與春秋時代喪禮有關的部分引起了學者的注意。李守奎在《〈鄭武夫人規孺子〉中的喪禮用語與相關的禮制問題》(簡稱《禮制問題》)一文中,對簡文中的喪禮用語以及相關史事做了梳理,描繪了《鄭武夫人規孺子》史事的大致禮制背景,給出了較爲全面的分析,② 本節在其基礎上進一步討論簡文述及喪禮的相關問題。由於全篇簡文較長,以下不臚列全部簡文內容,僅在述及有關內容的時候,將簡文段落列出。

一、説"嬐(殣)"及武姜規孺子的時間點

《鄭武夫人規孺子》簡 2:"奠(鄭)武公卆(卒),既嬐(殣),武夫人規孺子曰:……"鄭武姜規鄭莊公的時間發生在"既殣"之時。整理者指出"嬐"爲三體石經"逸"字古文,在此讀爲"殣",義爲暫厝待葬,③ 在簡文中作動詞使用。並舉《吕氏春秋·先識》"威公薨,殣,九月不得葬"爲例。李守奎在《禮制問題》中舉了兩個例子,一例是《逸周書·作雒解》:"武王既歸,成歲十二月崩鎬,殣於成周。"這句中"殣"的用法與簡文相同。另一例是《儀禮·士喪禮》:"掘殣見衽。棺入,主人不哭。升棺用軸,蓋在下。"這句中的"殣"用作名詞,指的是"埋棺之坎"。李守奎認爲"既殣"説的是"武公剛剛去世,第五日陳屍體於西階坎中之棺"。大體來説,李説是比較接近於實際情況的,但還有未安之處。

"殣"的本義應該是"埋棺之坎",在春秋喪禮中,掘埋棺之坎的確切時間

---

① 賈連翔:《清華簡〈鄭武夫人規孺子〉篇的再編連與復原》,《文獻》2018 年第 3 期,第 54~59 頁。本節所用簡序依從賈文所製簡序。

② 李守奎:《〈鄭武夫人規孺子〉中的喪禮用語與相關的禮制問題》,《中國史研究》2016 年第 1 期,第 11~19 頁。

③ 李學勤主編:《清華大學藏戰國竹簡(陸)》,中西書局 2016 年版,第 105 頁。

是在死者死去的當天，《儀禮·士喪禮》"甸人掘坎於階間少西"，即指這個環節。在死者去世的第三天(也就是從死者死後的第二日開始計數的第二天)的一早，進行"掘肂見衽。棺入，主人不哭。升棺用軸，蓋在下"。這裏的"掘肂"，應該和死者始死的那天的"掘肂"不同，主要是爲了"棺入"而對"肂"進行修整，以便於恰好可以"見衽"。在將棺木置入肂後，正式對死者進行大斂："主人奉屍斂於棺，踊如初，乃蓋。"即正式將裝有死者的棺木蓋棺，這是大斂的確切内涵。

如果如李文所述，"既肂"指的是"第五日陳屍於西階坎中之棺"，則説明此時大斂禮尚未完成。若鄭武公是時尚未蓋棺，而鄭武姜於此時發表訓辭則並不妥當。《逸周書·作雒解》"武王既歸，成歲十二月崩鎬，肂於成周"、《吕氏春秋·先識》："威公薨，肂，九月不得葬"，以及《文選·顏延之〈宋文皇帝元皇后哀策文〉》李善注引《儀禮》曰"死三日而肂，三月而葬"中之"肂"，均已不是指具體的"埋棺之坎"，而是指喪禮中的一個儀節。由於死者去世的第三天的整個喪禮主要是圍繞"肂"舉行的，故大斂又可稱爲"肂"。在前述"掘肂見衽""蓋(肂中之)棺"後，當天的喪禮儀節還有"涂"肂中之棺、"祝取銘置於肂"等，這些儀節也能歸入大斂的整個過程被稱爲"肂"。整理者認爲"肂"是"暫厝待葬"雖不爲誤，但没有説出其準確内涵。故上舉文例中"崩"與"肂"、"薨"與"肂"、"死"與"肂"都是對舉"始死"與"大斂"兩個喪禮環節的。弄清了"肂"的這種内涵，"既肂"顯然是指"大斂完畢"的意思。

前文已經説明，"肂"所指的是"大斂"的整個儀節，諸侯之大斂按照禮制在諸侯死之日算起的第五天。是不是在這一天鄭武姜對鄭莊公進行規訓呢？簡文在鄭武姜對鄭莊公説了一番話之後，莊公拜武姜之規辭，簡文接着説"乃皆臨"。也就是説鄭武姜規莊公、莊公拜鄭武姜、莊公母子及群臣臨哭，是連在一起發生的。"臨"整理者釋爲"哭弔"，並舉《儀禮·士虞禮》"宗人告具有司，遂請拜賓。如臨，入門哭，婦人哭"，鄭注"臨，朝夕哭"，以此訓"臨"是非常正確的。不過引文中既然説"如臨"，説明臨並不是發生在士虞禮的階段。"臨"的確切所指，正是諸侯死之日算起的第六天(士喪禮中指士死之日算起的第四天)一早。《儀禮·士喪禮》"三日成服，杖。拜君命及衆賓，不拜棺中之賜"，然後"朝夕哭，不辟子卯"，鄭玄釋"如臨"的"朝夕哭"指的就是這裏的"朝夕哭"。士喪禮中，作爲喪主的士在這一天的早上先穿上製成的喪服，然後要當着衆賓及親屬的面拜君命。由此可以推想見，由於此時在鄭國比鄭莊公地位高的只有鄭武姜，鄭武姜的規辭，部分地具有"君命"的屬性。鄭莊公此時還未成年，受到鄭武姜訓誡之後，按禮要"拜君命"。在"拜"完之後，大臣、衆賓及相關親屬開始朝夕哭。這完全合於《儀禮》喪禮所規定的儀節。因此，李文將武姜的規辭提前了一天，放置於大斂之日，尚未蓋棺之時，是不準確的。

二、"舊之於上三月"與諸侯三月而葬

《鄭武夫人規孺子》簡13："女（汝）訢（慎）甡（重）君巽（葬）而舊之於上三月。"此句"舊之於上三月"，整理者認爲是指拖後下葬時間超過三個月。① 也就是説，在禮書規定的"諸侯五月而葬"的基礎上再拖延三個月下葬。這樣的説法並沒有什麼根據，也看不出與後面小祥的關係。實際上，"舊"當讀爲"柩"②，《説文·木部》："柩，棺也。从匸、从木，久聲。匶，籀文柩字。"朱駿聲《説文通訓定聲》："《玉篇》古文匛字，從匸、久，後世又加木旁耳。"所謂"柩之於上三月"其實就是用棺柩盛放屍體停殯三個月的意思。《説文·歹部》："殯，死在棺，將遷葬柩，賓遇之。"《禮記·曲禮下》："在棺曰柩。"陸德明《經典釋文》："柩，音舊，《白虎通》云'久也'。"另外，《周禮》中皆用"匶"表示"柩"。《古文四聲韻》"舊"字條目下即收有"匶"字形，因此"舊"在古文系統中表示"棺柩"之義十分自然。可見，這裏的"柩"也和"竁"一樣，將一個具體的喪具作爲喪禮動詞使用。之所以先前的研究沒有將"舊"與"柩"聯繫起來，可能是"柩"用作"停殯"義的辭例比較少的原因。

沈培認爲將"舊"當讀爲"柩"不妥，並引王挺斌意見"'柩之於堂'不等於'柩於堂''柩在堂'，古書中'柩'無動詞用例"。③ 雖然傳世文獻中"柩"作動詞的用例鮮見，但是禮書中的名物詞、儀節名詞作爲動詞使用的用例比較常見。本節前舉的"竁"字既可以作爲狹義的"埋棺之坎"或廣義的"大斂"儀節的名詞使用，如《儀禮》"掘竁見衽"；也可以作爲整個行"大斂"儀節的動詞使用，如《逸周書》"竁於成周"。古書中還有將"殯"作爲動詞的用例，如《左傳·文公十五年》"取而殯之"之例，與簡文"舊（柩）之於上（堂）"同構。古書中的"賵""賻"既可以指助喪的布幣車馬使用，也可以作爲"賵""賻"儀節動詞使用，《儀禮·既夕禮》有"公賵，玄纁束，馬兩"。鄭玄注引《左傳·哀公二十

---

① 李學勤主編：《清華大學藏戰國竹簡（陸）》，中西書局2016年版，第107頁。

② 何有祖（網名易泉）在簡帛論壇關於《鄭武夫人規孺子》簡文的討論中，將"久"讀爲"柩"，與筆者意見相同。

③ 沈培：《清華簡〈鄭武夫人規孺子〉校讀五則》，《漢字漢語研究》2018年第4期，第47頁。

三年》的一條異文有"宋景曹卒，魯季康子使冉求賵之以馬，曰：其可以稱旌繁乎?"①又，《禮記·雜記上》孔穎達疏引鄭玄《釋癈疾》云：

> 天子於諸侯，含之，賵之；諸侯於卿大夫，如天子於諸侯；諸侯於士，如天子於諸侯臣，襚之，賵之；天子於二王之後，含爲先，襚則次之，賵爲後；諸侯相於，如天子於二王後。

鄭玄使用"含""賵""襚"時，既將之作喪禮名物或喪禮儀節使用，又當動詞使用。

一般研究者將"舊之於上"讀爲"久之於上"，更重要的原因是囿於諸侯五月而葬的成説，然而實際上春秋時代的方國諸侯三月而葬非常普遍。萬麗華在《左傳中的先秦喪禮研究》中統計了鄭國國君的葬制，可以看出鄭國國君"三月而葬"是其正禮。在《左傳》中記述鄭國國君下葬時月的有六位，他們是鄭莊公、鄭厲公、鄭襄公、鄭簡公、鄭定公、鄭獻公，其中三月而葬的有四位，分別是鄭莊公、鄭簡公、鄭定公、鄭獻公。而不按三月而葬的有兩位，一位是"八月而葬"的鄭厲公，杜預注："八月乃葬，緩慢也。"另一位是"一月而葬"的鄭襄公。②《左傳》沒有給出鄭襄公一月而葬的具體理由，不過《公羊傳》《穀梁傳》對此有所説明。在經文"葬鄭襄公"後，同年有經文"鄭伯伐許"，此"鄭伯"已經不是指鄭襄公了，而是指鄭悼公。此條經文下《公羊傳》云："未踰年君稱伯者，時樂成君位，親自伐許，故如其意以著其惡。"《穀梁傳》云："喪未踰年，自同於正君，亦譏之。"《公羊傳》《穀梁傳》通過這種方式説明鄭悼公早早即位爲君，帶領軍隊攻打許國，沒有遵守踰年即位的禮制。《曲禮》孔穎達疏："準《左傳》之義，諸侯薨而嗣子即位，凡有三時，一是始喪，即適子之位；二是踰年正月，即一國正君臣之位；三是除喪而見於天子，天子命之，嗣列爲諸侯之位。"這應該是當時的正禮。根據這點推測，鄭簡公"一月而葬"大概就是因爲鄭悼公要籌備攻打許國，而從速安葬了鄭簡公。

以上分析説明，鄭國國君"三月而葬"是其正禮，這或許是鄭國君葬的傳

---

① 今本《左傳》作"宋景曹卒，季康子使冉有弔，且送葬，曰：'……其可以稱旌繁乎!'"

② 萬麗華：《左傳中的先秦喪禮研究》，中央民族大學出版社 2011 年版，第 183~187 頁；有類似意見的還有，邵蓓：《春秋諸侯的殯期》，《中國史研究》2005 年第 4 期，第 9~15 頁。

統，與魯、衛堅持五月而葬的傳統不同。"柩之於上三月"的意思就是説"棺柩停在殯宮三個月"，"停殯的三個月"以及"君葬"這整個過程你們(大夫)都要慎重。這與復旦讀書會《集釋》引《禮記·昏義》"所以敬慎重正昏禮也"中"慎重"的用法完全一樣。

"舊之於上三月"之"上"有論者認爲"上"可讀爲"堂"，① 理解爲停鄭武公之殯於堂上。由於在喪禮停殯期間，所掘之竁當在西階之上，而並不在殯宮堂上，因此這裏當不做改讀，仍讀爲"上"。此處之"上"，正是與三月之後將行大行之禮，即安葬鄭武公於地下之"下"對應的。因此，"上"與"下"正呼應了"停殯"與"下葬"前後兩個喪禮儀節。

簡文中"君葬"和"舊之於上三月"正與前述鄭莊公"自是期以至葬日毋敢有知焉"是完全對應的，因此整理者在"各恭其事"後將"邊父規大夫曰"分爲兩段，並沒有必要，整個一段都是在説"自是期以至葬日"過程中的事情。由此，"小祥"另起一段，專講"小祥"當天發生的對話是很合理的。

三、關於孺子所用之"免"

"小祥"之後，大夫讓邊父對莊公進諫説："二三老臣叓(使)戲(御)寇(寇)也，尃(布)悤(圖)於君。"(簡13)又説："今君定，龏(拱)而不言，二三臣叓(事)于於邦，灴灴女女(惶惶焉)。"(簡9)賈連翔指出，這是"邊父以昔日先君武公對群臣朝夕訓示的景象，與如今莊公'拱而不言'的情況進行對比"，"從而勸諫莊公早日臨政"的説辭，是很有道理的。

本篇末尾，"幾(豈)孤亓(其)趴(足)爲免?"(簡17)，整理者讀"幾"爲"豈"，② 未出注。"趴"整理者讀爲"足"，亦未出注。

黃傑認爲簡31"亓(其)皐(罪)亦趴(足)婁(數)也"之"趴婁"應讀爲"促速"，表示快速、急促之義。③《禮記·樂記》"衛音趨數煩志"，鄭玄注："趨數讀爲促速，聲之誤也。""趨數""促速"和此處"趴婁"是一個詞，上古"數""速"常常通用。④ 復旦讀書會認爲，"其皐亦趴(促)婁(速)也"是説"那麼他們的罪過就會很快降臨到他們頭上"，並認爲此處簡文"趴"也應該讀爲"促"，

---

① 何有祖(網名易泉)在簡帛論壇關於《鄭武夫人規孺子》簡文的討論中，認爲"上"可讀爲"堂"。

② 李學勤主編：《清華大學藏戰國竹簡(陸)》，中西書局2016年版，第108頁。

③ 黃傑(網名暮四郎)在簡帛論壇關於《鄭武夫人規孺子》簡文的討論中，認爲"趴婁"當讀爲"促速"。

④ 張儒、劉毓慶：《漢字通用聲素研究》，山西古籍出版社2002年版，第271頁。

是"急促"之義。簡 17"跂"單獨使用，與"跂婁"連用的情況不同，聯綿詞拆開之後其字的含義往往與聯綿詞並不相同，故整理者將"跂"讀爲"足"則更爲恰當。

　　本句的關鍵在於對"免"的理解。整理者認爲"免"當讀爲"勉"，未出注。學者多從之。其實這裏的"免"不應讀爲他字，應讀如本字，音問(wèn)，指的是喪禮中使用的一種頭飾，用以代冠。錢玄《三禮辭典》："喪禮，免，代冠，以布自項中交於額上，又繞後繫於髮結。免較髻髮輕。亦作'絻'。"①《儀禮·士喪禮》："主人髻髮袒，衆主人免於房。"鄭玄注："衆主人免者，齊衰將袒，以免代冠，冠，服之尤尊，不以袒也。免之制未聞。舊説以爲如冠狀，廣一寸。《喪服小記》曰：'斬衰髻髮以麻，免而以布。'此用麻布爲之，纋頭矣。自項中而前，交於額上，却繞紒也。"可見，在鄭玄的時代，免的形制已經不甚清楚。不過，《左傳·哀公二年》云：

　　　夏，衛靈公卒。夫人曰："命公子郢爲大子，君命也。"對曰："郢異於他子，且君没於吾手，若有之，郢必聞之。且亡人之子輒在。"乃立輒。六月，乙酉，晉趙鞅納衛大子於戚。宵迷，陽虎曰："右河而南，必至焉。"使大子絻，八人衰経，偽自衛逆者，告於門，哭而入，遂居之。

這段文字説的是，衛公子蒯瞶在晉趙鞅的安排下，爲其父衛靈公奔喪，圖謀奪取衛國君位的故事。大子蒯瞶宵迷於黃河邊，陽虎爲其指路。渡過黃河後大子蒯瞶戴免，晉國派去護衛他的八個人都戴経服衰，假裝是從衛國來的迎接大子的人。並將大子來衛國奔喪的事告訴了戚地的守門人，守門人信以爲真，讓大子入城。大子入城時，以爲父親的奔喪禮而大哭，以顯示自己的大子身份。隨後(由於要伺機回到衛去搶奪君位)便在戚地長久住下。《禮記·奔喪》有：

　　　奔喪之禮：始聞親喪，以哭答使者，盡哀；問故，又哭盡哀。遂行，日行百里，不以夜行。唯父母之喪，見星而行，見星而舍。若未得行，則成服而後行。過國至竟，哭盡哀而止。哭辟市朝。望其國竟哭。

以上這段文字專述孝子爲父母奔喪的情形。根據《禮記·奔喪》的規定，奔喪者可以在日未出時便開始趕路，一直到日暮之後，一日百里，馬不停蹄，力求

---

① 錢玄、錢興奇編：《三禮辭典》"免"條，江蘇古籍出版社 1998 年版，第 384 頁。

早日回到死者身邊。並且孝子可以在到達別國國境時哭泣，直到哀情窮盡才停止，望到自己的國境，就哭着回家。可見在哀公二年的故事中，大子蒯聵"哭而入"正是爲了説明自己大子的身份。另外，《禮記·奔喪》規定"若未得行，則成服而後行"，《左傳·哀公二年》杜預注："絰者，始發喪之服。"説明大子蒯聵在爲衛靈公奔喪之時尚没有成服。

根據以上史事的分析，國君之子爲舊君服喪，在舊君始死至大斂後成服之前，是可以著免的。這點和《儀禮·士喪禮》"主人髺髮，袒，衆主人免於房"略有小異。可能是國君之大喪與士庶之喪的區別，也可能是禮書規定與春秋史事間的小異。不過根據《左傳·哀公二年》前舉之事，大子蒯聵戴免以奔衛靈公之喪是可以確定的。如果簡文中鄭莊公已經成年，在武公始死而未成服之時，爲之戴免居喪就完全符合大子居喪之制了，這是我們理解簡文"豈孤其足爲免"的關鍵。

《禮記·問喪》中對父卒童子所服喪服也有規定：

> 或問曰："免者以何爲也？"曰："不冠者之所服也。《禮》曰：'童子不絰，唯當室絰。'絰者其免也，當室則免而杖矣。"

大意是有人問："免是爲什麼而著的？"回答説："免是不戴冠的人所著的。《禮》説：'童子不服緦麻之喪，只有主持家務的童子才服緦麻及以上的喪服。'服緦麻之喪的人才能著免；若有父母之喪，童子如果主持家務的話就可以著免而且扶杖（來主持喪事）。"《儀禮·喪服》斬衰章傳文："童子何以不杖？不能病也。"童子因其幼小不懂事，故對其親人之死不能致哀痛，更不會由此而致病，也就無需扶杖了。當室的童子（主持家務的童子）就不一樣了，不但可以爲族人服緦，（如果父母去世了）還要作爲喪主像成人一樣拄杖著免，並行拜賓之禮。文中所説的童子，顯然與簡文的孺子内涵相同。童子著免，是春秋時代未成年人喪服的一種特制，由於其還没有行三加戴冠之禮，所以也不可能戴喪冠。故自始至終，當室的童子所戴的都是免，直到服喪結束。戴免就表現其要承擔宗室的責任，作爲嫡長子繼承先君的遺業。這就是鄭莊公對邊父表示"豈孤其足爲免"的原因，意思是"怎麼是我足以戴免以主持喪事呢？"

聯繫上下文，鄭莊公在説完了"你們都是先君授邦之重臣，如果不是這樣，哪能幫助先君從三年不得復國的大難中起來"後（叙述前朝之事），講"今二三大夫畜孤而作焉，豈孤其足爲免？抑無如吾先君之憂何"，意爲"現在你們這些大夫輔助作爲一個孤兒的繼君（指自己）而要有所作爲，難道是因爲我足以當室承擔國君繼承人的責任嗎(言下之意不是因爲我很有能力而值得輔佐)？(不是的,)其實只是對先君的憂慮沒有辦法啊。"其中"如……何"的句式意思是"拿……怎麼辦"。"抑"表示"然而",整理者云：《古書虛字集釋》："猶然也"；楊伯峻《春秋左傳詞典》："轉接連詞,表及轉,今言'却''但'：子晳信美矣,抑子南,夫也。"則"抑無如……何"表示"然而是拿……沒辦法",抑前後的短句或詞語往往是並列的選項,如《左傳·哀公二十六年》："子將大滅衛乎？抑納君而已乎？"

四、鄭莊立政與"畜孤而作"

鄭武公對身後事主要的憂慮是武姜會廢嫡立庶,讓公子段做國君。因此,鄭莊公點明這一點,正是爲了對這些大臣説明他們繼承的是先君鄭武公的遺志,守住立君立嫡的宗法,而不是因爲自己或公子段能力强,大夫們可以擇賢立之。當然,鄭莊公的"豈孤其足爲免"一句,其實也是對自己能力的一種誇耀,説明自己堪當大任。以這樣一句話作爲簡文的結尾,説明鄭莊公接受了大臣們的建議。《禮記·喪大記》有："既練,居堊室,不與人居。君謀國政,大夫、士謀家事。"可見,鄭莊公正是在禮所規定可以視事的時候(小祥之後),接受了大夫的建議。也就是説,《鄭武夫人規孺子》以武公始死武姜規莊公作爲開頭,莊公自"殯"至於"葬"不發佈任何政令,小祥後在大夫的聚謀下,同意了大夫們的建議作爲結局。這是"畜孤而作"的真正含義,即在大臣的輔佐下,莊公起"作",這與大臣們"又稱起吾先君於大難之中"的情形頗爲類似。

第四章 春秋戰國出土器物紋飾圖像與兩周禮典研究

春秋戰國出土器物上的圖案及紋飾眾多，在青銅器、簡帛、玉器、漆木器、璽印、錢幣上都有遺存。這些圖案中的絕大部分是一般性的裝飾紋樣，並不具有文獻意義，其内涵與禮典儀節相涉的更少。就目前已經發表的文物紋飾和圖像來説，本章將介紹以下幾種與先秦禮典密切相關的出土圖像文獻。

第一類是春秋戰國出土木漆器物上的漆畫，以包山墓地二號楚墓妝奩上的漆畫爲代表；第二類是戰國刻紋銅壺上嵌錯刻繪的射禮圖像，以故宮博物院收藏的採桑燕樂射獵攻戰紋銅壺、上海博物館收藏的採桑燕樂射獵攻戰紋銅壺、成都百花潭中學十號墓出土的採桑燕飲樂舞射獵攻戰紋銅壺等①爲代表。對於這些具有文獻意義的紋飾圖像資料，學界已經做了不少討論，但是對於圖像的内涵及其性質的認定却没有達到令人信服的程度。

本章擬結合禮書相關内容對這些文獻的禮典内涵作進一步的申説，以期獲得更加具有確定性的結論，從而説明圖像紋飾類的文獻應當作爲出土文獻十分重要的組成部分，爲兩周禮典研究提供了獨特而有價值的信息。

第一節 包山二號楚墓妝奩漆繪"昏禮親迎儀節圖"考

一、對於包山楚墓妝奩漆繪的認識歷史

湖北荆門包山墓地二號楚墓發掘於 1987 年，位於距離戰國楚都紀南城 16 千米的荆門十里鋪鎮王場村包山崗地。經過研究確定墓主人爲戰國楚國貴族左

---

① 這些銅器上的採桑圖，實際上與採桑都没有關係。介紹這些器物時本書仍延用舊名，這些器物的正確定名有賴於對圖像的正確釋讀，在下面的章節中本書將做討論。

尹昭佗，1991 年《包山楚墓》由文物出版社出版，其中披露了一件墓中出土的漆奩，該子母口漆奩的圓形蓋側壁上漆繪了彩色車馬人物，色彩鮮艷，人物形象非常生動。①

由於器物上所繪圖案的内涵可能與先秦禮制相關，漆奩上的彩繪發表後引起學界關注，有多篇文章對此加以探討②。在對漆奩彩繪的分析中，彭德《屈原時代的一幅情節性繪畫——荆門楚墓彩畫〈王孫親迎圖〉》、張聞捷《包山二號墓漆畫爲昏禮圖考》認爲該畫反映的是先秦昏禮，對漆奩的禮典性質作出了正確的判斷。

彭文認爲此圖是"王孫親迎"圖，並且指出全圖所描繪的是先秦婚禮"納采、問名、納吉、納徵、請期、親迎"六禮中的"親迎禮"。由於彭文的主體爲對先秦婚禮的一般性介紹以及對漆奩、漆畫的性狀描述，故没有給出更多證據説明其對圖案性質認定的依據所在。這是本節打算詳加論證的内容。

張聞捷在《包山二號墓漆畫爲昏禮圖考》一文中，首先認爲漆畫中的四個獨立場景反映了周代昏禮中的六項程序，此漆繪表現的是"納采、問名、納吉、納徵、請期、親迎"全部六項先秦昏禮禮典。張文認爲：

---

① 湖北省荆沙鐵路考古隊編：《包山楚墓》，文物出版社 1991 年版。妝奩彩圖見《包山楚墓》（下册），彩版七（Ⅶ'）、彩版八（Ⅷ'）。

② 劉彬徽等 1987 年在《江漢早報》發表了《畫苑瑰寶——"金秋郊遊圖"》，認爲該畫描繪的是楚國貴族在秋天到郊外遊玩的場景；胡雅麗 1988 年在《文物》發表了《包山 2 號墓漆畫考》，認爲該畫可以分爲五段，反映的是先秦聘禮出行和迎賓的場景，因此該漆畫可以稱爲"聘禮行迎圖"，首次將此漆奩彩繪與先秦具體禮典儀節建立起明確的聯繫；崔仁義 1988 年在《江漢考古》發表了《荆門市包山二號墓出土的〈迎賓出行圖〉初論》，認爲該圖可以分爲四段，反映的是大夫間朝觀的禮儀，是聘禮的再現，並將此圖命名爲"迎賓圖·出行圖"；陳振裕 1989 年在《江漢考古》發表了《楚國車馬出行圖初論》，認爲該畫二十六個人物表現的是一個場景，"場面十分壯觀"，是"楚國貴族車馬出行圖"；彭德 1990 年在《文藝研究》發表了《屈原時代的一幅情節性繪畫——荆門楚墓彩畫〈王孫親迎圖〉》，首次將該圖與昏禮禮典中的親迎儀節聯繫起來，認爲畫上有新郎、新娘及媒人等人物，該文未如之前發表的數篇文章對該畫的整個畫面進行儀節分析，而是重點分析了該畫的藝術史價值；胡鶯 2007 年碩士學位論文《包山二號墓漆奩的出行圖像與相關問題研究》同意陳振裕將漆奩圖像定爲"出行圖"，並認爲"出行"與後世"鹵簿"制度相關；張啓彬 2009 年在《湖北美術學院學報》發表了《包山楚簡〈車馬出行圖〉》，對畫中的"樹"和"雁"的意象進行了藝術分析，同意陳振裕的意見，將該圖定爲"車馬出行圖"；張聞捷 2009 年在《江漢考古》發表了《包山二號墓漆畫爲婚禮圖考》，認爲該圖描繪的是士一級的昏禮場景，"漆畫中由樹木分隔爲四個獨立場景，反映了周代昏禮的這六項程序"。

　　此幅漆畫的意義已十分明確，其所反映的正是周代士一級的婚姻之禮，這也正合漆奩作爲燕居之器的性質。從納采至偕歸，做器者爲我們展現了一幅栩栩如生的周代婚事過程，而其與《儀禮·士昏禮》的記載幾乎絲毫無差，更成爲我們瞭解這一制度至爲珍貴的參考。

　　然而，根據一般對《儀禮·士昏禮》所描述的先秦昏禮儀節來看，今人對“納采、問名、納吉、納徵、請期”這五個昏禮禮典的細節並無清晰的瞭解，從文獻角度來説，將一類圖像與昏禮中的前五禮相對應很難獲得堅實證據。

　　其次，張文認爲圖一片段所描繪的是下達、納采、問名之禮（見圖 4-5）。圖二片段，所描繪的是納吉、納徵、請期之禮（見圖 4-4）。顯然，張文沒有正確把握禮典的基本性質，即禮典是在一定時空範圍內進行的一套完整的禮儀演習過程，先秦昏禮六禮的每個禮典，均應當是一套完整的儀程，不可能通過一個圖表現多個禮典的諸項儀節，更難通過一個圖像片段表現多個禮典。考慮到所謂的昏禮六禮其每一儀節都有完整的禮典過程，將妝奩中任何一段畫面指認爲代表“六禮”之一，都是難於説通的。

　　再次，張文將圖 4-5 連接而成的圖案認定爲昏禮中“下達、納采、問名”之禮，將圖 4-4 認定爲昏禮中“納吉、納徵、請期”之禮，將圖 4-2 認定爲“男女相會”之禮，將圖 4-1 認定爲昏禮“親迎”之禮。其中，誤增“男女相會”之禮，此禮不在昏禮六禮之中，使用《周禮·地官·媒氏》賈公彥疏説明“相會”之禮純屬穿鑿。套用《詩經·召南·野有死麕》鄭玄箋作爲昏禮中有此儀節的説明也不可信。無論《詩經》鄭玄箋還是《周禮》賈公彥疏，都是在調和以上文獻中“男女相會”之儀不見於禮書昏禮相關篇目的矛盾，將它們强行安排在《儀禮》《禮記》所未述及的昏禮儀節之中。故這些是不足爲據的。

　　根據以上的分析，張文對包山楚墓妝奩漆繪的禮儀性質分析的出發點産生了重大偏差，並且張文也沒有準確把握到先秦昏禮儀節的重要特徵，故張文對妝奩漆繪分析的結論無法令人信服。

　　我們認爲漆繪圖像所描述的顯然只是“親迎禮”這一個昏禮禮典，諸圖像片段所描繪的是這一禮典過程的不同儀節場面，漆繪較爲完整地表述了作爲昏禮最重要的禮典——“親迎禮”的主要過程。

二、包山楚墓妝奩圖案的構圖説明

　　以往的研究中，對包山二號楚墓妝奩圖畫的細節已經有了一定認識。該圖是環繞在圓形漆奩周邊的一幅連續圖畫，確定圖畫分爲幾個畫面，哪個畫面是起點，哪個畫面是終點，對於認識畫面的禮典性質有着重要的作用。根據之前的研究，多數文章已經指出，漆奩連環畫面是依靠幾棵大樹作爲整個畫面的分隔標誌，被大樹分隔之後，整個畫面分爲五個區域。其中有一個區域兩棵大樹之間的距離非常接近，其間只有奔跑着的一隻狗和一頭豬，剩餘四個畫面皆有人物和動物，對這四個畫面所表現的禮制內涵爭議較多。①

在這幾段繪圖中除了少量出現的狗和豬以外，反復出現的動物圖像就是在天上的大雁。在《儀禮》中用雁的禮典只有兩類，一是卿大夫間相見用作"摯"的雁，另一就是昏禮中用雁，《儀禮·士昏禮》賈公彥疏："昏禮有六，五禮用雁：納采、問名、納吉、請期、親迎是也。"關於雁的意象與該圖禮節性質的關聯，張文已經關注，並在文章中做了明確的論述，② 這是明確該圖禮典性質的一個重要標誌。

包山二號墓漆彩繪圖見圖4-1~圖4-5。③

圖4-1　包山二號墓漆奩彩繪第一段描圖

圖4-2　包山二號墓漆奩彩繪第二段描圖

彭文對妝奩圖案做了白描，將其認定的《王孫親迎圖》以六個畫面做了描

---

① 胡雅麗：《包山2號墓漆畫考》，《文物》1988年第5期，第30頁。

② 張聞捷：《包山二號墓漆畫爲婚禮圖考》，《江漢考古》2009年第4期，第79頁。

③ 描圖圖釋引用的是彭德《屈原時代的一幅情節性繪畫——荊門楚墓彩畫〈王孫親迎圖〉》(《文藝研究》1990年第4期) 文中的手描圖，由李競博同志重繪，圖序根據本書認定的昏禮禮典親迎順序從先到後排放。

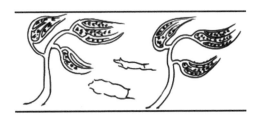

圖 4-3　包山二號墓漆奩彩繪第三段描圖

圖 4-4　包山二號墓漆奩彩繪第四段描圖

(1)左

(2)右

圖 4-5　包山二號墓漆奩彩繪第五段描圖

圖。彭文沒有對六個畫面作禮典性質的描述，也沒有對六個畫面的先後順序做相應的討論。按照以樹作爲分隔畫面的原則，圖 4-5(1)、圖 4-5(2)應爲同一畫面的左半和右半，故五棵樹將妝奩彩繪分隔爲五個畫面。有豬和犬的畫面明顯比圖 4-5(1)、圖 4-5(2)所合成的畫面要小很多。由於畫面中的不少人物是重復出現的，故將這些畫面理解爲同一禮典的不同儀節，比將這些畫面理解爲同一活動的全景場面要合適得多。因此，釐清不同畫面的順序及人物關係是弄清整個妝奩圖案內容的關鍵點。

如果按照張文的安排，昏禮六禮的進行順序是沿着妝奩向右旋轉逐步展開的，昏禮六禮各儀節的展開與圖中馬車以及豬犬的奔跑方向相反，這與一般人的讀圖習慣並不相符。最重要的是，張文花了不少筆墨描述圖中的人物服飾、車馬器物，然而張文所繪圖一、圖二究竟與昏禮的"下達、採納、問名"、圖三與"納吉、納徵、請期"、圖四與"親迎、攜歸"這些重要儀節中的標誌性名物到底有什麼關聯，張文沒有給出實質性的證據。可見，張文作出昏禮六禮與該圖具有對應性關係的結論具有很大的隨意性。

由於妝奩上的各段圖案按照禮典儀節的順序排佈是最爲自然的"連環畫"敘事手法，故將妝奩上某個畫面作爲首個畫面確定下來，就能排佈出後面畫面的順序。本書認爲在彭文描圖的圖示中，圖 4-1 是整個圖案的首畫面。首畫面的左側是第二個畫面，依次向左是第三、第四、第五個畫面。也就是說沿着妝奩向左旋轉的過程，就是昏禮禮典親迎儀節依次開展的順序。這與圖中馬車、豬、犬行進的方向是一致的。彭德所繪的圖案沒有根據妝奩上的排佈順序來確定描圖的序號，故本書根據這個順序對描圖的編號做了調整。

考慮到以上所謂的昏禮六禮其每一儀節都有完整的禮典過程，將妝奩中任何一段畫面指認爲代表"六禮"之一，都是很難說通的。

三、"親迎"與"驅"

本書認爲，圖 4-1、圖 4-2、圖 4-3、圖 4-4、圖 4-5 四個連續的畫面，所表現的就是士昏禮"親迎"儀節的四個場面，是昏禮"親迎"當天所要經歷的四個環節，這些場面是沿着漆奩向左旋轉依次展開的。

畫面一（圖 4-1）表現的是新婦家主人備禮等待其"新壻"光臨"親迎"本家"新婦"的場面。畫面中兩位左側站立的男子爲新婦家之主人（新婦的父親）及從者，三位右側站立的女子是將要出嫁的女兒、其姆以及女從者。《儀禮·士昏禮》在昏禮當天一開始即是對此場景的描述：

> 主人爵弁，纁裳緇袘。從者畢玄端。乘墨車，從車二乘，執燭前馬。婦車亦如之，有裧。至於門外。……女次，純衣纁袡……姆纚笄宵衣，在其右。女從者畢袗玄，纚笄，被纚黼，在其後。

所謂"次"，《儀禮·士昏禮》鄭玄注："次，首飾也，今時髲也。《周禮·追師》掌'爲副、編、次'。"《說文》："髲，鬄也"，"髲""鬄"在《說文》中互訓，就是假髮的意思。也就是說，新娘在出嫁當天是要戴假髮的，圖中女性皆頭戴似冠而非冠的頭飾，應該表現的是"次"一類的首飾。

畫面二(圖4-2)所描述的是在新婦家行禮完畢之後，主人送"新壻"出門，"新壻"向主人告別的場面。圖中較畫面一(圖4-1)新增的兩位頭戴冠飾的男性正是前來迎娶"新婦"的"新壻"及其從者。此時新婦已經站在前述"新壻"爲其準備的婦車上，也就是畫面二(圖4-2)中最右側的車。畫面一(圖4-1)中的三位女性在畫面二(圖4-2)中只剩兩位，另一位站車上，顯然就是"新婦"。《儀禮·士昏禮》對這一環節如此描述：

> 主人玄端迎於門外，西面再拜，賓東面答拜。主人揖入，賓執鴈從。至於廟門，揖入。三揖，至於階，三讓。主人升，西面。賓升，北面，奠鴈，再拜稽首，降，出。婦從，降自西階。主人不降送。

由於整個妝奩彩繪都簡化了對宮室的描寫，故新婦家主人是否在門外送別"新婦"及"新壻"已經無從考察。然而根據前面所述人物增減的情況，可以認定這幅畫面表示了從"壻"到來一直到"新婦"登車、"新壻"告別主人(新婦的父親)的過程。需要說明的是《儀禮·士昏禮》中"新壻"來迎接"新婦"時，"新婦"的母親並不出面，故與新婦並立的是其"姆"與"女從者"。《儀禮·士昏禮》："壻授綏，姆辭曰：未教，不足與爲禮也。"鄭玄注："姆，教人者。"《左傳·襄公三十年》："宋伯姬卒，待姆也。"杜預注："姆，女師。"如果"新婦"的母親也在場，其與"新婦"的尊卑不同，自然不會與"新婦"站成一行。從這點上說，畫面一(圖4-1)、畫面二(圖4-2)所示與禮書完全吻合。

畫面三(圖4-4)表現的是整個妝奩圖案中與禮書切合最爲緊密的一個儀節，即"新壻"爲"新婦""驅"，這是之前論者皆沒有加以關注的核心問題。《儀禮·士昏禮》記述，在"新壻"出主人家門之後，要登車行一項只有士昏禮才具備的儀節，即"驅"。所謂"驅"指的是"新壻"爲了表示對"新婦"迎娶的誠意，要親自駕車，使得車輪旋轉三周，以表示自己親自爲"新婦"駕車，之後方由御者代替他真正地爲"新婦"駕車歸新壻家。故《儀禮·士昏禮》在"新壻"告別"新婦"家主人之後，說：

> 壻御婦車，授綏，姆辭不受。婦乘以几，姆加景，乃驅。

　　畫面中站在車上最左側的就是"新壻"，"新壻"後背對着畫面的是第二幅圖中的"新婦"，"新婦"其右還有一人當是"從者"。車下一人應該就是準備代"新壻"馭車的"御者"。此車正是"新壻"爲"新婦"準備的婦車。畫面三(圖4-4)所表現的這個場面，正是親迎之禮中最具標誌性的一個環節，包山二號墓妝奩圖案的性質也因爲這個畫面完全被揭示出來，並且與《儀禮·士昏禮》緊密扣合。

　　畫面四(圖4-5)所表現的是"新壻"在"驅"新婦之車後，登上自己的車，"新壻"之車在前、"新婦"之車在後，"新壻"迎"新婦"一同歸家的宏大而歡樂的場面。畫面最左側的人物應該即是"新壻"家中的僕隸，他的出現表現了"新壻"已經到家。《儀禮·士昏禮》在"新壻"驅車之後緊接着説：

　　　　御者代。壻乘其車先，俟於門外。婦至，主人揖婦以入。

此處"主人"指的就是"新壻"。可見，此畫面所要表達的禮典特徵正是"新壻"比"新婦"先到，這樣"新壻"才能在家門口迎接"新婦"的到來。畫面上的車有兩輛，其中一輛即是"新壻"之墨車，後面一輛是"新婦"的婦車，兩輛車上中間所站立的就是"新壻"和"新婦"，車下隨車奔跑着的就是隨"新壻"去迎接"新婦"的從者以及跟隨"新婦"來到"新壻"家的"媵"和"御"。

　　至此爲止，整個昏禮成昏之前的"親迎"儀節全部完成。

　　根據上述分析，圖中男性所戴的冠飾應當就是士昏禮所述的"爵弁"，整個妝奩彩繪中區分男女性別的標誌仍然是頭飾，這使得區別圖繪中的男女性別很容易，毫不相雜。張文由於錯誤地認定了彩繪中的人物關係，故雖然也舉了禮書中關於頭飾、車飾的一些特徵，但與該圖聯繫起來都顯得比較牽強。

　　包山二號墓妝奩中描繪的幾乎所有女性從始至終都是背對畫面的(除圖4-2右側女子)，其餘人物根據本書的認定皆爲男性。很難區分妝奩中男性之間的頭飾及服飾上的差別，也很難區分女性在頭飾及服飾上的差別。對他們強作分別，反而違反了對繪圖文獻研究所應具備的科學態度。繪圖者只需要通過最少的變化即能突出整個畫面的禮儀特徵，這是圖像類文獻的共同特點。

四、包山楚墓妝奩畫面的禮典性質

　　根據以上的分析，包山二號楚墓妝奩的畫面所表現的就是《儀禮·士昏禮》中"新壻"與"新婦"在成昏儀節之前，"新壻"至"新婦"家"親迎"儀節的四個先後相續的環節。《儀禮·士昏禮》對這個過程的描述總共一百餘字，而包山楚墓妝奩彩繪的四個分場景幾乎將這一百餘字所描述的"親迎"環節按照順序完全表述出來，其中尤其值得注意的是其對"新壻"驅"新婦"之車的場面也進行了專圖描繪，從而將這個妝奩畫面的經典昏禮性質表露無遺。

此圖所繪人物幾乎均可以與《儀禮·士昏禮》所述親迎儀節中的人物對應。如果說該圖只是對楚國禮俗的表現，則大大低估了該圖作爲"經典文獻"的價值。該圖描繪昏禮親迎場面的方式，可能是先秦時代表述昏禮的一種經典模式，其關鍵在於對禮典特徵的表達。只有抓住整個畫面所表達禮典的重要特徵信息，才能真正認識該畫面的禮儀性質。圖像文獻研究的關鍵在於找到特徵圖案，而不是尋找相似圖案之間的微小差別，這些微小差別可能由於研究者的主觀意願被放大，從而影響了整個研究的客觀性。

可以推想，這組圖像是戰國時代的工匠依據當時經典中禮典舉行的規範，在器物上對這組禮典儀節進行的繪製。工匠們很可能並不具有禮典相關的知識，這些圖像並不是工匠們憑空的藝術創作，而是他們在一定的繪圖範式下長期傳承形成的一套固定的圖繪敘事模式①。包山二號墓漆奩彩繪的"昏禮親迎儀節圖"對於理解戰國時代諸多禮儀性質的圖案具有重要的文獻價值。

第二節　射禮禮典與嵌錯刻紋銅器圖案辨誤

春秋後期開始，青銅器嵌錯及綫刻工藝逐步恢復和發展了起來(與商代青銅器鑲嵌工藝相對應)。② 這種工藝除表現花草、走獸、鳥禽等主題之外，還有一類引人注目的主題，即表現當時貴族宴會、禮射、採桑、田獵、水陸作戰的禮儀和史事場面。這些畫面由於主題突出，不同器物紋飾的圖案之間又往往存在着局部或者整體上的雷同，故很早就引起了研究者的注意。國內含有這類圖像的青銅器代表作有故宮博物院收藏的採桑燕樂射獵攻戰紋銅壺、上海博物館收藏的採桑燕樂射獵攻戰紋銅壺、成都百花潭中學十號墓出土的採桑燕飲樂舞射獵攻戰紋銅壺(三器物圖案見節後附圖4-7、圖4-8、圖4-9)等，下面試説這類圖像文獻的禮典性質。

---

① 這或與藏地唐卡的繪製有一定的相似性。畫師並不屬於知識階層，對所繪内容的全部含義並不清楚。由於技法的傳承，畫師對禮典特徵的特殊描繪方式會逐步固化爲模式化的表現手法。

② 馬承源：《漫談戰國青銅器上的畫像》，《文物》1961年第10期，第26頁。

一、嵌錯刻紋銅器與射禮圖案

李學勤在《試論百花潭嵌錯圖象銅壺》中提出“圖左張設著侯。……按周代奴隸主階級的禮制，有所謂‘禮射’”，並對銅壺上的圖案屬性做了分層分析，指出了圖中與射禮相關的“唱獲者”“釋獲者”等人物。① 其後劉雨在《西周金文中的射禮》附錄《射禮圖像》中列舉了上海博物館藏宴樂射侯銅榰杯、成都百花潭中學十號墓銅壺、故宮博物院藏燕射畫像壺三個銅器的圖案作爲射禮的圖像說明，並簡單對圖案做了射禮的解釋。② 劉建國在《春秋刻紋銅器初論》中，對刻紋銅器圖案中的禮射建築、鼎、飲具、侯等器物以及人物的冠飾、髮式的屬性做了說明。③ 武紅麗在 2008 年發表的碩士學位論文《東周畫像銅器研究》中詳細收集刻畫圖案的銅器，並對圖案做了簡要的說明。其中對有射侯圖案的銅器也做了詳盡收錄，不過文章對含有射禮的圖案都沒有做圖釋。④ 袁俊傑在2010 年發表的博士學位論文《兩周射禮研究》對所有涉及射禮圖案的銅器做了詳細的器物說明，並對圖案中與射禮有關的人物角色及器物內涵做了檢討，將與禮書有關的內容做了專門的標識，是迄今爲止對銅器刻畫圖案中關涉射禮內容最深入的討論。⑤

相較於劉雨的初步說明，袁俊傑對射禮相關嵌錯刻紋銅器圖案的討論更爲深入，深化了我們對這些圖案禮制內涵的理解，並且爲進一步討論這些圖案的禮典屬性提供了良好的基礎。不過，袁文對這些圖案禮典屬性的分析，存在着一些根本性的誤判。爲了糾正這些錯誤，必須對袁文中沒能正確認識的人物關係和器物屬性重新加以討論。

二、採集場景爲製弓矢圖辨析

故宮藏銅壺、上博藏銅壺以及成都百花潭銅壺畫面基本構圖非常接近，除了壺蓋以外，壺身的圖案都分爲三層，第一層是射侯及“採集圖”（實爲製弓圖），第二層是飲樂及狩獵圖，第三層爲水陸攻戰圖。

---

① 李學勤(筆名杜恒)：《試論百花潭嵌錯圖像銅壺》，《文物》1976 年第 3 期，第48~49 頁。

② 劉雨：《西周金文中的射禮》，《考古》1986 年第 12 期，第 1119~1120 頁附錄。

③ 劉建國：《春秋刻紋銅器初論》，《東南文化》1988 年第 5 期，第 84~86 頁。

④ 武紅麗：《東周畫像銅器研究》，中央美術學院碩士學位論文，2008 年。

⑤ 袁俊傑：《兩周射禮研究》，河南大學博士學位論文，2010 年。袁俊傑博士學位論文於 2013 年 11 月以相同名稱在科學出版社出版。

關於以上這些圖案的相互關係，以及圖中所表現的具體事物，一直以來討論繁多。由於圖案第三層的水陸攻戰圖描繪的是攻城的景象，歷來没有什麼異説，對於認定圖案中第一、二層的射禮屬性不能提供特别的信息，故在此不做深入探討。需要關注的是，故宫藏銅壺、上博藏銅壺以及成都百花潭銅壺的水陸攻戰畫面的構圖非常相似，所描畫的陸路攻城角度都是從城墻一角展開，水路作戰的模式也頗爲相近。由此提示我們，這三幅圖案可能都是在一種固定模式的繪畫基礎上形成的，另外兩層所表現的射禮屬性也應該是一致的。由於摹本的細節僅略有差異，討論其中任何一個畫面得出的結論，都可以在其他兩個壺的畫面中適用。

第一層、第二層圖案中，建築物居於核心位置。劉雨認爲上博藏銅椭杯（圖案見節後附圖 4-10）的建築爲一組閣樓，成都百花潭銅壺的建築爲“射廬”、故宫藏銅壺的建築也爲“射廬”。袁俊傑認爲成都百花潭銅壺、故宫藏銅壺、上博藏銅椭杯行射的建築皆爲“射廬”，亦稱“射宫”。通過圖像對比可知，故宫藏銅壺、上博藏銅壺、成都百花潭銅壺、上博藏銅椭杯的四種建築爲同一種建築，其建築結構頗爲相似，區分行偶射的區域和等候行射的區域的上下分割綫均爲長方形格條。所不同的是，唯有上博藏銅椭杯表現出了臺階，故宫藏銅壺、上博藏銅壺以及成都百花潭銅壺都没有特别表現臺階。這應該是由於做了省略處理的緣故。這些銅壺紋飾上的格條與其他刻紋銅器上用以區分上下兩層的屋檐明顯不同，這種同構性説明了故宫藏銅壺、上博藏銅壺、成都百花潭銅壺與上博藏銅椭杯的建築一樣，不是一幢二層閣樓建築。

袁俊傑認爲這種建築是一種高臺建築，有臺階可供上下，無墻壁和門窗。並舉《春秋公羊經傳解詁》“無室曰榭”徐彦疏：“云‘無室榭’者，但有大殿無室内名曰榭”，進而將圖上該建築認定爲“宣榭”，亦即“射廬”。① 劉健國也將這類建築認定爲“兩層重屋式”，但他已經認識到“底層結構還有兩種情形”，一種情形“即若兩側附設臺階通向上層，則底層頂側不見有短檐飛出，室内一般無人”，另一種情形“如果兩側不設臺階，底層頂側有短檐飛出，室内有人物活動”。② 故宫藏銅壺、上博藏銅壺以及成都百花潭銅壺都是屬於劉文所列的第一種情況。從《儀禮》來看，所有行禮的場所只有堂上、堂下之分，上堂、下堂都是通過上下“階”完成的，因此將這些圖案中的建築認定爲二層建築或者高臺建築的“射廬”都没有堅實的根據。

---

① 袁俊傑：《兩周射禮研究》，科學出版社 2013 年版，第 296~297 頁。
② 劉建國：《春秋刻紋銅器初論》，《東南文化》1988 年第 5 期，第 85 頁。

　　袁文將故宮藏銅壺、成都百花潭銅壺畫面認定爲"鄉射禮"，是因爲圖案的第一層、第二層在"射盧"之外有所謂"採桑圖"和"田獵圖"。根據後文的分析，將這兩個畫面認定爲表現春秋二季不妥當，故以此説明上述二器的圖案屬於"鄉射禮"的性質也不能成立，圖中建築也就不可能是"射盧"了。根據《周禮·地官·州長》云"春秋，以禮會民而射於州序"，歷代注家均認爲鄉射禮的舉辦地點在"序"之中。依據《儀禮·鄉射禮》的記載，即使鄉射禮在"序"中舉行，"序"的形制也應與《儀禮》中最常見的"宮""廟"性質大體相當，並無二致。將圖中的二層建築定名爲"射盧""宣榭"，實無意義。銅壺所表現的建築樣式就是《儀禮》中常見的宮室、宗廟佈局，並不能從圖上看出更多的特徵信息。

　　由於袁文將主體建築外的"採桑""狩獵"圖作爲其認定第一層、第二層圖案屬性的關鍵證據，因此有必要對主體建築之外的這兩個部分先做一説明。李學勤在《試論百花潭嵌錯圖像銅壺》一文中對第一層圖案外的"採桑"圖做過精確的分析。他指出"類似圖像過去多名之爲'採桑'……甚或與所謂后妃躬桑聯繫起來，似乎是難於解釋的"。李文給出了兩個重要的理由，一是"畫面中居主要位置的是男子，不是攜筐採葉的婦女"，二是"地上陳放着獵獲的禽獸"，三是"畫面中的男子，有的以手中的弓示於樹上的婦女，有的用手或口扯弦，他們可能是在選取弓材"，並認爲圖像中的樹可能是一種專門用來造弓的"柘"樹。[①] 細審畫面，李學勤所説的三個理由都很有道理。不過李文沒有把這些問題完全聯繫起來，故爲"採桑"説留有了餘地。

　　《考工記·弓人》對先秦時代治弓的基本材料做了較爲詳細的記載。首先，取弓干時"取干之道七：柘爲上，檍次之，檿桑次之，橘次之，木瓜次之，荊次之，竹爲下"。其中"柘"的特徵李文描述爲"其樹一般比桑樹矮，葉多爲全緣，不裂，與桑葉邊緣有鋸齒。……圖中的樹葉全緣無裂"。因此李文將圖中的樹認作"柘"，男女工人在圖中攀援在樹上就是爲了選定弓材，有的持弓，有的持箭。上博藏銅壺中所謂"男女授受"者，二人所持正是一根箭桿，其中男子手指樹梢，或許就是告訴女子該選取何種木材。這對男女形象在三幅圖案中皆有，並處於"採集圖"的中央，正爲了説明這幅圖案的屬性。

　　故宮藏銅壺、上博藏銅壺的"採集"圖中地下有飛鳥和野獸，《左傳·隱公

<hr />

　　① 李學勤(筆名杜恒)：《試論百花潭嵌錯圖像銅壺》，《文物》1976 年第 3 期，第 49 頁。

五年》："鳥獸之肉不登於俎，皮革、齒牙、骨角、毛羽不登於器，則公不射，古之制也。"可見，走獸和飛鳥不是用來食用的，而其皮革、齒牙、骨角、毛羽正是用來製器的。《考工記·弓人》有"筋也者，以爲深也"，又"凡相筋，欲小簡而長，大結而澤。小簡而長，大結而澤，則其爲獸必剽"，"凡居角，長者以次需。恒角而短，是謂逆橈"。《考工記·矢人》有"參分其長而殺其一，五分其長而羽其一，以其笴厚爲之羽深"。可見圖案中地上陳設的鳥獸也是製作弓矢的重要原料。與其說它們被陳放在地上是表示獵獲，不如說它們是製作良弓利矢的天然美材。正因爲該畫面描述的是製弓選材的主題，故畫面的主角自然不是婦女，而是《考工記》中所述的"弓人""矢人"，或者爲"弓人""矢人"提供原材料的下級僕隸。因此，這部分的畫面應該被稱爲"製弓矢圖"更爲恰當。成都百花潭銅壺的"製弓矢圖"雖然沒有鳥獸，但是以人物動作表示爲弓矢選材則與另兩幅圖完全一樣，因此其畫面屬性也是相同的。

將以上的分析作爲一個定點，袁文認爲該圖表現的是春季採桑就無法成立了，因而與其對舉的第二層主體建築之外的秋季狩獵圖也不能成立。其根據《周禮·地官·州長》認爲這組圖像表現的是春秋兩季鄉射禮就無從談起了。

三、漁獵場景爲澤射圖辨析

故宮藏銅壺、上博藏銅壺第二層主體建築之外的畫面表現的是漁獵場面並沒有異議。圖中對先秦時代捕鳥的主要方式"弋射"①以及捕魚的主要方式"漁射"進行了生動的描繪。在畫面中還有一排站在岸邊的水鳥，這些水鳥應該也是用來捕魚的，以水鳥來捕魚是先秦漁獵中的一種主要手段。成都百花潭銅壺圖案中雖然只有"弋射"，沒有"漁射"，也沒有捕魚的水鳥，其表現的內涵應該仍與故宮藏銅壺、上博藏銅壺圖案相一致。

筆者認爲"弋射"與"漁射"在圖案中表現的內涵與"製弓矢圖"一致，是整個射禮禮典的組成部分。"弋射"的主要對象是"鴈"，《左傳·哀公七年》有"曹鄙人公孫彊好弋，獲白鴈，獻之，且言田弋之說"的記載，可見"弋射"主要就是爲了捕鴈。由於《儀禮·鄉飲酒禮》以及《儀禮·鄉射禮》中並沒有提及"魚""鴈"的內容，而在《儀禮·聘禮》中有"卿、大夫勞賓，賓不見。大夫奠

---

① 關於"弋射"的內容，可參看叢文俊：《弋射考》，吉林大學考古系編：《青果集——吉林大學考古專業成立二十周年考古論文集》，知識出版社1993年版。又，叢文俊：《古代弋射與士人修身》，《中國典籍與文化》1995年第4期，第35~39頁。

鴈再拜，上介受"，又有"有司入陳。……牛、羊、豕、魚、臘，腸、胃同鼎，膚、鮮魚、鮮腊，設扃鼏"，説明在聘禮中使會用"鮮魚"及"鴈"。《儀禮·聘禮》："大夫奠鴈再拜，上介受。"孔穎達疏云：

> 《周禮·秋官·掌客》云："凡諸侯之禮，上公五積"，卿皆見以羔；"侯伯四積"，卿皆見以羔。是主國之卿見朝君皆執羔。引之證主國卿見聘，客不得執羔，與大夫同用鴈，不見朝君故也。

"鴈"是卿大夫相見時使用的"摯"，用"鴈"是大夫以上貴族身份的標誌。由此，銅壺圖案中的"鴈"和"魚"，可能都是諸侯間朝聘禮中常用的備物。

《論語·八佾》："子曰：'射不主皮，爲力不同科，古之道也。'"馬融注云："射有五善焉：一曰和志，體和；二曰和容，有容儀；三曰主皮，能中質；四曰和頌，合雅頌；五曰興武，與舞同。"又云："天子三侯，以熊、虎、豹皮爲之，言射者不但以中皮爲善，亦兼取和容也。"説明射禮除了有"主皮"的考察標準之外，還有"和志""和容""和頌""興武"①等重要考核內容，經典禮射的禮儀性質十分明顯。

《儀禮·鄉射禮》："禮射不主皮。"鄭玄注："禮射，謂以禮樂射也。大射、賓射、燕射是矣。不主皮者，貴其容體比於禮，其節比於樂，不待中爲備也。"此注説明禮射不主皮，而主於禮。又有主皮之射，《鄉射禮》："主皮之射者，勝者又射，不勝者降。"鄭玄注："言不勝者降，則不復升射也。主皮者無侯，張獸皮而射之，主於獲也。"也就是説，除了《儀禮》所記的鄉射禮、燕射和大射之外，還有一類在宮室舉行的主皮之射，主皮之射無侯，而直接張獸皮射之，以所獲多少爲勝負。鄭玄引《尚書傳》"戰鬭不可不習，故於蒐狩以閑之也"，注云"閑之者，貫之也。貫之者，習之也"。以此説明主皮之射的意義。鄭注又云：

> 凡祭，取餘獲陳於澤，然後卿大夫相與射也。中者，雖不中也取；不中者，雖中也不取。何以然？所以貴揖讓之取也，而賤勇力之取。嚮之取也於囿中，勇力之取也。今之取也於澤宮，揖讓之取也。澤，習禮之處，非所於行禮，其射又主中，此主皮之射與？

---

① "武"，正平本作"儛"。"興武"亦可理解爲"興舞"。

　　鄭注認爲祭禮中，在園囿獲取獵物之後，有"取餘獲陳於澤"，然後"相與射"的禮典，此射禮可能是所謂的"主皮之射"，此射仍具有"揖讓之取"的禮儀屬性，即"中者，雖不中也取；不中者，雖中也不取"。並進一步說"所以貴揖讓之取也，而賤勇力之取。嚮之取也於囿中，勇力之取也"。

　　可見，鄭玄將射禮區分爲三類，一是在園囿中的主勇力之射，主獲而最質；二是在澤宮的主皮之射，主中而稍文；三是在射宮的不主皮之射，重禮而最文。因此賈公彥疏云：

　　　　鄭言此者，證此是禮射，與主皮異也。若然，天子有澤宮，又有射宮，二處皆行射禮者，澤宮之內有班餘獲射，又有試弓習武之射，若西郊學中射者，行大射之禮，張皮侯者是也。澤宮中射，將欲向射宮，先向澤宮中試弓；習武之射，此習武之射無侯，直射甲革椹質，故《司弓矢職》云："王弓弧弓，以授射甲革椹質。"而注引《囿人職》曰"射則充椹質"是也。

　　鄭玄之後的主流禮家多認爲在射宮之射前，有澤宮之射。《禮記·射義》云："天子將祭，必先習射於澤。澤者，所以擇士也。已射於澤，而後射於射宮。射中者得與於祭；不中者不得與於祭。不得與於祭者，有讓削以地，得與於祭者，有慶益以地，進爵、紬地是也。"鄭玄注云："澤，宮名也。士，謂諸侯朝者，諸臣及所貢士也。皆先令習射於澤，已乃射於射宮，課中否也。諸侯有慶者先進爵，有讓者先削地。"

　　《禮記·郊特牲》云："卜郊，受命于祖廟，作龜于禰宮，尊祖親考之義也。卜之日，王立于澤，親聽誓命，受教諫之義也。"鄭玄注云："澤，澤宮也，所以擇賢之宮也。既卜必到澤宮，擇可與祭祀者，因誓勑之以禮也。《禮器》曰：'舉賢而置之，聚衆而誓之。'是也。"孔穎達疏云："澤，澤宮也。王在於澤宮中，於其宮以射擇士，故因呼爲澤宮也。王卜已吉，又至澤宮射，以擇賢者爲助祭之人，故云'王立於澤'也，《禮器》云'舉賢而置之'是也。然王者獵在囿，而主皮射亦在澤。"

　　《郊特牲》又云："獻命庫門之內，戒百官也。大廟之命，戒百姓也。"鄭玄注云："王自澤宮而還，以誓命重相申勑也。庫門，在雉門之外，入庫門則至廟門外矣。大廟者，祖廟也。"孔穎達疏云："云'王自此還齊路寢之室'者，卜法必在祭前十日，《祭義》云：'散齊七日，致齊三日。'又云'七日戒，三日齊。'"賈公彥疏《鄉射禮》云："王自此還齋路寢之室。若然，卜日在澤宮，又至射宮，皆同在旬有一日，空十日，故後日乃齋也。"賈公彥認爲，卜日先在澤宮射，而數日後又至射宮射，以此來取與祭之人。由此，無論鄭玄、孔穎達、賈公彥皆以"澤宮"釋"澤"，認爲在澤宮有一系列"澤射"的禮典。

回到嵌錯紋銅壺的紋飾看，在射宮建築旁邊的一組貴族弋射和漁射的圖案，應該就是上文所引的禮典環節"澤射"——在水澤岸渚之射。所不同的是紋飾中的"澤射"看不出有禮射的性質，主要就是以射獵魚鴈爲主。這類射禮在早期出土的金文文獻和傳世文獻中多有記載，如商代作册般銅黿、西周靜簋銘文所述的射禮，又如《春秋》經文"公矢魚於棠"，都是這類射禮禮典的遺存，我們應當把這類禮典都命名爲"澤射"。

從射禮的來源看，以所獲多少爲主要考察標準的"澤射"，就是後來射宮之射的禮儀原型，這從經典射禮中射侯所象的動物即可看出其中的源流關係。戰國時代的"澤射"文獻、圖案遺存，正是溝通商代晚期、西周早中期射禮與經典射禮的關鍵證據，據此可以觀察早期射禮是如何被改造和吸收到經典射禮之中的，射禮的禮義是如何擴充和發展的。

雖然鄭玄將"澤射"理解爲"澤宮之射"，可能是出於禮家的充實附會，但從《禮記·郊特牲》及相關注釋看來，戰國、秦漢時代，認爲在射宮之射前，存在澤射這一禮典環節，是當時學者的普遍認識，這種認識反映在了嵌錯紋銅壺圖案之上。因此，嵌錯紋圖案所謂的"漁獵紋"，其實表現的是射宮之射的前一禮典環節——"澤射"（經典注釋家稱爲"澤宮之射"）。此射以"主獲""主皮"爲主旨，以此來確立"射宮之射"的人選，包含着濃厚的"擇賢"意味。"擇"與"澤"上古同音，依據注疏的分析，是"澤射"名稱之所以確立的聲音方面的重要原因。

聯繫嵌錯紋圖案下部的攻城畫面，並將"澤射""宮射"與《儀禮·鄉射禮》的"擇賢"內涵關聯起來，我們傾向於整幅畫面表現的是擇賢、取士、立功的叙事模式，也就是通過射禮演習講武擇取賢士，再派遣其征伐敵國，最終取得軍事勝利的完整過程。

四、"中""不勝者飲"與射禮禮典

在分析了銅壺第一層、第二層主體建築之外的圖案內容之後，下面重點揭示主體建築內所表達的禮典內涵。前文已經說明，該建築並不是二層結構，也不是所謂高臺，其建築的上層下層表現的就是"堂上"與"堂下"的關係。由於燕射在國君寢宮舉行，其形制與《儀禮·鄉射禮》所述之"序"當無大的區別，所以在後面的討論中不再具體指出行禮的具體場合，皆以《鄉射禮》所論的建築佈局爲準。

《儀禮·鄉射禮》中"上""中""下"耦中的某一耦在耦射時,其他兩耦都等於堂下不升階。《鄉射禮》有:

> 上耦揖進,上射在左,並行;當階,北面揖;及階,揖。上射先升三等,下射從之,中等。上射升堂,少左;下射升,上射揖,並行。

這對於圖案中第一層人物分別處於堂上、堂下的位置關係是很好的説明。袁俊傑已經指出:"(堂上)第一人爲釋獲者,堂上兩人爲一耦,堂下四人正爲兩耦。"①《儀禮·大射儀》:"遂比三耦。"賈公彦疏:"則天子、諸侯例同三耦,一侯而已,以其燕私,屈也。若卿大夫士例同一侯三耦,略言之數,備《禮記·射義》也。"照賈公彦的説法,燕射無論什麽級別,都是三耦一侯,正與圖案相對應。

二層圖像中臺階下的人物皆爲鐘、磬、笙、鼓的演奏者,這些人物所在的位置《儀禮·鄉射禮》中有詳細的記載:

> 席工於西階上,少東。樂正先升,北面立於其西。工四人,二瑟,瑟先,相者皆左何瑟,面鼓,執越,内弦。右手相,入,升自西階,北面東上。工坐。相者坐授瑟,乃降。笙入,立於縣中,西面。

根據以上的描述可知,在鄉射禮奏樂之時,只有瑟工在堂上彈奏瑟,鐘、磬、笙、鼓皆在堂下。《儀禮·大射儀》對這些樂器的排佈有更清晰的描述:

> 樂人宿縣於阼階東,笙磬西面,其南笙鐘,其南鑮,皆南陳。建鼓在阼階西,南鼓,應鼙在其東,南鼓。西階之西,頌磬東面,其南鐘,其南鑮,皆南陳。一建鼓在其南,東鼓,朔鼙在其北。一建鼓在西階之東,南面。簨在建鼓之間,鼗倚於頌磬西紘。……乃席工於西階上,少東。小臣納工,工六人,四瑟。僕人正徒相大師,僕人師相少師,僕人士相上工。

可見,雖然大射的樂器比鄉射複雜得多,但其基本格局仍是堂上爲瑟,堂下爲鐘、磬、笙、鼓,這與鄉射禮並無太大區別。在第二層圖案中,所用的樂

---

① 袁俊傑:《兩周射禮研究》,科學出版社 2013 年版,第 300 頁。

器有鐘、磬、笙、鼓，對除了彈瑟的瑟工和樂正以外的樂工都做了描繪①。

袁俊傑將故宮藏銅壺第一層畫面主體建築與第二層畫面主體建築所描繪的禮典內涵，理解爲"三耦射侯"的場面以及"三耦射畢勝者飲不勝者罰爵"的場面，無疑是正確的。即第一層所描述的場面與第二層所描述的場面是同一射禮禮典中的兩個儀節②。

成都百花潭銅壺圖案是在故宮藏銅壺及上博藏銅壺經典圖案的基礎上有所損益得來的，即增加了第二層的"三耦競射"圖案而省去了"漁射"圖案，並且"製弓矢圖"中沒有鳥獸形象。由於銅壺的壺身是圓形的，故製圖者爲了填滿整個帶狀壺壁，調整了組成圖案的紋樣組合。

因此，三個銅壺圖案中只有兩種不同的主體建築構成的禮典場面，這兩個圖案正好描繪了射禮的兩個重要儀節。

在上博藏銅壺和故宮藏銅壺的第二層圖案主體建築上部的人物中間，有一豆形器，此器上有數條橫綫。以往論者皆以爲這個圖案表達的是一個普通的豆形器。在上博藏銅壺中，在這個器旁邊一個小一點的豆形器中似盛有物體，摹本以小點表示（故宮藏銅壺圖案摹本沒有顯示）。這兩個一大一小的豆中的物品的差別應該不是摹本有誤造成的。在汲縣山彪鎮一號墓出土的青銅鑒③上有這樣一幅圖案（見圖 4-6）。該圖案的中間一格，也有幾個瓬形器上劃有橫綫，這些瓬形器旁邊有一個豆形器裏面置有三個白點。根據這幅圖所描繪的圖像可以推測，在上博藏銅壺、故宮藏銅壺中的大小豆形器所對應的就是這幅圖上的兩種器物。因此，較小豆形器及上面所加的小點，無疑表示的就是豆中盛放着"脯醢"等食物。

確定了表達盛"脯醢"的豆的圖形，則可以進一步得出，上置橫綫的豆形器並不是豆。此器應該是《儀禮·鄉射禮》及《儀禮·大射儀》中所記述的"中"。"中"是射禮中爲記錄勝負而放置箅的核心器物，以此來表示"勝負已決"最合適不過。"中"之中放置的"算"以橫綫來表達也十分恰當。《大射儀》有：

---

① 無論根據圖像第二層中樂工的位置關係，還是根據圖像第一層中射耦的位置關係，都可以明確地說，第一層、第二層畫面中的主體建築描繪的上下兩層結構所表示的都是"堂上""堂下"的關係。

② 袁文寫作時尚沒有關注到上博藏銅壺的紋飾圖案，故只以故宮藏銅壺作爲分析對象，由於上博藏銅壺與故宮藏銅壺在構圖上的相似性，袁文對故宮藏銅壺的分析同樣對上博藏銅壺適用。

③ 郭寶鈞：《山彪鎮與琉璃閣》，科學出版社 1959 年版，圖版拾玖、貳拾。

圖4-6 汲縣山彪鎮一號墓出土的青銅鑒圖案

釋獲者命小史，小史命獲者。司射遂進由堂下，北面視上射，命曰："不貫不釋!"上射揖。司射退，反位。釋獲者坐取中之八筭，改實八筭，興，執而俟。乃射。若中，則釋獲者每一個釋一筭，上射於右，下射於左。若有餘筭，則反委之。又取中之八筭，改實八筭於中。興，執而俟。三耦卒射。

又有：

司射適階西，釋弓，去扑，襲；進由中東，立於中南，北面視筭。釋獲者東面於中西坐，先數右獲。二筭爲純，一純以取，實於左手。十純則縮而委之，每委異之。有餘純，則橫諸下。一筭爲奇，奇則又縮諸純下。興，自前適左，東面坐。坐，兼斂筭，實於左手，一純以委，十則異之，其餘如右獲。司射復位。釋獲者遂進，取賢獲，執之，由阼階下，北面告於公。若右勝，則曰"右賢於左"。若左勝，則曰"左賢於右"，以純數告。若有奇者，亦曰奇。若左右鈞，則左右各執一筭以告，曰"左右鈞"。還復位，坐，兼斂筭，實八筭於中，委其餘於中西，興，共而俟。

雖然在禮書中並沒有說明在"三耦射畢勝者飲不勝者罰爵"時"中"置於何處("中"本置於庭之西北)，但在"不勝者罰爵"時，將"中"置於禮制建築的中央，以此"表示'中'中'筭'之多寡決定了勝負"，應該是十分貼切的。如果以上分析成立的話，"中"之兩邊所立之人自然表示的就是勝者三人與負者三人了。

　　袁俊傑在説明勝負者站立位置的時候將勝者和負者完全顛倒了。他認爲
"左邊右向的三人是不勝者"，"右邊左向的第一、第三、第四人是勝者"。其
實，"左邊右向的三人"才是勝者，"右邊左向的第一、第三、第四人"是負者。
《儀禮·鄉射禮》有：

　　　　三耦及眾射者皆與其耦進立於射位，北上。司射作升飲者，如作射。
　　　一耦進，揖如升射，及階，勝者先升，升堂，少右。不勝者進，北面坐取
　　　豐上之觶；興，少退，立卒觶。

　　可見勝者並不獻酒於負者，罰酒的整個過程是負者自飲，並且飲的時候是
站起來喝完酒的。這正與銅壺圖畫中所要表現的內容是完全一致的。
　　由此可知，汲縣山彪鎮一號墓出土青銅鑒整個畫面的中心圖案，所表現的

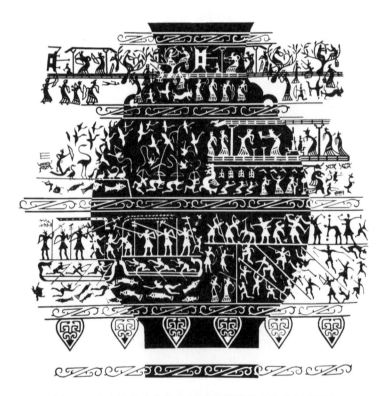

圖 4-7　故宮博物院收藏的採桑燕樂射獵攻戰紋銅壺圖案

可能是戰爭的結果，其與禮射立“中”以分勝負的畫面很像，與故宮藏銅壺、上博藏銅壺、成都百花潭銅壺三者的圖案具有同構性。

五、補充説明及結論

最後補充説明一下汲縣山彪鎮一號墓出土的青銅鑒中的“豆”與“中”。在該圖中間的方格中，左側兩個站立的人均自斟自飲，右側的人當爲勝者，左側第一個人手中所執的觚上亦有兩條橫綫，顯然是刻工或者摹本之誤。右側一人面前奠於地下的應該也是一隻酒觚。在豆旁邊的三個觚形器上方都有橫綫，考慮到上博藏銅壺、故宮藏銅壺上有橫綫器物的器形都是豆形器，這裏改爲了觚形器，也説明了刻工對器形有誤刻的可能性。

由於不清楚汲縣山彪鎮一號墓出土的青銅鑒上圖案所表達的爲何種禮典，所以無法説明在該禮典中爲何要採用若干個“中”來計算“賢獲”。推測可能與

圖 4-8　上海博物館收藏的採桑燕樂射獵攻戰紋銅壺圖案

戰場中所獲敵人的多寡有關，故賢獲的計數要多於禮射的計數。禮書所謂"中"是指"中箭"的"中"，"中"本身並不是一種特殊的器形，因此它完全可以用各種器形來充當，因此山彪鎮青銅鑒的禮制内涵與上述故宫藏銅壺、上博藏銅壺、成都百花潭銅壺並不違背。

根據以上分析，故宫藏銅壺、上博藏銅壺、成都百花潭銅壺嵌錯紋圖案所表現的是同一射禮禮典，袁俊傑將這些禮典分屬"鄉射禮"及"賓射禮"缺乏可靠根據。三個銅壺第一層、第二層的畫面圍繞射禮禮典的儀節展開，與《儀禮》所述若符合節，加深了射禮研究者對禮書中射禮的認識。嵌錯紋銅壺的畫面可以總結為"製弓"—"澤射"—"禮射"—"攻戰"紋，其取義則在擇賢立功，表現的題材屬於春秋射禮禮典，用來裝飾戰國的宫室廟堂，顯得十分古雅得宜。

圖4-9　成都百花潭中學十號墓出土的採桑燕飲樂舞射獵攻戰紋銅壺圖案

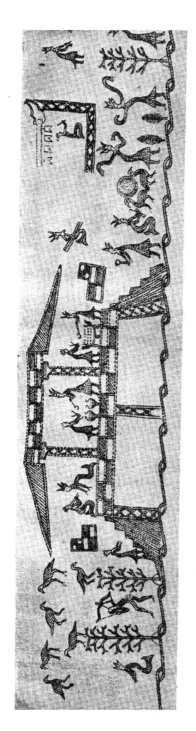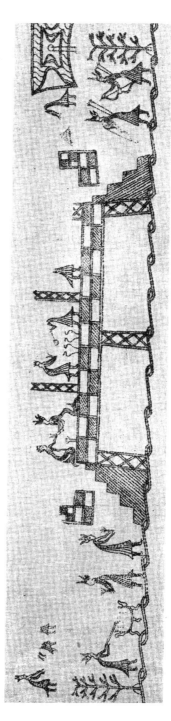

圖4-10　上海物物館藏燕樂射侯銅棓杯圖案

第五章　楚地出土卜筮祭禱簡與
兩周禮典研究

　　近年來，隨着春秋戰國時代楚地墓葬的不斷發掘，越來越多的楚國出土文獻被公佈出來。除了前舉的郭店一號墓出土的書類文獻之外，通過考古發掘所獲得的楚地文獻多爲文書類文獻及卜筮祭禱類文獻。這類文獻與書類文獻的不同之處在於，它們具有强烈的地方色彩並且與墓葬有較强的同時性，大多數是作爲與墓主生前或死後有直接關係的器用加以使用的。在出土的所有這些楚地竹簡中，卜筮祭禱簡往往記錄着楚地特殊的禮俗信仰，故多爲學者所重視。其中對楚國禮俗的記載又成爲楚文化研究的焦點之一。目前，已經披露的卜筮祭禱簡主要有：1965 年出土的湖北江陵望山一號墓卜筮竹簡，1978 年出土的湖北江陵天星觀一號墓卜筮竹簡，1987 年出土的湖北江陵秦家咀一號、十三號、九十九號墓卜筮竹簡，1987 年湖北荆門包山二號墓卜筮竹簡，1994 年河南新蔡葛陵楚墓卜筮竹簡等。

　　對於楚簡中的卜筮祭禱簡，已經有比較多的研究，如專門研究卜筮祭禱簡的于成龍博士學位論文《楚禮新證——楚簡中的紀時、卜筮與祭禱》、蔡麗利博士學位論文《楚卜筮簡綜合研究》，研究單宗出土楚簡的陳偉的《包山楚簡初探》、朱曉雪博士學位論文《包山楚墓文書簡、卜筮祭禱簡集釋及相關問題》、宋華强的《新蔡葛陵楚簡初探》，對楚簡進行專題研究的楊華《古禮新研》等。這些研究和著作對楚地出土卜筮祭禱簡所涉及的方方面面都做了很好探討。

　　本章在前人研究的基礎上，首先簡單梳理一下楚簡所反映楚地禮制的禮典類型，並說明這些類型的禮典多大程度上與禮典文獻是相關的，進而可以作爲禮典的研究資料。按照《儀禮》禮類的分類，主要包括昏禮、冠禮、饗禮、聘禮、射禮、喪禮、祭禮等禮典類型。楚地出土的卜筮祭禱簡中沒有反映楚地昏禮、冠禮的資料，由於卜筮祭禱簡是隨葬品之一，故楚地昏俗、冠俗沒有被記錄在這些簡牘中。禮典中貴族經常進行的饗禮、食禮、燕禮以及朝聘禮儀在卜筮祭禱簡中也没有反映。

嚴格説來，楚地的喪俗和喪儀並没有通過卜筮祭禱簡得到充分地反映。楊華《襚·賵·遣——簡牘所見楚地助喪禮制研究》①一文，是通過遺册以及出土墓葬的形制來推斷楚國的助喪禮儀的。本書在緒論中已經説過，遺册由於其特殊性，與考古發掘本身聯繫非常緊密，很難孤立地作爲禮制研究的文本，並且由於其與墓葬的同時性，它更多地被用來説明葬俗，而非葬禮禮典。

卜筮祭禱簡的主要内容是對祭禱以及在祭禱中卜筮的記録。卜筮是祭禱儀式的一個組成部分。祭禱在這類簡中往往以"舉禱"來表示，禱作爲祭祀中的常見環節，並不是楚地特有的祭俗②，故楚地的祭禱與禮典中相對應的應該就是祭禮。祭禮的分類主要是通過祭祀對象來加以區分的，陳偉在《包山楚簡初探》中認爲：

> 邵陀禱祠的神祇有天神、地祇、人鬼三類。天神實只有太一(蝕太)一種，禱祠總是放在首位。地祇包括社、五祀、山川。有的山川地位比較高，屬於名山大川之祠的的範圍。人鬼有楚人遠祖、先公，以及邵氏直系祖先和邵陀父輩、同輩中的無子嗣者。……簡書所記禱祠諸神祇，大致正是按照天、地、人展開的。③

楊華在《説"舉禱"——兼論楚人貞禱的時間頻率》中，將楚地的祭禱對象分爲五類：

　　1. 天神：太(太一)、司命等。
　　2. 地祇：社、后土、宫地主、大地主、五山、危山(山神)、二天子(山神)、大水(水神)等。
　　3. 先王、祖先、人鬼：三楚先，楚先王(荆王、昭王等)，各墓主的父母和直系親屬，天殤、荆亡、夏亡等。
　　4. 五祀：宫行、宫后土(中霤)等。

---

①　楊華：《襚·賵·遣——簡牘所見楚地助喪禮制研究》，《學術月刊》2003 年第 9 期，第 49~59 頁。又見楊華：《古禮新研》，商務印書館 2012 年版，第 197~225 頁。

②　見第一章對金文"禱"祭的相關分析。

③　陳偉：《包山楚簡初探》，武漢大學出版社 1996 年版，第 173~174 頁。

5. 其他：巫咸、私巫、方位神(如北方等)。①

楊華將方位神放在其他類目恐怕不妥，方位神也應該歸入與五祀相類的一種自然神，這種神介於天地神與五祀小神之間。而巫神、私巫可以獨立成爲一類巫神。

以上的分類還可以簡化爲三類，即自然神(包括天、地、山水、方位、五祀小神等)、祖先神以及巫神。其中對自然神的祭祀以及對祖先神的祭祀系統在禮書中比較多見，天地、山川、五祀及祖先是禮書祭祀的主體對象。對於巫的祭祀，禮書記載不多，但《左傳》中有魯地、鄭地對巫神崇拜的例子，如《左傳·隱公十一年》：

> 羽父請殺桓公，將以求大宰。公曰："爲其少故也，吾將授之矣。使營菟裘，吾將老焉。"羽父懼，反譖公于桓公而請弒之。公之爲公子也，與鄭人戰于狐壤，止焉。鄭人囚諸尹氏。賂尹氏，而禱於其主鍾巫。遂與尹氏歸，而立其主。公祭鍾巫，齊于社圃，館于寪氏。壬辰，羽父使賊弒公于寪氏，立桓公，而討寪氏，有死者。

其中，魯隱公就是在祭祀鍾巫的過程中被殺死的，鍾巫是來自鄭地(很可能源於楚地)的一種巫神，魯隱公在魯地爲其立神主並不間斷地對其進行祭祀。可見對巫的祭祀也並非楚國特有的現象，春秋初年已經傳播至中原各國，其來源比較明顯地指向南方。巫神大概是神力比較大的巫者死去之後人們爲了表達對其的崇拜而立的神主，因此巫神與《左傳》中一般的巫者也有着密切的關係。巫者的相關神力，可以從操巫業的人身上看到。如《左傳·成公十年》有：

> 公覺，召桑田巫。巫言如夢。公曰："何如?"曰："不食新矣。"

又如，《左傳·僖公二十年》有：

> 夏，大旱，公欲焚巫尪。臧文仲曰："非旱備也!"杜預注："巫尪，

---

① 楊華：《説"舉禱"——兼論楚人貞禱的時間頻率》，《傳統中國研究集刊》第三輯，上海人民出版社 2007 年版，第 77 頁。又見楊華：《古禮新研》，商務印書館 2012 年版，第167~196 頁。

　　女巫也。主祈禱請雨者。"

　　可見，在古代巫有預測未來、求雨除旱的能力。根據上述的分析，楚地卜筮祭禱簡所反映出來的祭禱對象大體上與禮書所述的差別不是很大，只是楚地具體的神與中原有很大的不同，屬於不同的神祇系統，如太一、司命都是楚地特有的神，這在《楚辭》中也有所體現。

第一節　包山二號楚墓祭禱簡祭禮餘義淺述

　　包山二號楚墓是湖北省荆沙鐵路考古隊於 1987 年在距戰國楚故都紀南城南 16 千米的荆門十里鋪王場村包山崗地發掘的，它是包山墓地五座戰國墓葬中規模最大的墓，墓主人經考證爲昭㲻，爲楚昭王之後。① 在包山二號墓中共發現文書簡 197 枚，編號爲 1—196 及 278 反面；卜筮祭禱簡 54 枚，編號爲 197—250；遣册簡 26 枚，編號爲 251—276；另有一枚與竹牘内容相同的喪葬簡，編號爲 277。有字簡共計 278 枚，有字竹牘一枚。

　　在卜筮祭禱簡中，第 205、206、224、225 號簡的内容與其他簡有所不同。彭浩認爲這些簡屬於"祭禱"簡，其餘的爲"卜筮"簡。② 李零認爲前述四簡是記録"禱祠"的，其餘簡是占問"禱祠"的。③ 陳偉認爲爲了表明禱祠簡與卜筮簡的區別，將四件簡書單獨稱爲"禱祠簡"。④ 雖然這四枚簡没有記載卜筮的内容，但其祭禱的對象及祭禱的方式與其他卜筮簡所述多有重合，其禮制内涵亦有相近之處。

　　由於包山楚簡較葛陵楚簡、望山楚簡保存要完整，故本節就以包山楚簡第 205、206、224、225 號簡作爲討論楚祭禱簡中祭禮内涵的代表。包山二號墓楚簡祭禱簡簡文提供了昭㲻的世系信息並述及楚國祭禱的禮制内容。朱曉雪《包山楚簡綜述》對卜筮祭禱簡做了集釋，集釋中諸家所述的意見或還有餘義

---

　　① 　湖北省荆沙鐵路考古隊編：《包山楚墓》，文物出版社 1991 年版。

　　② 　彭浩：《包山二號墓卜筮和祭禱竹簡初步研究》，湖北省荆沙鐵路考古隊編：《包山楚墓》附録二十三，文物出版社 1991 年版，第 548~554 頁。

　　③ 　李零：《包山楚簡研究（占卜類）》，《中國典籍與文化論叢》第一輯，中華書局 1993 年版，第 425~448 頁。

　　④ 　陳偉：《包山楚簡初探》，武漢大學出版社 1996 年版，第 60 頁。

可説。① 本節根據集釋現有的内容，以四支祭禱簡的文本爲綱目，提供一些對集釋的補充意見，集中於與祭禮有關文字的討論。爲了行文方便，釋文以《包山楚簡綜述》爲底本，並逐條加以辨析。

東周之客許經逾(歸)作(胙)於戚郢之歲。 205

本條内容亦出現於卜筮簡躬身、王事貞第四組、第五組、第六組，疾病貞第一組、第二組、第三組、第五組中，諸家對"歸胙"的含義多有討論，從簡文的内容來看凡稱"……之歲"都是用來指示後文卜筮祭禱發生的時間，大概是當時比較大的"國際"事件，與卜筮祭禱的内容並無直接關聯。所以僅憑"歸胙"本身無法獲知"歸胙"的實際内涵。東周之客顯然是指從東周來楚朝聘的東周人。從這個角度推測，"歸胙"讀爲"饋胙"或更爲合適，"胙"當爲周天子班饋給楚王之物。

罷禱(禱)於邵(昭)王肇_(肇－特牛) 205
罷禱(禱)於文坪(平)夌(夜－輿)君、郚(郚)公子菩(春)、司馬子音、郤(蔡)公子豪(家) 206

根據左尹昭庀的世系，昭王當爲昭庀高祖文平輿君之父，而文平輿君、郚公子春、司馬子音、蔡公子家則分别是昭庀的高祖、曾祖、祖父和父親。根據這兩條簡文可知，在楚禮之中對其始祖的祭祀與對其先祖的祭祀是分開的。由於昭王距昭庀正好是六代，所以從簡文看來，似乎是昭庀連續祭祀了他的歷代祖先，但其實祭祀昭王與祭祀其高祖至父親的禮制内涵是完全不同的。

昭王是作爲昭氏始祖被祭祀的，可視爲小宗對大宗始祖的祭祀，而對高祖至於父親的祭祀則僅是小宗内部的祭祀。歷代對"禘""祫"的禮制多有討論，我們認爲對昭王之祭更接近於禮書中的"禘"，對歷代先祖的祭祀更接近於"祫"。祭禱簡對於祖先祭祀的不同組合爲理解"禘""祫"提供了楚地新的實際案例。傳統禮學認爲"祫"要合於始祖廟，楚祭禱中此例始祖單獨祭祀，未毁廟的先祖以昭穆之序進行合祭，可能更符合楚地當時的實際情況。

① 朱曉雪：《包山楚簡綜述》，福建人民出版社 2013 年版，第 621~626 頁。

大甕(臧)，饋之。 205

陳偉認爲"大臧"即大羹。李家浩認爲"大臧"是掌管收藏之官(即大藏)，由大臧來向昭王進獻特牛。以上説法於禮制無據。與包山二號墓楚簡卜筮祭禱簡相關的經典文本當爲《儀禮》中《少牢饋食禮》及《有司徹》。戰國時的楚禮與《儀禮》記載的齊魯禮儀有不小差異，不能把在禮制中並無根據的假説作爲合理的釋文。

根據禮書，向楚王進獻特牛應當主要是以俎肉的形式進獻的，即精心分割後，置於俎上或置於鼎中加以進獻，同時配合潔净的穀類主食一同進獻，這在《儀禮·少牢饋食禮》中有詳細的描述。把特牛製成羹進獻，或者舉羹以指饋食的首要内容，恐怕都不妥。李家浩認爲大臧指主管收藏的官員，亦不合於禮制。祭禮有尸，向尸進獻祭品的只能是主祭之人(即昭佗)或祝一類的職官。如果這裏的大臧是輔助昭佗向祖先進獻之人，那麽其職務就近於《少牢饋食禮》之中的"祝"或"佐食"。何以"祝"或"佐食"要以"大臧"來承擔，李文没有説明。

就傳世及出土文獻看，楚國未必有"大臧"這個職官。朱曉雪《包山楚簡綜述》按語"大臧應是進獻之物，而非職官，具體含義待考"，是比較審慎的。"大臧"可能是一種特殊的祭祀時治牲之法。清華六《鄭武夫人規孺子》有"远_女_(茫茫焉，爲)宵昔(措)器於巽贇之中"，其中"贇"疑與本簡的"大甕"有關，爲祭祀相關詞彙。

邵(昭)吉爲竧(位)。 205

昭吉爲竧，整理者認爲"竧"讀爲"位"，辯方正位。徐在國認爲此字乃"位"字異體。① 李家浩認爲"爲位"即《周禮·春官·小宗伯》所説的"爲位"，包括設神位和主祭者之位。② 筆者認爲這種意見比較正確。在《儀禮》衆多儀

---

① 徐在國：《讀〈楚系簡帛文字編〉札記》，《安徽大學學報》1998 年第 5 期，第 79 頁。

② 李家浩：《包山祭禱簡研究》，《簡帛研究 二〇〇一》，廣西師範大學出版社 2001 年版，第 25~36 頁。

節中，爲位並不是指具體的某人的位置，而是指參與儀式的不同人所應在的位置。例如《禮記·奔喪》：“無服而爲位者，唯嫂、叔及婦人降而無服者，麻。”這裏所指之“爲位”指的是小叔和嫂子之間互相不服喪服但是有哭位的情況，而不是指尸之位或者主祭者之位。考慮到簡224、225爲位的人是臧氏而不是昭氏，則“爲位”不可能指充當“尸”（扮演“尸”的必須是這一宗族宗主之孫輩，至少是昭氏族人），而只可能是在祭禱中扮演總體安排祭位的人，這大概相當於《儀禮·少牢饋食禮》中“宰”的職務。由於《少牢饋食禮》對於“宰”的職務描述不多，所以無法落實昭吉及簡224、225中的臧敢對應的是否《少牢饋食禮》中之“宰”，只能説他們的職能應該是相近的。

《左傳·隱公十一年》“滕侯、薛侯來朝，爭長”，魯隱公即以“周之宗室，異姓爲後”爲理由，使得薛侯不敢與諸姬齒。這大概就是“爲位”的主要內容，即根據親疏遠近的關係對某一儀式上的人物進行排序。

　　　既禱（禱）至（致）禀（福）。 205

簡205、206用“既禱致福”，而簡224、225用“既禱致命”，“致福”與“致命”的内涵略有不同。“致命”是指將命辭致送給行禮的對象，“致命”是禮典的核心儀節。

在祭禱簡中，“致福”與“致命”應該都指接受了祭祀的尸（也就是神）對主祭人（昭𰯼）的賜福和賜命。其中“致福”在《儀禮·少牢饋食禮》中有明確的記載，即“……以授尸，尸執以命祝。卒命祝，祝受以東，北面於户西，以嘏於主人，曰：‘皇尸命工祝，承致多福無疆於女孝孫’”，“嘏”即尸通過祝對主人賜福。而在簡224、225中由於祭禱的對象不同（東陵連敖是昭𰯼的先人、司馬子音爲昭𰯼的祖父，東陵連敖爲殤死，司馬子音其死因不得而知），尸對於主祭人（昭𰯼）所賜就不一定是“祝福”之辭。從甲骨文看，祖輩降禍的情況頗多，在楚人觀念裏凶死的祖先或不能降福，只能對後人致送與避禍相聯繫的含有教訓、警醒的內容，故曰“致命”。

　　　攻尹之社（攻）𣪠（執）事人䁠（夏）𣌽（舉）、墢（衛）庌（偃）爲子左尹
邵𰯼𣌽（舉）禱…… 224

整理者認爲"杠"，讀如"攻"。彭浩指出"攻"就是《周禮·春官·大祝》中所舉的"六祈"之一。① 此説可從。彭浩進一步説"攻尹"即"工尹"，杠執事人是工尹下專司"攻"事的人。

邴尚白認爲"攻尹"可能是《左傳》等古籍中的"工尹"，其執掌應爲管理百工。② 雖然《左傳》中楚國有工尹之官，但將此處"攻尹"解釋爲"工尹"不確。

楚國官職多以某尹稱之，尹即長官。這種稱呼與中原諸夏不同，頗具楚地特色。在《周官》中冬官司空對應的是百工之事，由於闕文後世以《考工記》補之。大祝之官，在《周官》中屬於春官大宗伯系統，大宗伯系統的官員多爲宗族管理以及祝禱卜筮之官，顯然與冬官系統不同。雖然《周官》的職官系統是經過五行六合體系重新整合過的，但是可以想見在春秋戰國時代祝禱卜筮系統的職官與作器百工系統的職官還是相距比較遠的。

《周官》中掌山政的有山虞，山虞之下有中山、小山；掌林政的有林衡，林衡之下有中林、小林；掌巫政的有司巫，司巫之下有男巫、女巫。因此，這裏的攻尹，正是主杠(攻)執事之長官，攻執事不止一人，故文中舉了夏與、衛偃二人，他們爲左尹昭𣲺進行攻祝。

"攻"在《周官》中屬"六祈"之一，"六祈"又是"大祝"所掌，所以攻執事本質上就是《儀禮·少牢饋食禮》中的祝，工尹即《周官》中之"大祝"(于成龍已經指出"工尹"即"大祝"③)，這與《少牢饋食禮》所描述的大夫祭祖的禮儀基本吻合。禱祝本是祭祀中重要的組成部分，攻執事爲主祭人向尸(神)進行祝禱，尸也是通過祝禱人對主祭人(昭𣲺)"致福"和"致命"。

新(親)王父司馬子音 225

整理者引《爾雅·釋親》："父之考爲王父，父之妣爲王母"，郭璞注："加王者，尊之也。"整理者的引用是正確的，但是却没有正確理解引文的内涵。《爾雅》"父之考"顯然指的是祖父，"父之妣"指的是祖母，注文的意思是"祖父不稱爲'祖父'，而稱爲'王父'，是對祖父的尊稱"。整理者以爲"新王父，

---

① 彭浩：《包山二號墓卜筮和祭禱竹簡初步研究》，湖北省荆沙鐵路考古隊編：《包山楚墓》附錄二十三，文物出版社 1991 年版，第 548~554 頁。

② 邴尚白：《楚國卜筮祭禱簡研究》，臺灣暨南大學碩士學位論文，1999 年。

③ 于成龍：《楚禮新證——楚簡中的紀時、卜筮與祭禱》，北京大學博士學位論文，2004 年。轉引自朱曉雪：《包山楚簡綜述》，福建人民出版社 2013 年版，第 624 頁。

新借爲親……新王父即親王父”，即簡 206 中昭𥫉之父蔡公子家。譚步雲亦認爲“王父，對先父的尊稱。相當於西周金文之‘皇考’”①。諸家皆認爲在“新(親)王父司馬子音”之間應加以點斷，是兩個人。②

　　根據《禮記·曲禮上》“君子抱孫不抱子，此言孫可以爲王父尸，子不可以爲尸”，《禮記·曲禮下》“祭王父曰皇祖考”，可知“王父”即祖父，在本簡中指的就是司馬子音。簡 206 中“蔡公子家”排序在“司馬子音”之後，這與一般文獻中祖前禰後的順序是一致的。此處如果“新王父”“司馬子音”非同一人，且“新王父”序於“司馬子音”之前，就顯得比較怪異。按簡 206 的辭例用“各特豢”的“各”説明進獻每人一隻“豢豕”，而此處僅説“特牛”，則與簡 204“昭王特牛”的辭例相同，這也説明“親王父”和“司馬子音”即是同一人。由於“王父”在先秦特指故去的祖父，司馬子音又是主祭人昭𥫉的祖父，“新王父”是“司馬子音”的同位語，無疑他們就是同一個人。“新王父”按此重新理解的話，簡文就不該將其與“司馬子音”標點開。

　　另外，“新王父”的“新”是否讀爲“親”也應該重新考慮。《左傳·文公二年》“吾見新鬼大，故鬼小”，則“新”可以專指新死之人。這裏昭𥫉的祖父“司馬子音”雖不是新死，但是如果昭𥫉的父親蔡公子家新死，則司馬子音就成爲“新”的王父。由此，“新王父”可能是在祭祀“司馬子音”時對“司馬子音”的專門禮稱。

　　簡 225 是對“司馬子音”專門的禱祝，與簡 204 是對昭王的專門禱祝、簡 225 是對殤東陵連敖子發的專門禱祝相似。《儀禮·少牢饋食禮》記載的就是對某位祖先的祭祀，由於大夫只能祭到其祖父爲止，故文中“皇祖”“皇尸”指的就是主祭人的祖父，與本簡所書的“新王父”與祭主昭𥫉的關係是一致的。

　　萐祭之。　225

　　“萐祭之”之“萐”，即指潔净的萐草，以此包裹牲體來祭祀祖先。《周易·大過》有“藉用白茅”。《儀禮·既夕禮》“苞二”，鄭玄注：“所以裹奠羊豕之肉。”《儀禮·既夕禮》記有“葦苞長三尺一編”，則苞茅之草除了有縮酒的作用，

----

①　譚步雲：《先秦楚語詞匯研究》，中山大學博士學位論文，1998 年。轉引自朱曉雪：《包山楚簡綜述》，福建人民出版社 2013 年版，624 頁。
②　見朱曉雪：《包山楚簡綜述》，福建人民出版社 2013 年版，第 623 頁，第二組的整理釋文。

還可以用來包裹祭祀用的牲體。《左傳·僖公四年》“爾貢苞茅不入，王祭不共，無以縮酒，寡人是征”，僅提到“苞茅”有縮酒的作用。從上文分析，苞茅還是包裹貢品、墊藉聘禮的常用物資。由此可見，苞茅的用途比《左傳·僖公四年》管仲所述要更爲廣泛和重要。

第二節　楚祭禱簡不具有祭禮禮典經典文獻性質略説

楊華在《楚禮廟制研究》中對比分析了新蔡葛陵蔡簡、包山二號墓楚簡、望山一號墓楚簡所記録的墓主祭祀祖先的活動，並通過大宗、小宗的分別來觀察楚地祭祀是否與中原有差異。① 楊華經過分析認爲包山簡所反映的楚人祭祀制度“楚人小宗没有祭祀大宗的資格和權力，是非常符合中原禮制的”。望山楚簡以及新蔡平輿君墓所出祭禱簡文，都説明了“楚人對於‘支子不祭’原則的違背”，包山楚簡、望山楚簡以及新蔡楚簡所反映的祭祀制度與禮書所述的祭祀制度有根本性的矛盾。

宋華强在《新蔡葛陵楚簡初探》中對望山楚墓、包山楚墓、葛陵楚墓、天星觀楚墓的主人身份做了説明，指出“望山簡主人是下大夫一級的”，“包山簡的主人是大夫一級的”，“葛陵簡和天星觀的主人是封君”。宋文认爲葛陵蔡簡、包山簡、望山簡以及秦家咀楚簡所反映的廟制有等級上的差别是正常的現象。②

陳偉在《楚人禱祠記録中的人鬼系統以及相關問題》的最後已經對這個問題有所涉及。陳文舉出在秦家咀楚簡中有關於祭禱“五代祖先”説法：

　　　五世王父以逾至親父　M1：2
　　　塞禱五世以至親父母　M13：1
　　　禱之于五世王父、王母順至親父母　M99：10　③

---

① 楊華：《楚禮廟制研究》，《楚文化研究論集》第六輯，湖北人民出版社 2005 年版，第 500~511 頁。又見楊華：《古禮新研》，商務印書館 2012 年版，第 226~262 頁。

② 宋華强：《新蔡葛陵楚簡初探》，武漢大學出版社 2010 年版，第 11~12 頁。

③ 陳偉：《楚人禱祠記録中的人鬼系統以及相關問題》，簡帛網(http：//www. bsm. org. cn/show_article. php? id=788)，2008 年 2 月 7 日。

上一節已經説明，簡文中的“王父”“王母”應當就是禮書中“祖父”“祖母”的意思。陳偉指出“‘五世’王父母是指當事人高祖父的父母”。根據《江陵秦家咀楚墓發掘簡報》所述，M1、M13、M99 三座墓都是一槨一棺墓，① 可見葬制的等級不高。如果按陳偉理解的“五世”是指不包括本人在内的上數五代，則秦家咀墓地墓主的祭祀對象均多於禮書所規定的範圍。

關於“五世”，楊文舉了《禮記·王制》《禮記·喪服小記》《禮記·大傳》等篇，並舉上博六《天子建州》“凡天子七世，邦君五世，大夫三世，士二世”作爲書證。除了以上篇目外，將廟制記述最爲清楚的當屬《禮記·祭法》：

> 王立七廟，一壇一墠，曰考廟，曰王考廟，曰皇考廟，曰顯考廟，曰祖考廟；皆月祭之。遠廟爲祧，有二祧，享嘗乃止。去祧爲壇，去壇爲墠。壇墠，有禱焉祭之，無禱乃止。去墠曰鬼。
>
> 諸侯立五廟，一壇一墠。曰考廟，曰王考廟，曰皇考廟，皆月祭之；顯考廟，祖考廟，享嘗乃止。去祖爲壇，去壇爲墠。壇墠，有禱焉祭之，無禱乃止。去墠爲鬼。
>
> ……

根據《禮記·祭法》所論，諸侯立廟與禱祭不過高祖，另外加始祖一廟。從《左傳》所反映春秋時代的實際情況來看，諸侯所立之廟實際上並不止五廟，如魯國就立有太廟和周廟，分別祭祀周公旦和周文王，與《禮記》之《祭法》《王制》及《天子建州》所論不同。但是如秦家咀墓地這樣的低等級貴族所祭祖先上溯到高祖之父，實難理解。

還有一種對五世的理解是不包含本人在内上溯四世。楊文認爲依照包山楚簡、望山楚簡所論，此二墓的墓主的“核心祭祀”對象都是上溯四代。如包山二號楚墓墓主左尹昭𣭃所祭祀祖先的核心人物是“文平輿君（子良）”“𨚖公子春”“司馬子音”“蔡公子家”共四代先祖，“昭王”實際上是作爲始祖被祭祀的。望山楚墓墓主悼固所祭祀的核心人物是“簡王（柬大王）”“聲（聖）王”“悼王”“東宅公”共四代先祖。在簡文中“王孫𣏌”的祭品僅爲“豕豕（豕）”，他可能不是墓主悼固的父親。無論楊文對以上祭祀序列的考證是否正確，將五世王父理解爲從除自己不算向上數四代至少具有一定的可能性。不過陳偉在文章中曾提醒説，葛陵楚簡中有一條記録爲“就禱三世之殤”（葛陵簡乙：109）。聯繫《禮

---

① 陳耀鈞：《江陵秦家咀楚墓發掘簡報》，《江漢考古》1988 年第 2 期，第 36~43 頁。

記·祭法》"王下祭殤五：適子、適孫、適曾孫、適玄孫、適來孫。諸侯下祭三，大夫下祭二，適士及庶人，祭子而止"，説明殤祭可以向下數五代人，這種殤祭制度的來源已經不可考證。《儀禮·喪服》小功章有"爲姪、庶孫丈夫、婦人之長殤"，有服則有祭，故《禮記·祭法》"適士及庶人，祭子而止"與《喪服》所述的服制之間有矛盾。對於王來説，"來孫"已經出了五服之外，爲何要爲其殤進行祭祀，無法辨明。不過即便如此，在有《祭法》書證的情況下，將秦家咀"五世"理解爲從自己開始向上數五代，祭祀到高祖之父，也未嘗不可。

依據以上對"五世"的理解，則包山楚簡、新蔡楚簡中所述的祭祀制度似乎與秦家咀楚簡所述的並不相同。楊華已經指出，左尹昭𠂤祭祀的核心人物上自"文平輿君"，悼固祭祀的核心人物上自"簡王"，都是上溯四代。如果再要向上追溯一代，左尹昭𠂤祭祀的五代王父爲"昭王"，悼固祭祀的五代王父以現存的簡文來看還無法找到。昭𠂤、悼固顯然在秦家咀墓地主人的等級之上，秦家咀楚簡祭祀的祖先序列何以多於包山簡、望山簡中祭祀的祖先序列，是無法説明的問題。

還有一個更值得關注的問題，望山簡中悼固所祭祀的直系親屬有數位爲先王。根據楊文的排列，將"東宅公"作爲悼固的父親也就是悼氏的始祖。根據周代的宗法制度，則從東宅公開始被楚王立爲大宗，《禮記·大傳》："別子爲祖，繼別爲宗，繼禰者爲小宗。""東宅公"就是別子的角色，繼承"東宅公"的悼固自然就是悼氏的大宗宗子(楊文對大宗、小宗制度的理解有誤，但並不影響楊文的結論①)。楊文亦認爲悼固可能就是楚悼王的王孫。整理者將王孫槀理解爲悼固之父的前提假設是稱公孫就不能爲悼氏。楚國立氏的方式與中原不同，往往以楚王的謚號作爲族氏。雖然無法舉出楚國"王孫某"即爲"某氏"異名而同人的例子，但魯國"公孫茲"就是"叔孫戴伯"，"公孫敖"就是"孟穆伯"的例子可以作爲"悼固"可能就是"王孫固"的旁證。當然，無論悼固是東宅公的兒子，還是王孫槀的兒子，都並不影響悼固祭祀三代先王的事實。

在這樣的情況下，又有兩種可能。一種可能是悼固在望山簡書寫成簡之時尚未被正式確立爲楚國的一支大宗。悼固對於楚王室來説屬於支子系統，支子即楚王室的庶子。那麽楊文舉《禮記·曲禮下》"支子不祭，祭必告於宗子"，

---

① 楊文將悼固定爲小宗庶子是基於對宗法制度的誤解，悼固雖然可能是楚王室的庶孫(或支子)，但並不能就此將其認定爲小宗。禮書中五世而遷廟的小宗並不是根據其在王室的嫡庶關係確定的，而應該根據其是否被立爲大宗來確定。雖然楊文對悼固祭祀系統的分析略有小瑕，但並不影響其得出悼固之祭祀不符合祭祀禮典的結論。

並舉孔穎達疏"支子，庶子也。祖禰廟在適子之家，而庶子賤，不敢輒祭之也。若濫祭亦是淫祀"來説明在禮書中悼固並沒有祭祀先王的權利是合宜的。《儀禮·喪服》傳文説得更爲顯白："諸侯之子稱公子，公子不得禰先君；公子之子稱公孫，公孫不得祖諸侯，此自卑別於尊者也。"可見，如果從經典禮制來説，悼固如果還沒有就封成爲大宗的宗子，則他是沒有祭祀先王的權利的，即所謂"公孫不得祖諸侯。"

另一種可能是悼固在望山簡書寫成簡之時已經被確立爲悼氏之大宗。那根據《禮記·大傳》"有百世不遷之宗，有五世則遷之宗。百世不遷者，別子之後也；宗其繼別子者，百世不遷者也。宗其繼高祖者，五世則遷者也"可知，如果悼固已經被確立爲悼氏大宗宗子，則他只有祭祀其祖"東宅公"的權利，而沒有祭祀"悼王"的權利，這是禮書所規定的作爲大宗宗子的根本祭祀制度。

無論悼固處於以上所述何種身份，依據經典他都沒有權利祭祀"楚悼王"，更遑論"楚聲王""楚簡王"。根據秦家咀低級貴族墓楚簡所言"五世"反推悼固祭祀也應上溯五世，是完全沒有依據的。據此而論，悼固祭祀"簡王(東大王)""聲(聖)王""悼王""東宅公"世系所據的楚國禮制規定與中原禮制的規定完全不符。

最後談一下新蔡葛陵楚簡的祖先祭祀系統。由於新蔡葛陵楚墓的墓主爲"平君輿成"①，其作爲楚國諸侯的身份較爲明顯，故對其祭祀祖先系統的分析不能以宗法制度涵蓋，而應該與諸侯的祭祀廟制相對比。在葛陵楚簡中的平輿君成是平輿的封君。根據《禮記·祭法》中諸侯的廟制"曰考廟，曰王考廟，曰皇考廟，皆月祭之；顯考廟，祖考廟，享嘗乃止"，平輿君成所祭的祖考廟應當就是昭王廟。按宋華強的分析，如果王孫厭不是平輿君成的父親，那麼平輿君成應該是楚昭王的孫子。無論如何，依據祭祀制度平輿君成是沒有祭祀楚平王的道理的。在葛陵楚簡中平輿君成還祭祀了其楚王伯父"惠王"、楚王堂兄"簡王"、楚王侄子"聲王"等先王，這在禮書中可以説全無依據，楊文對此已經做了充分説明。②葛陵楚簡中還有祭祀"荆王""文王"的簡文，更無法納入一般的諸侯祭祀禮制加以理解了。

---

①　平輿君成的世系參見朱德熙、裘錫圭、李家浩：《望山 1 號墓竹簡的性質和内容》，《江陵望山沙冢楚墓》附錄三，文物出版社 1996 年版，第 310~312 頁。

②　楊文將此定性爲"支子不祭"與平輿君成封君的身份不符，討論平輿君成的祭祀是否符合規範應將其納入諸侯廟制的框架加以討論。

　　楊華認爲楚國祖先祭祀制度與中原不同，有淫祀之嫌，其結論是可靠的。
楚祭禱簡所反映的楚國貴族祭祀制度應該是楚國實際祭祀活動的真實反映。這
些祭禱到底是在何種情況下進行的何種祭祀，與楚國貴族的立廟制度有什麼内
在關聯，通過簡文還没辦法得出可靠的結論。楚祭禱簡作爲一種對楚地禮俗的
實録文獻，並不具有經典禮書所述的規範性質，不能直接用於對祭祀禮典的研
究。這是以楚祭禱簡來研究禮制時所必須認識到的前提。它與金文所述禮典、
竹書所涉禮典、戰國圖案所繪禮典之間的屬性差異最大。楚國的實際祭祀制度
與中原地區的實際祭祀制度的差別有多大，也不能僅通過楚祭禱簡與禮書所述
祭祀禮典的差別來考察。由於中原地區還没有同樣性質的祭祀簡牘出土，戰國
時代不同地域祖先祭祀的差別，還有待於發現新的材料來加以研究。

第六章　秦漢出土文獻與兩周禮樂研究

　　理論上説，秦漢出土文獻中的涉禮文獻應該與兩周出土涉禮文獻的種類一樣豐富，並不僅僅包括書類文獻。由於秦漢出土文獻中金文銘文已經很少像西周青銅器銘文一樣反映重大禮制主題，故而秦漢金文無需納入兩周禮典的研究的範疇。秦漢出土器物上的紋飾非常豐富，例如漢代畫像磚、漆器上的圖案等表現了種種漢代社會、經濟、政治、文化的主題，它們往往只能作爲漢代思想文化的史料使用。基於審慎的態度，除非能證明漢代圖像遺存確能説明兩周禮典的具體情況，秦漢圖像類文獻也不用納入兩周禮典研究的範疇。秦漢文書簡册類文獻出土數量巨大，這些簡牘的實用屬性使得它們往往只反映秦漢社會生活的實際狀況，與兩周禮書中規範性禮典相隔遥遠。到目前爲止還不用將這一類文獻納入兩周禮典研究的範疇。

　　除了上述三類文獻之外，秦漢出土的書類簡帛中有不少與兩周禮典及先秦禮書密切相關的文獻。秦漢出土的書類文獻主要包括 1959 年出土的甘肅武威磨嘴子漢墓竹簡、1972 年出土的山東臨沂銀雀山漢墓竹簡、1973 年出土的河北定縣八角廊漢墓竹簡、1973 年出土的湖南長沙馬王堆漢墓帛書、1977 年出土的阜陽雙古堆漢墓竹簡、2009 年入藏北大的西漢竹書等。這些漢代出土文獻中與兩周禮典及先秦禮書相關性最大的是 1973 年出土的湖南長沙馬王堆漢墓帛書中的《喪服圖》以及 1959 年武威磨嘴子漢墓出土的《儀禮》及《喪服》竹簡。馬王堆漢墓簡帛近年由復旦大學出土文獻與古文字研究中心及湖南省博物館重新做了整理，中華書局出版了《長沙馬王堆漢墓簡帛集成》，整理者將馬王堆帛書《喪服圖》的性質定性爲一種地方性喪服制度文獻。本章對這項結論提出了質疑，並給出了新的意見。

　　另外，一些散見的先秦秦漢出土文獻爲研究先秦禮樂提供了重要資料。本章第二節主要利用秦漢傳世文獻與出土文獻考證先秦至秦漢禮樂制度變化。這一類型的研究方法，適用範圍非常廣泛。從這一部分的論述可以看到出土文獻材料對禮學研究的重要性，往往一宗並不引人注目的出土材料對於解決較爲宏觀的重大問題能起到舉足輕重的作用。

第一節　馬王堆漢墓《喪服圖》題記所反映的"本服"觀念

2014 年 6 月，復旦大學出土文獻與古文字研究中心、湖南省博物館聯合編纂完成了《長沙馬王堆漢墓簡帛集成》，並由中華書局正式出版。董珊是其中《喪服圖》（參見後圖 6-1）的整理者①，他在前人研究的基礎上，採用了胡平生新的斷讀意見，重新復原了《喪服圖》，並對馬王堆《喪服圖》的性質進行了討論。其後，《出土文獻與古文字研究》第六輯發表了程少軒《馬王堆漢墓〈喪服圖〉新探》（以下簡稱《新探》）一文②，文章對馬王堆《喪服圖》的研究做了細緻的文獻梳理，並再次進行了復原。程少軒在《新探》一文中，對過往馬王堆《喪服圖》研究中所存在的問題，做了非常好的討論，對《喪服圖》整理中存在的不足，提出了諸多補充意見，推進了學界對《喪服圖》的認識。本節將在此基礎上，對《喪服圖》的復原方案繼續加以討論。

一、《喪服圖》的兩種復原方案

爲了便於討論，先將《喪服圖》題記文字迻錄如下：

三年喪屬服
廿五月而畢

行其年者父斬衰十三月而畢
祖父▪伯父▪昆▪弟▪之子▪孫
姑▪姊▪妹▪女子▪皆齋衰九月而畢
箸大功者皆七月▪小功▪轉皆如箸

---

① 董珊整理：《喪服圖》，裘錫圭主編：《長沙馬王堆漢墓簡帛集成》第二册，中華書局 2014 年版，第 35 頁。

② 程少軒：《馬王堆漢墓〈喪服圖〉新探》，《出土文獻與古文字研究》第六輯，上海古籍出版社 2015 年版，第 621~632 頁。

以上"廿五月而畢"後的空行表示與後文"行其年者父斬衰十三月而畢"在圖上相隔較遠。曹學群在《馬王堆漢墓喪服圖簡論》(簡稱《簡論》)中對《喪服圖》題記文字的點斷如下：

> 三年喪，屬服廿五月而畢。
> 行其年者父，斬衰十三月而畢。
> 祖父、伯父、昆弟、昆弟之子、子、孫，
> 姑、姊、妹、女子子，皆齊衰九月而畢。
> 箸大功者皆七月。
> 小功、緦皆如箸。①

胡平生在《馬王堆帛書〈喪服圖〉所記喪服制度考論》(簡稱《考論》)中對曹學群的斷句表示了不同意見②，並加以重新釋讀。胡平生的釋讀如下：

> 三年喪，屬服廿五月而畢，行其年者父。
> 斬衰十三月而畢：祖父、伯父、昆弟、昆弟之子、子、孫。
> 姑、姊、妹、女子子，皆齊衰九月而畢。
> 箸大功者皆七月。
> 小功、緦皆如箸。

促使胡平生提出新方案的原因是其認識到"這樣釋讀、理解與傳世文獻顯然有較大的矛盾"。據此，胡平生認爲"由於題記被分割成爲左右兩塊，使釋讀者有一種誤解，似乎右面兩行應當單獨成句"③。也就是說，胡平生認識到根據曹學群的點斷方案來理解《喪服圖》，會與傳世禮書的記載產生很大的出入，所以推出了新的方案。然而，新的方案雖說在喪服的服期上能與傳世文獻

---

①　曹學群：《馬王堆漢墓喪服圖簡論》，《湖南考古輯刊》第六輯，嶽麓書社 1994 年版，第 226 頁。

②　胡平生：《馬王堆帛書〈喪制圖〉所記喪服制度考論》，《胡平生簡牘文物論稿》，中西書局 2012 年版，第 287 頁。

③　胡平生：《馬王堆帛書〈喪制圖〉所記喪服制度考論》，《胡平生簡牘文物論稿》，中西書局 2012 年版，第 287 頁。

相合，但在服制上却與喪服文獻大相徑庭①，而胡平生將其歸結爲"漢初喪服制度加重的原因"。

關於《喪服圖》上部題記文字的點斷釋讀，學界信從胡平生意見的還有《簡帛集成》中《喪服圖》的整理者董珊以及程少軒二位學者。董珊的復原意見，主要刊於《簡帛集成》中《喪服圖》的部分。除見於《簡帛集成》外，又見其未刊稿《喪服圖校注》②，後者有具體的復原方案，程少軒《新探》文末附有該圖。

由於《簡帛集成》使用了胡平生對於題記的新斷讀方案，所以胡平生的方案逐步取得了主流地位。在"紀念馬王堆發掘四十周年國際學術研討會"上，胡平生對諸家方案做了逐一評述，堅持認爲《考論》的釋讀點斷是正確的，並進一步判斷："我們懷疑這應該是當時廣泛傳抄的普及喪禮知識、介紹喪服制度的讀品。""這張《喪服圖》可能是《儀禮》《禮記》所載的複雜的喪服制度的一種簡化版，它要以最簡略的形式和文字將原本十分複雜的親屬關係之喪服喪期講明，以最直觀的圖表形式標示，所謂的'喪服加重，喪期相同'，大概是將複雜的制度整齊劃一式的調整。由於喪期不變，我們認爲從喪服制度的角度來說，並無實質性的差異。"③

由於胡平生斷讀方案不但没能够彌合曹學群斷讀與傳統禮書所載的罅隙，反而使得《喪服圖》題記文字不但要隔開空白斷句，而且左右兩邊字體大小明顯不同的部分要連爲一句，這明顯違背了一般人的書寫和閱讀習慣。不僅如此，胡平生方案從禮學史和禮制史的角度來看，將己爲"祖父、伯父、昆弟、昆弟之子、子、孫"所服的"齊衰"整齊爲"斬衰"，對於先秦乃至後世的五服制度來說都是很大的顛覆。即使《喪服圖》所反映的是一種漢初邊緣地區的喪服服制，對經典禮制做如此劇烈的調整恐怕也是不太可能的。因此，學者中相信曹學群點斷方案的仍不在少數，如來國龍就依據曹學群點斷方案在《馬王堆〈喪服圖〉考》(The Diagram of the Mourning System from Mawangdui，簡稱《圖

① 後面的討論中將嚴格區分喪服的"服制"與"服期"，稱"喪服"時是合"服制"與"服期"爲説的，稱"服制"時，僅指的是"斬衰、齊衰、大功、小功、緦"等喪服形制，而稱"服期"指的是"二十五月(三年)、十三月(期年)、九月、七月、五月、三月"等服喪時長。
② 董珊整理：《喪服圖校注》，待刊稿。本文作者未見，董珊先生的意見根據胡平生會議 PPT 與程少軒《新探》轉引。
③ 胡平生：《〈馬王堆帛書喪服圖〉再論》，紀念馬王堆發掘四十周年國際學術研討會 PPT。

考》)中給出了復原圖。①

　　無論是從信曹學群斷讀，還是胡平生斷讀，諸家復原方案的起點都是基於《喪服圖》題記與圖示相一致這一判斷。正是由於這一點，造成了兩種意見不可調和的矛盾，也造成了《喪服圖》題記中部分文字不能落實的困難。我們認爲《喪服圖》的題記與圖中所標識的文字並不相同，而且實際上存在着較大差異。後文將集中論述這一點，説明《喪服圖》題記和圖示的差異正揭示了《儀禮·喪服》傳文部分所試圖説明的"服術"内容。

二、为父期年與根據服術對"三年喪"的喪期調整

　　程少軒《新探》信從胡平生《考論》的點斷釋讀方案，認同胡文批評曹學群斷讀方案與傳世文獻不合，並給出了反對曹學群斷讀的另一關鍵證據：

　　　　在參與《長沙馬王堆漢墓簡帛集成》帛書整理的過程中，我們在帛書殘片中發現了三塊有墨書痕迹的深黑色碎帛，應該是《喪服圖》的碎片。其中第一片字跡仍較清晰，寫的是"衰　廿五月"。該殘片約有《喪服圖》方格的四分之一大小，應爲"子"之方格殘片。據此可推知，方格内説明文字將子分爲嫡子與庶子，庶子按斬衰十三月服喪，而嫡子則按斬衰廿五月服喪。②

　　應該説，這個證據對於程少軒在《新探》中支持胡平生方案起到了重要的作用，也成了目前學者相信胡平生方案的關鍵證據。由於存在已"爲嫡子"服"斬衰二十五月"的殘片，則《喪服圖》中己"爲父服"必然爲斬衰二十五月。

　　假設《喪服圖》題記文字與圖示一致的話，則胡平生《考論》一文"三年喪，屬服廿五月而畢，行其年者父"這種點斷釋讀方案顯然較爲優越，也使得胡文對題記首句之後文字的點斷顯得較爲自然平順，不感突兀。

　　然而，如果《喪服圖》題記文字與圖示並不相同的話，則曹學群《簡論》對

---

　　①　來國龍：《馬王堆〈喪服圖〉考》(The Diagram of the Mourning System from Mawangdui)，法蘭西學院"從圖像到行爲：中國學術與宗教文化中視覺表現之動態"(From Image to Action: The Dynamics of Visual Representation in Chinese Intellectual and Religious Culture)學術交流會論文，2001 年 9 月 3—5 日；後刊於《早期中國》(Early China)第 28 期，2003 年，第 43~99 頁。

　　②　程少軒：《馬王堆漢墓〈喪服圖〉新探》，《出土文獻與古文字研究》第六輯，上海古籍出版社 2015 年版，第 630 頁。

題記的釋讀方案就仍然可以成立，也更爲平實自然。《喪服圖》左上的"三年喪，屬服廿五月而畢"獨立成句。這十個字比後面的字大，三年喪是先秦喪服制度最爲突出的特徵，在此正説明了整幅圖所述内容的核心。

從傳世禮書文獻中，是否能找到題記與圖示不同的綫索依據？胡平生《考論》引到了《禮記·三年問》，這裏再引一下：

> 三年之喪何也？曰：稱情而立文，因以飾群，别親疏貴賤之節，而不可損益也。故曰：無易之道也。
>
> 三年者，稱情而立文，所以爲至痛極也。斬衰苴杖，居倚廬，食粥，寢苫枕塊，所以爲至痛飾也。三年之喪，二十五月而畢；
>
> ……
>
> 然則何以至期也？曰：至親以期斷。是何也？曰：天地則已易矣，四時則已變矣，其在天地之中者，莫不更始焉，以是象之也。
>
> 然則何以三年也？曰：加隆焉爾也，焉使倍之，故再期也。
>
> 由九月以下何也？曰：焉使弗及也。
>
> 故三年之喪，人道之至文者也，夫是之謂至隆。是百王之所同，古今之所壹也，未有知其所由來者也。孔子曰："子生三年，然後免於父母之懷；夫三年之喪，天下之達喪也。"①

胡平生《考論》認爲以上引文是爲父服三年喪（即二十五月）的一個證據，然而在這段話中，更值得注意的恰是"然則何以至期也？曰：至親以期斷"。以及"然則何以三年也？曰：加隆焉爾也，焉使倍之，故再期也"。顯然，通過文本可以看到，《禮記·三年問》的問答者認爲爲至親所服理當爲"期年"，並以"天地則已易矣，四時則已變矣，其在天地之中者，莫不更始焉，以是象之也"作爲爲至親服"期年"的合理性解釋。這成爲理解《喪服圖》題記與圖上標識不同的一個突破口。

經典禮書規定的子爲父所服的服制爲斬衰三年（也即二十五個月），問者據此發問"然則何以三年也？"答者曰："加隆焉爾也，焉使倍之，故再期也。"也就是説三年之喪所服的二十五個月是從期年所服的十三個月加倍而來的。由此可以發現一種在禮學家内部對於喪服制度的思想觀念——即爲某種關係的親

---

① （東漢）鄭玄注，（唐）孔穎達疏，吕友仁整理：《禮記正義》，上海古籍出版社2008年版，第2188~2189頁。

屬本應服的喪服服期，和經過服術調整過的喪服服期之間是有差異的。落實到子爲父服，則子應該爲至親的父親服斬衰期年，而經過服術的調整，即"加隆爲爾也，爲使倍之，故再期也"，成了二十五個月，即三年喪所規定的喪服服期。《禮記·三年問》："然則何以至期也？曰：至親以期斷。"孔穎達疏曰："言三年之義如此，則何以有降至於期也？期者，謂爲人後者，父在爲母也。""言服之正，雖至親，皆期而除也。"可以看到，在孔穎達的時代學者對喪服制度存在着"服之正"的觀念，也即前面所述"爲某種關係的親屬本應服的喪服服期和服制"，在後面的論述中將之稱爲"本服"。

　　沿着這個思路，繼續尋找傳世禮書中的以服術調整喪服的論述，《禮記·大傳》云：

　　　　服術有六：一曰親親，二曰尊尊，三曰名，四曰出入，五曰長幼，六曰從服。①

《禮記·喪服四制》云：

　　　　其恩厚者，其服重；故爲父斬衰三年，以恩制者也。②

在《禮記·喪服四制》篇的作者看來，爲父服斬衰三年，是經過服術"親親"調整後的服制，由於恩厚，故服制加重。而《禮記·大傳》篇的作者認爲，"上治祖禰，尊尊也；下治子孫，親親也"③，爲父喪服加隆，是因爲父親地位的尊貴。無論禮學家在對於先秦服制變化的解釋上採取怎樣一種闡釋的路徑，對於三年之喪是經過調整後形成的結果，却是沒有分歧的。

三、對《喪服圖》題記與圖示關係的再認識

　　根據程少軒《新探》知道，復原圖中己爲父、己爲嫡子所服，應該都是斬衰二十五月。又根據之前的分析可知，《喪服圖》圖示是經過服術調整後的喪

---

① （東漢）鄭玄注，（唐）孔穎達疏，呂友仁整理：《禮記正義》，上海古籍出版社2008年版，第1360頁。

② （東漢）鄭玄注，（唐）孔穎達疏，呂友仁整理：《禮記正義》，上海古籍出版社2008年版，第2351頁。

③ （東漢）鄭玄注，（唐）孔穎達疏，呂友仁整理：《禮記正義》，上海古籍出版社2008年版，第1352頁。

服，與《儀禮·喪服》中規定的喪服制度無異。而題記中所述"行其年者父，斬衰十三月而畢"，正是繪製《喪服圖》的禮學家所認爲的經過服術調整之前應該爲至親所服的本來面貌，即"然則何以至期也？曰：至親以期斷"所反映的觀念。

循着這個思路，再來看各方案中分歧最大的題記中間部分：

祖父、伯父、昆弟、昆弟之子、子、孫，

姑、姊、妹、女子子，皆齍衰九月而畢。

首先臚列《儀禮·喪服》中，對這些親屬關係服制的規定：

疏衰裳……期者：

祖父母。《傳》曰：何以期也？至尊也。

世父母，叔父母。《傳》曰：世父、叔父何以期也？與尊者一體也。

昆弟。爲衆子。昆弟之子。《傳》曰：何以期也？報之也。

適孫。《傳》曰：何以期也？不敢降其適也。①

姑、姊、妹、女子子適人無主者。姑、姊妹報。《傳》曰：無主者，謂其無祭主者也。何以期也？爲其無祭主故也。②

大功布衰裳……九月者：

姑、姊妹、女子子適人者。《傳》曰：何以大功也？出也。③

從對於爲父服"斬衰三年"的討論中看到，以上親屬在《儀禮·喪服》所記的《服傳》裏面④，爲每一類親屬所服的服制都是經過服術調整的。祖父母由於"至尊"而加隆（尊尊）；世父、叔父由於與父一體而加隆（尊尊）；昆弟與己一體而加隆（親親）；子（衆子）由於"下治子孫，親親也"而加隆（親親）；昆弟

---

① （東漢）鄭玄注，（唐）孔穎達疏，王輝整理：《儀禮注疏》，上海古籍出版社 2008 年版，第 910～916 頁。

② （東漢）鄭玄注，（唐）孔穎達疏，王輝整理：《儀禮注疏》，上海古籍出版社 2008 年版，第 933 頁。

③ （東漢）鄭玄注，（唐）孔穎達疏，王輝整理：《儀禮注疏》，上海古籍出版社 2008 年版，第 954 頁。

④ 《服傳》是《儀禮·喪服》的傳文，今本未見單傳的《服傳》本子，武威漢簡中有單傳的《服傳》本，以下涉及《儀禮·喪服》傳文的内容都簡稱《服傳》或《傳》文。

之子以相報而加隆(相報)；孫(嫡孫)以承重不降其嫡而加隆(尊尊)。由此可知己爲"祖父、伯父、昆弟、昆弟之子、子、孫"所服"期年"都是加隆過的，本不應與己爲父所服的"本服""期年"相同，而應該如題記所述均爲九月。

胡平生《考論》説"文獻記載，爲'姑、姊、妹、女子子'喪服爲大功"(九月)，"適用於'姑、姊、妹、女子子'適人者"。此處的討論還不夠充分，《儀禮·喪服》還記載己對於"姑、姊、妹、女子子適人無主者"爲之服"齊衰期年"，《服傳》曰："無主者，謂其無祭主者也。何以期也？爲其無祭主故也。"這在服術中屬"出入"的範疇。如果題記所記己爲"姑、姊、妹、女子子"的本服爲齊衰九月，就能發現己對於"姑、姊、妹、女子子適人者"所服是根據服術"出入"減殺而成爲"大功九月"的，所減的是服制；而對於"姑、姊、妹、女子子適人無主者"所服是根據服術"出入"加隆而成爲"齊衰期年"的，所加的是服期。這與《服傳》對己爲"姑、姊、妹、女子子適人無主者"問服制(何以"大功")，而對己爲"姑、姊、妹、女子子適人者"問服期(何以"期年")，構成了一個有趣的對比，這正説明己爲未出嫁的"姑、姊、妹、女子子"的"本服"是"齊衰九月"。"大功九月"所變化的是服制(齊衰降爲大功)，而"齊衰期年"變化的是服期(九月加爲期年)。

己爲"祖父、伯父、昆弟、昆弟之子、子、孫"所服《服傳》有説(這裏的子指"衆子"，《服傳》無説，而《禮記·大傳》有説可補)，而且《服傳》問的都是服期而不是服制，根據己爲"姑、姊、妹、女子子"《服傳》所問的分析，在對這些親屬的喪服制度上，所加隆的一定是服期(故問何以"期年")，而不是服制，這驗證了《喪服圖》題記所記己爲"祖父、伯父、昆弟、昆弟之子、子、孫"的"本服"爲"齊衰九月"的假設，《儀禮·喪服》"齊衰期年"較之"齊衰九月"正是加隆了服期，而没有加隆服制，《服傳》所問當然只能是服期上的變化。

由上舉所知，己爲"祖父、伯父、昆弟、昆弟之子、子、孫"以及未出嫁的"姑、姊、妹、女子子"所服之"本服"都是"齊衰九月"，這是將這些親屬歸於同一長句中點斷的根本依據。《喪服圖》題記中，己爲這些親屬所服均爲"齊衰九月"，而不是按經典文獻《儀禮·喪服》所記"齊衰期年"。這些親屬在禮學家的觀念裏，己爲他們本來所應該服的喪服與《儀禮·喪服》所記是不同的。爲父親服期年十三月而加隆至二十五月(三年)，爲這些親屬所服也較《喪服》所記的服制要輕或重。由此理解《喪服圖》題記"祖父、伯父、昆弟、昆弟之子、子、孫；姑、姊、妹、女子子皆齊衰九月而畢"就非常合理了。

據此，可以説"齊衰九月"才是齊衰服期没有經過服術調整原來所應該服的喪期。題記載"書大功皆爲七月"（"箸"讀爲"書"，據董珊所釋①），就是大功服期沒有經過服術調整原來所應該服的服期，所有《喪服圖》中寫有大功的方格，親屬的"本服"應該都是七個月。這裏的"箸"是作爲動詞"書"用的，由於斬衰、齊衰和大功的喪期與《儀禮·喪服》的記載不同，所以都特別加以説明。"小功、總皆如書"，意即如《喪服》所述，喪服服期爲五月和三月。"小功、轄皆如箸"之"箸"明顯是用作名詞的"書"，這裏的"書"指的是《喪服》本身，也就是"小功"和"總"與《喪服》記載的"五月""三月"是完全一致的。

根據胡平生在"紀念馬王堆漢墓發掘四十周年國際學術研討會"上的演講知道："2003 年會後曹學群帶着我和來國龍先生於觀察帛畫原物時，'看到墨色方塊裏有'大功×月''小功×月'字樣。"如果現實情況真如胡平生所説，那題記"書大功皆爲七月"豈不是與圖示中"大功×月"相重複了嗎，這也從一個側面説明，題記並不是對圖上文字的重複。如果題記與圖示內容一致，則《喪服圖》中所有標爲"大功"的方格都不必書"×月"了。

經過如上梳理，斬衰期年，齊衰九月，大功七月、小功五月、總三月顯然是一個相對整齊化了的服制服期的排列，這相較於《儀禮·喪服》所記"斬衰二十五月，齊衰期年，大功九月、小功五月、總三月"，顯然在形式上更趨整齊。一般禮儀習俗的實際與其文化解釋系統的關係，往往是習俗在先，而解釋系統在後。先秦是不是確實存在一個整齊化了的喪服喪期排列，並不能就此斷定。理論有整齊化的趨勢和內在要求，先秦至漢代治喪服的禮學家，在喪服制度上用一套合理的解釋體系來解釋和規範現實的禮俗，這是易於被理解的。

四、重新復原《喪服圖》圖示

在新的認識下，對《喪服圖》（見圖 6-1）的復原思路就由此明確了。由於題記與《喪服圖》圖示所繪製的內容並不具有文字和圖示一一對應的關係，題記僅僅用作對讀圖者的提示，而圖示所標注的喪服服制和服期是從題記所記的"本服"通過服術調整而來的結果，從而與經典文獻《儀禮·喪服》所記一致，諸家的復原方案都是在題記與圖示一致的思路下復原的，因而皆不可從，筆者的復原方案見圖 6-2（圖中底色按照程少軒《新探》的結論標注）：

---

① 董珊整理：《喪服圖》注十七，裘錫圭主編：《長沙馬王堆漢墓簡帛集成》第二册，中華書局 2014 年版，第 165 頁。

圖 6-1　馬王堆《喪服圖》

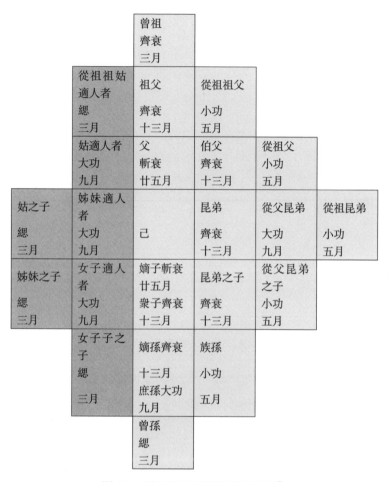

圖 6-2　馬王堆《喪服圖》復原方案①

　　由於筆者的復原方案所復原的《喪服圖》圖示方格中的內容與《儀禮·喪服》的記述一致，所以有必要比較一下圖 6-1 與《儀禮·喪服》記述的異同。爲了方便論述，可以對照錢玄《三禮通論》中總結的《喪服圖表》(見圖 6-3)②：

———————————

　　①　圖示中"姑、姊、妹、女子子"所記也完全可能是"適人而無主者"的情況，由於"適人而無主者"可以看成"適人者"的一個更複雜的情況，根據圖示從簡的原則，在圖上使用了"姑、姊、妹、女子子適人者"的喪服情況。

　　②　錢玄：《三禮通論》，南京師範大學出版社 1996 年版，第 453 頁。

				高祖父母*① 齊衰 三月			
			族曾祖父母 緦 三月	曾祖父母 齊衰 三月			
		族祖父母 緦 三月	從祖祖父母 小功 五月	祖父母 齊衰不杖 期年	外祖父母 小功 五月		
	族父母 緦 三月	從祖父母 小功 五月	世叔父母 齊衰不杖 期年	父 斬衰 三年	父在杖期 父卒齊衰 母三年	舅 緦 三月	妻之父母 緦 三月
族昆弟 緦 三月	從祖昆弟 小功 五月	從父昆弟 大功 九月	昆弟姊妹在室 齊衰不杖 期年	己			妻 齊衰杖 期年
	從祖昆弟之子 緦 三月	從祖昆弟之子 緦 三月	昆弟之子 齊衰不杖 期年	嫡子斬衰三年 衆子齊衰 不杖期	嫡婦大功 九月 庶婦小功五月	甥 緦 三月	
		從父昆弟之孫* 緦 三月	昆弟之孫 小功 五月	嫡孫不杖期 庶孫大功			
			昆弟之曾孫 緦 三月	曾孫 緦 三月			
				玄孫* 緦 三月			

圖 6-3　錢玄《三禮通論》中總結的《喪服圖表》

　　錢玄《喪服圖表》是根據《儀禮·喪服》文本繪製的，並不是漢代喪服圖的本來面貌。有理由相信馬王堆《喪服圖》更接近漢代喪服圖主流形式。可

---

① 有＊者，《儀禮·喪服》未載，錢玄推知而補。

以將錢玄《喪服圖表》看成《儀禮·喪服》的全圖，而馬王堆《喪服圖》是其中的一個局部。其差異是《儀禮·喪服》所載的外姻親屬，《喪服圖》是不載的。由於《喪服圖》没有提到爲母爲妻所服的，所以爲母家外祖父母、舅及妻之父母等喪服一概闕如。根據這個原則，父輩及子輩的妻子也不在此圖述論範圍之内，因此無論題記與圖示都没有這方面的内容。可以説馬王堆《喪服圖》是一個記述本族喪服的文獻。而爲本族所服的，又恰是《喪服》所記的核心内容。

《儀禮·喪服》未記高祖，馬王堆《喪服圖》亦無。《喪服》記爲族曾祖父母、族父母、族昆弟、從祖昆弟之子緦，《喪服圖》付之闕如。《喪服》未記從父昆弟之孫、昆弟之曾孫、玄孫，《喪服圖》亦未記。通過比較，所省略者皆爲喪服服緦者，聯繫"小功、緦皆如書"，《喪服》未記者，固然爲《喪服圖》所省略，《喪服》記録"小功與緦"者，也可能因爲"如書"且服制並没有經過服術的調整，《喪服圖》就不再加以圖示説明了。《喪服圖》相比《喪服》，所載的關係範圍略小一點，省略了爲之服緦的"族曾祖父、族父、族昆弟、從祖昆弟之子"。

《喪服圖》中程少軒按親屬所出連綫補出的從祖祖姑、姑、姊、妹、女子子、外孫、姑之子、姊妹之子(甥)。在《喪服》中全部都有明文記載，這些親屬關係載於《喪服圖》並不是偶然的，而是《喪服圖》作者根據前述"不叙述外姻而僅叙述本族親屬"的繪圖原則篩選而定的。《喪服圖》分爲本族男性、女性親屬左右兩個部分，這是根據《喪服》所能繪出的最大跨度的本族親屬喪服圖了。通過細加比較，可以説大功以上(含大功)的本族親屬《喪服圖》與《儀禮·喪服》是一一對應的。由此可知，《喪服圖》是嚴格按照《儀禮·喪服》所述繪製的，且僅僅選取了最核心的本族部分①，圖上所繪内容全部都是《喪服》所載，這是《喪服圖》依據《喪服》而作的又一重要證據，關於這一點以前復原諸家都未予以揭示。

下面，用表格的形式表明《喪服圖》題記與圖示之間的叙述差距，即是《喪服》傳文所要説明的服術調整内容(見表 6-1)：

---

① 程少軒《新探》復原圖注 ＊ ＊ 所謂擬補的説明有誤，爲曾祖、從祖祖姑所服，《喪服》皆有明文。

表 6-1　馬王堆《喪服圖》服術調整的説明表

與己之親屬關係	題記記載（本服）	圖示（復原）	《喪服》傳文、《禮記大傳》所述之服術調整
父	斬衰期年	斬衰二十五月（三年）	爲父何以斬衰也？父至尊也（以尊尊加隆）
祖父	齊衰九月	齊衰十三月（期年）	至尊也（以尊尊加隆）
伯父	齊衰九月	齊衰十三月（期年）	《傳》曰：世父、叔父何以期也？與尊者一體也（以尊尊加隆）
昆弟	齊衰九月	齊衰十三月（期年）	《傳》曰：……昆弟一體也……昆弟四體也，故昆弟之義無分（以親親加隆）
昆弟之子	齊衰九月	齊衰十三月（期年）	《傳》曰：然則昆弟之子何以亦期也？旁尊也，不足以加尊焉，故報之也（報服）
嫡子	斬衰十三月	斬衰二十五月（三年）	《傳》曰：何以三年也？正體於上，又乃將所傳重也（以親親加隆之後，再以尊尊加隆）
衆子	齊衰九月	齊衰十三月（期年）	《大傳》：下治子孫，親親也（以親親加隆）
嫡孫	齊衰九月	齊衰十三月（期年）	《傳》曰：何以期也？不敢降其適也（以尊尊加隆）
姑（適人者）	齊衰九月	大功九月	《傳》曰：何以大功也？出也
姑（適人無主者）		齊衰期年	《傳》曰：無主者，謂其無祭主者也。何以期也？爲其無祭主故也
姊妹（適人者）	齊衰九月	大功九月	《傳》曰：何以大功也？出也
姊妹（適人無主者）		齊衰期年	《傳》曰：無主者，謂其無祭主者也。何以期也？爲其無祭主故也

續表

與己之親屬關係	題記記載 (本服)	圖示(復原)	《喪服》傳文、《禮記大傳》 所述之服術調整
女子子(適人者)	齊衰九月	大功九月	《傳》曰：何以大功也？出也
女子子(適人無主者)		齊衰期年	《傳》曰：無主者，謂其無祭主者也。何以期也？爲其無祭主故也
從父昆弟	大功七月	大功九月	《服傳》無説，父與諸父有同體之親，疑以親親加隆
庶孫	大功七月	大功九月	《大傳》：下治子孫，親親也(以親親加隆)
曾祖	緦三月	齊衰三月	《傳》曰：何以齊衰三月也？小功者，兄弟之服也，不敢以兄弟之服服至尊也(以尊尊加隆)
小功諸親	小功五月	小功五月	無調整
緦諸親	緦三月	緦三月	無調整

以上喪服經過服術調整的内容(表 6-1 第四列)，絕大多數在《儀禮·喪服》傳文中都有明文，而且與《喪服》禮文緊密貼合，一一對應，這就明確説明了《喪服》傳文所問的内容，就是《喪服圖》題記與圖示的差異所要揭示的關係。

需要補充説明幾點，其一，嫡子在《喪服圖》題記部分没有提及，由於程少軒《新探》所舉的殘片即是父爲嫡子所服，所以在復原圖中將其補入。其二，題記中所述之"子"當爲《儀禮·喪服》中之衆子，按鄭玄注即當是士之庶子，如果爲衆子所服之本服爲"齊衰九月"，那麼與《喪服》己爲衆子服"齊衰十三月"有所差異，而《喪服》傳文未予以解釋。《禮記·大傳》有"上治祖禰，尊尊也；下治子孫，親親也；旁治昆弟……"作爲喪服服術的原則，傳文以"尊尊"調整喪服皆有明文，而以"親親"調整喪服却多語焉不詳，作爲一種合理的解釋，爲"衆子""庶孫"的喪服調整，應該都是根據"親親"原則加隆的。爲庶子根據"親親"原則從"齊衰九月"加隆至"齊衰十三月"，爲嫡子則再根據"報"的原則從"斬衰十三月"加隆至"斬衰二十五月"。可以平行對觀

的是爲庶孫根據"親親"原則從"大功七月"加隆至"大功九月"，爲嫡孫則再
根據"報"的原則從"齊衰九月"加隆至"齊衰十三月"。其三，依據同樣的理
由可以得出，爲從父昆弟所服從"大功七月"加隆至"大功九月"，是與爲昆弟
所服從"齊衰九月"加隆至"齊衰十三月"相平行的。另外，《喪服圖》題記部分
所述之"孫"，是指嫡孫，其位置在《喪服》中正處於"伯父、昆弟、昆弟之子、
庶子"與"姑、姊妹、女子子"之間。關於這點，之前的諸家復原方案都没有説
明，而默認此處的"孫"爲嫡孫。這與題記中"孫"之前的"子"指衆子其實是有
矛盾的，目前這個矛盾只能認爲是《喪服圖》作者故意爲之，默認讀圖者或都
明白其中之差異。[①]

五、馬王堆《喪服圖》的禮典性質

根據上述分析，本節所述的馬王堆《喪服圖》復原方案對《喪服圖》所載的
內容給出了恰切的文本和禮學解釋。首先，支持曹學群在《簡論》中的斷句方
案，這個方案從《喪服圖》上的文句分佈看最爲合理，不用隔空點斷句子，
這符合人的一般書寫和閱讀習慣。其次，對於"書大功者皆七月"與"小功、
緦皆如書"在理解上有了更明確的認識，即前者説明的是大功的"本服"當爲
七月，後者説明"小功和緦的喪期與《喪服》所載一致"。再次，這個方案説
明了題記與圖示的內容並不是一致的，而是對比參照的關係，也就能進一步
解釋殘片中所識讀出內容與題記不合的原因。最后，對《喪服圖》圖示的重
新復原與《儀禮·喪服》所記已爲本族所服的喪服密合。

如果本節的復原方案符合馬王堆《喪服圖》繪製的實際的話，就能解釋《喪
服圖》與馬王堆諸多儒家、道家經典同出的原因，西漢研究喪服制度的禮學家
自成系統，他們的學説在西漢的文化背景下不會徹底突破經典的框架。胡平生
《考論》一文認爲的"祖父、伯父、昆弟、昆弟之子、子、孫"皆斬衰期年，則
在禮學史、禮制史上下均未見可接續的理論和實踐傳統，顯得非常突兀。馬王
堆《喪服圖》很可能是一派專傳《儀禮·喪服》的禮學家傳習所用文獻，將《喪

---

① 將題記"祖父▪伯父▪昆=弟=之子=孫"句按照重文符號復原之後，"子"與"孫"
並列。按照筆者的釋讀方案，只能將"子"理解爲庶子，把孫理解爲嫡孫。雖然這樣能將二
者説通，但從文意來看並不完善。考慮到馬王堆帛書抄本不但存在着脱字與誤字的情況，
還有不少誤抄或漏抄重文號的現象。因此，考慮"子"字後的重文號"="是斷句符號"▪"之
誤。若然，則該句題記當改釋爲"祖父、伯父、昆弟、昆弟之子、孫"，爲之"本服"齊衰九
月的親屬不包括"子"，這樣"孫"不再需要區分嫡庶，文意上就較爲完滿了。

服》的部分内容按教學要求繪製成圖，並且通過題記説明他們認爲没有調整過的"本服"服制如何。讀《喪服圖》的讀者發現題記所記"本服"與圖示所記的實際喪服有別，從而爲説明調整喪服服制的服術提供提示，這樣的《喪服圖》正可以作爲《喪服》的配套教材使用。

由於此圖説明的是己爲本族所服的核心内容，則己爲妻族、母族，以及己身爲大夫之後爲本族服喪的情況，可能用其他專圖説明。通過馬王堆《喪服圖》可以推想，漢代經典《喪服圖》的形制，並不像現代通過《儀禮·喪服》所復原的圖樣，將本族、母族、妻族混於一圖，而是分圖加以説明的。驗諸元代傳漢王章九族《雞籠圖》，以及《明會典》之《本宗九族五服圖》《外親服圖》《妻親服圖》，這種分圖的《喪服圖》模式應該有很古的來源，馬王堆《喪服圖》就是一個很好的例證。

有意思的是，《儀禮·喪服》禮文後的《記》和《傳》兩種文體，正好對應了《禮記·喪服小記》和《禮記·大傳》①，《大傳》比較集中地記載了服術的主要原則，這正是《儀禮·喪服》傳文的核心内容；《喪服小記》則與《喪服》記文的形式類似。從《喪服圖》的題記來看，"如書"指的應該是《喪服》禮文所指的内容，而《儀禮》傳文所載恐怕恰恰是習《喪服》者讀《喪服圖》後要問於老師的内容了。

沈文倬通過《漢簡〈服傳〉考》一文②，詳細論證了武威漢墓所出木竹簡《儀禮》九卷中木簡《服傳》兩篇——甲、乙本《服傳》是兩漢時代與《禮經》全經別行、又與《喪服》單經並行的《喪服》單傳。《服傳》甲、乙本與今本傳文除若干處小異外，全文相同。沈文反駁了陳夢家以爲漢簡《服傳》是撰傳者有意删削，"經記俱大有删節"，並推斷出土木簡本《服傳》"可能是屬於慶氏之學"的臆測。如果説遠在西北邊陲的武威漢簡《服傳》與今本《儀禮·喪服》所載傳文基本一致，反映的是同一來源的禮學文獻的話，在漢代西南邊陲所發掘出的馬王堆《喪服圖》一樣很可能是《喪服》系統的經典文獻，漢代喪服學術傳承的面貌可以從兩個邊地所出的不同文獻中窺其一斑。

通過本節對《喪服圖》的重新復原與解釋，可知在先秦至西漢的禮學觀念中，喪服應該有未經服術調整的"本服"與通過服術調整後"所服"的差別。這或許是傳習《喪服》禮學家的一種共識，這種共識或明或暗地存在於各種存世

---

① 根據《傳》亦解《記》的格局，一般認爲《傳》要晚於《記》。
② 沈文倬：《漢簡〈服傳〉考》，《文史》第二十四、二十五輯，中華書局 1985 年版。

的記録喪服制度的文獻之中。馬王堆《喪服圖》的意義在於，讓我們首次認識到記述這種禮學觀念的漢代文本是真實存在的。

第二節 "陽春白雪""下里巴人"古曲定名新證

自西漢以來，受宋玉文賦的巨大影響，歷代文苑多喜取用"陽春白雪""陽阿薤露""下里巴人"等典故，比喻人之趣味品流有雅俗高下之分，且在文賦中常常單獨使用"陽春""白雪""下里""巴人""陽阿""薤露"等名。此式引用既久，致後世對於《下里巴人》《陽阿薤露》《陽春白雪》各爲一曲的曲名，還是分別作兩曲的曲名(即《下里》《巴人》《陽阿》《薤露》《陽春》《白雪》六名)常常莫衷一是。這不但引起不同整理標點本在此問題上的巨大分歧，在不同的學術討論中各家也持不同的立場。

從依違的比例來看，主張《下里》《巴人》《陽阿》《薤露》《陽春》《白雪》爲六種不同古曲的人數，要遠多於以《下里巴人》《陽阿薤露》《陽春白雪》爲三種古曲的人數。這與漢人對以上古曲的引録方式大有關係，如司馬相如《美人賦》有"臣遂撫弦，爲《幽蘭》《白雪》之曲"。馬融《長笛賦》有"中取度於《白雪》《淥水》，下採制於《延露》《巴人》"。揚雄《蜀都賦》有"躓《淒秋》，發《陽春》"。李善注："《淒秋》《陽春》，並曲名。"此種引用多見於漢賦及後世文辭。本文擬結合傳世文獻與出土文獻，證實在先秦時代《下里巴人》《陽阿薤露》《陽春白雪》實爲三首獨立的古曲名，並進一步討論戰國新曲的興起及其鮮明的地域特徵。

一、關於三首古曲名的認識分歧

《文選》第四十五卷收録宋玉《對楚王問》一篇，其文照録如下：

楚襄王問於宋玉曰"先生其有遺形與？何士民衆庶不譽之甚也！"

宋玉對曰："唯，然，有之。願大王寛其罪，使得畢其辭。客有歌於郢中者，其始曰《下里巴人》，國中屬而和者數千人；其爲《陽阿薤露》，國中屬而和者數百人。其爲《陽春白雪》，國中有屬而和者，不過數十人；引商刻羽，雜以流徵，國中屬而和者，不過數人而已。是其曲彌高其和彌寡。故鳥有鳳而魚有鯤。鳳皇上擊九千里，絶雲霓，負蒼天，足亂浮雲，翱翔乎杳冥之上。夫蕃籬之鶡，豈能與之料天地之高哉？鯤魚朝發昆侖之墟，暴鬐於碣石，暮宿於孟諸。夫尺澤之鯢，豈能與之量江海之大哉？故非獨鳥有鳳而魚有鯤也，士亦有之。夫聖人瑰意琦行，超然獨處；夫世俗之民又安知臣之所爲哉？"①

以上相同内容的文字又見於東晉習鑿齒《襄陽耆舊記》這部雜傳類史書。《襄陽耆舊記》到南宋以後已經散佚，今天所見的五卷本爲宋元以來衆多學者的輯佚增補本②，故與《文選》所記的《對楚王問》尚有不小的出入，其文迻録如下：

> 玉識音而善(友)〔文〕，〔襄〕王好樂〔而〕愛賦，既美其才，而憎之(仍)〔似〕屈原也。曰："子盍從〔楚之〕俗，使楚人貴子之德乎？"對曰："昔楚有善歌者，〔王其聞歟？〕始而曰下里巴人，國中屬而和之者數(百)〔萬〕人；(既)〔中〕而曰(陽春白雪，朝日魚離)〔陽阿采菱〕③，國中屬而和之者(不至十)〔數百〕人；〔既而曰陽陵白露，_{白露，曲名也。}朝日魚離，_{魚離，曲名也。}〕④含商吐角，絶節赴曲，國中屬而和之者不(至三人矣)〔過數人〕，〔蓋〕其曲彌高，其和彌寡也。"⑤

第一段文字中含有古曲名《下里巴人》《陽阿薤露》《陽春白雪》，第二段文字中除含有《下里巴人》《陽春白雪》外，還有《陽阿采菱》《陽陵白露》《朝日魚離》三曲名。

檢《漢語大詞典》相關條目(簡稱《漢大》)，將與此古曲相關的詞語分列於六個條目之下，分別爲"下里""巴人""陽阿""薤露""陽春""白雪"，六個條

---

① 宋玉：《對楚王問》，《文選》第五册，上海古籍出版社 1986 年版，第 1999 頁。

② 吴金華：《〈襄陽耆舊記〉發疑》，《文教資料》1995 年第 4、5 期，第 164 頁。

③ (東晉)習鑿齒撰，黄惠賢校補：《校補襄陽耆舊記》，中州古籍出版社 1987 年版，第 2 頁。又《校補襄陽耆舊記》，中華書局 2018 年版，第 2 頁。《校補襄陽耆舊記》據《北堂書鈔》《初學記》《太平御覽》，改"陽春白雪、朝日魚離"爲"陽阿采菱"。

④ 《校補襄陽耆舊記》據《藝文類聚》《初學記》《太平御覽》，補"既而曰陽陵白露，白露，曲名也。朝日魚離魚離，曲名也"。又説："《太平御覽》作'陽阿'，據《藝文類聚》《初學記》改爲'陽陵'。"(中華書局 2018 年版，第 2 頁)

⑤ 此段引文據《校補襄陽耆舊記》(中華書局 2018 年版，第 2 頁)。

目下各有作爲古曲名的義項，在詞條内引此六者時基本都是點斷並加書名號的。① 另有"陽春白雪""下里巴人"兩個條目，"陽春白雪"詞條釋文將"陽春""白雪""下里""巴人"點斷，與前六個條目情況相同；"下里巴人"詞條釋文將"陽春白雪""下里巴人"作爲兩個獨立曲名，與前七個曲名的處理方法不同。可見《漢大》所採用的主要是將上述曲名視作六種曲子的意見，其前後的釋義也没有完全統一。而從本節一開始所引的較爲可靠的《文選》整理本來看，其所取的意見恰恰是與《漢大》相反的意見，由此可以窺見在此問題上意見不同之一斑。

由於在其他著述及文章中對此問題的分歧更多，意見難於統一，故本文不再一一臚列採用以上不同兩種説法的著述與文章，僅對採用以上二説之一，並提出有力理據的意見加以討論和引述。筆者認爲，在《文選》此篇所述宋玉對楚王的時代，較爲主流的以《下里》《巴人》《陽阿》《薤露》《陽春》《白雪》爲六種不同古曲曲名的意見(即《漢大》所採取的意見)是錯誤的，《下里巴人》《陽阿薤露》《陽春白雪》實爲三種不同的古曲，下面將逐步加以申述。

二、《襄陽耆舊記》古曲名徵疑

《襄陽耆舊記》的文字，根據《北堂書鈔》《初學記》《太平御覽》的本子校改後如下：

> 昔楚有善歌者，王其聞歟? 始而曰《下里》《巴人》，國中屬而和之者數萬人；中而曰《陽阿》《采菱》，國中屬而和之者數百人；既而曰《陽陵》《白露》，《白露》，曲名也。《朝日》《魚離》，《魚離》，曲名也。含商吐角，絕節赴曲，國中屬而和之者不過數人。

文中將"《陽阿》"與"《采菱》"並舉，置於《對楚王問》"《陽阿》《薤露》"的位置，又將"《陽陵》"與"《白露》"，"《朝日》"與"《魚離》"並舉，置於《對楚王問》"《陽春》《白雪》"的位置。其中除了《陽阿》《采菱》見於漢魏辭賦的稱引，《陽陵》《白露》《朝日》《魚離》皆不見於其他先秦漢魏古典，如果這些古曲

---

① 《漢語大詞典(第二版)》，漢語大詞典出版社 2010 年版。參見"下里"條，第 1 卷第 314 頁；"巴人"條，第 4 卷第 73 頁；"陽阿"條，第 11 卷 1066 頁；"薤露"條，第 9 卷第 562 頁；"陽春"條，第 11 卷第 1068 頁；"白雪"條，第 8 卷第 192 頁。"陽春白雪"條，第 11 卷第 1068 頁；"下里巴人"第 1 卷第 314 頁。

是一時之名曲，不會毫無後世稱引的例子。東晉的習鑿齒已不能如漢人時常聆聽這些古代名曲，故對曲名也顯得相當生疏。

其實，將"陽阿"與"采菱"對舉，是《襄陽耆舊記》的作者習鑿齒或後來的整理者受到《楚辭·招魂》"《涉江》《采菱》，發《揚荷》些"及《淮南子·人間訓》"歌《采菱》，發《揚阿》"的影響，在"陽阿"後衍出"采菱"一名。

"陽陵"即是"陽阿"。陽阿，據《漢書·地理志》屬上黨郡①，治所在今山西陽城西北陽陵。由於地理位置極爲相近，故《襄陽耆舊記》中的"陽陵"很可能是"陽阿"的注文，後訛作正文。"《陽陵》《白露》"實爲"《陽春》《白雪》"之誤。"白露"中的"露"字是將舊本中"薤露"迻到此處形成的字誤。《襄陽耆舊記》中"陽阿""采菱"與"陽陵""白露"其實是"陽春""白雪""薤露"及"陽阿"的注文"陽陵"混合的結果。因此，《陽陵》《白露》從不見於漢魏人文賦的稱引也就毫不足怪了。

從《對楚王問》的行文來看，"引商刻羽，雜以流徵，國中屬而和者，不過數人而已"之前，似乎當有曲名。《魚離》是存在過的古曲，"魚離"又作"魚麗"。"魚麗"見於《左傳·桓公五年》"爲魚麗之陳"，杜預注云："《司馬法》'車戰二十五乘爲偏'，以車居前，以伍次之，承偏之隙而彌縫闕漏也。五人爲伍。此蓋魚麗陳法。"②先秦"魚麗"亦用作曲名，用於人聲歌唱，《儀禮·鄉飲酒禮》有"間歌《魚麗》，笙《由庚》"。其中的《魚麗》，實爲《詩經·小雅》中的一首，在《儀禮》所述的規範禮儀場合，《詩經》中的詩篇多作演奏歌詠之用。除了上舉《魚麗》《由庚》，還有《鹿鳴》《四牡》《皇皇者華》《南陔》《白華》《華黍》《南有嘉魚》《崇丘》《南山有臺》《由儀》《關雎》《葛覃》《卷耳》《鵲巢》《采蘩》《采蘋》，這些禮儀場合的曲子均取於《詩經》。

然而大概到了漢代，作爲樂曲的《魚麗》，其内容和演奏方法已失傳。漢魏人詩文稱引《魚麗》時僅作爲戰陣之名使用，如張衡《東京賦》有"鵝鸛魚麗，箕張翼舒"，薛綜注："鵝鸛、魚麗，並陣名也。"由於時間久遠，作爲樂曲的《魚麗》到漢代已經不復有樂工能夠演奏了。

正因爲如此，在《襄陽耆舊記》傳本中"魚麗"被附會爲戰國晚期宋玉時代的曲子應不可信，而"朝日"同樣沒有作爲曲名被漢魏文賦稱引過。由於《襄陽耆舊記》的古曲稱引問題較多，其文本形成的時間較晚，不能作爲古曲名研究

---

① （漢）班固：《漢書》卷二十八上《地理志第八上》，中華書局 1964 年版，第 1553 頁。

② （西晉）杜預：《春秋左傳集解》，上海人民出版社 1977 年版，第 83~84 頁。

的可靠材料。故下文還是要回到《對楚王問》對古曲名的稱引情況來加以討論。

三、漢人賦所引古曲名的特點

漢以前及兩漢魏晉時代文賦引以上古曲名時，有一項特點頗爲引人注意，即《下里》與《巴人》，《陽阿》與《薤露》，《陽春》與《白雪》很少同時出現在引用之中。

如司馬相如《美人賦》"臣遂撫弦，爲《幽蘭》《白雪》之曲"，舉《白雪》時未舉《陽春》；《淮南子·人間訓》"歌《采菱》，發《揚阿》"，舉《揚阿》時未舉《薤露》；《淮南子·説山訓》："欲美和者，必先始於《陽阿》《采菱》"，舉《陽阿》時未舉《薤露》。揚雄《蜀都賦》"躑《淒秋》，發《陽春》"，李善注："《淒秋》《陽春》，並曲名"，舉《陽春》時未舉《白雪》；馬融《長笛賦》"中取度於《白雪》《渌水》，下採制於《延露》《巴人》"，舉《白雪》《巴人》時未舉《陽春》《下里》。陸機《文賦》："綴《下里》於《白雪》，吾亦濟夫所偉"，舉《下里》《白雪》時未舉《巴人》《陽春》。

古曲名在傳世文獻常見不少異名，如《陽阿》或作《揚荷》《揚阿》，《楚辭·招魂》有"《涉江》《采菱》，發《揚荷》些"，王逸注："楚人歌曲也。"《淮南子·人間訓》："歌《采菱》，發《揚阿》。"這些例子中，同樣也符合上節所述的特點。

《淮南子·俶真訓》有"足蹀陽阿之舞，而手會《綠水》之趨。"[1]高誘注："陽阿，古之名倡也。《綠水》，舞曲也。"然而曹植《箜篌引》却説"《陽阿》奏奇舞，京洛出名謳"。"《陽阿》奏奇舞"意即"奇舞奏《陽阿》"，《陽阿》是伴舞之曲，而非古名倡之姓名。揚雄《蜀都賦》有"躑《淒秋》，發《陽春》"，章樵注："躑，以足踏地而歌"，而"蹀"亦爲踩、踏之義，可見《淮南子·俶真訓》"足蹀陽阿之舞"中的"陽阿"當作曲名，應理解爲"足蹀《陽阿》之舞"。高誘之説不可從。另外，《俶真訓》中的"《綠水》之趨"，很可能就是馬融《長笛賦》中的"中取度於《白雪》《渌水》"的《渌水》。古書中有"渌""綠"相通的例子，如《韓詩外傳》卷五"綠圖"，《路史·後記》卷八作"渌圖"。在漢魏碑刻中"渌"作"綠"用的例子也不少。東魏元象二年《凝禪寺三級浮圖碑》有"當使渌竹之彩，長摇於紫風"，又北魏《邢巒妻元純陀墓誌》有"蓮開渌渚，日照層梁"，"渌"都作"綠"用。據上，《淮南子·俶真訓》中所舉之《陽阿》，也没有與《薤露》

---

[1]　此處標點從《漢語大詞典》"陽阿"條，參見《漢語大詞典（第二版）》，漢語大詞典出版社 2010 年版，第 1066 頁。

對舉。

漢魏碑刻中也有引《薤露》的例子，其中"薤"字又作"虁""殔""雍"（爲了閱讀方便下面引文通改爲"薤"）。① 北魏永安二年《王翊墓誌》有"影影《檣柳》，淒淒《薤露》"；《檣柳》應當也是一首曲子。又東魏元象二年《公孫略墓誌》有"《薤路》掩蔽，《蒿里》淒清"，《薤路》即《薤露》，《蒿里》見下文的討論。有時，《薤露》又作"《薤》響""《薤》曲""《薤》歌"。北齊天保四年《元良墓誌》有"如何一去，遂乖朝市。《薤》響已催，將歸夜臺"。又北齊武平元年《暴誕墓誌》有"龍吹夜警，鼉鼓辰鳴。楊園蕭索，《薤》曲淒清"。又北魏太昌元年《元延明墓誌》有"《薤》歌淒咽，《柳》飾低昂"，《柳》大概就是《王翊墓誌》中所引的《檣柳》。以上例子中亦未見將《薤露》與《陽阿》對舉。

爲何在漢魏人文賦中極少見到《下里》與《巴人》，《陽阿》與《薤露》，《陽春》與《白雪》同時對舉的情況，筆者認爲只有當引曲名之人默會《下里》或《巴人》所指即是《下里巴人》，《陽阿》或《薤露》所指即是《陽阿薤露》，《陽春》或《白雪》所指即是《陽春白雪》之時，以上情況才會自然發生。

四、出土文獻所見"陽春""陽阿"

從以上列漢魏人文賦來看，如果《下里巴人》《陽阿薤露》《陽春白雪》實爲三首古曲之名，"下里"與"巴人"，"陽阿"與"薤露"，"陽春"與"白雪"的曲名内部一定存在着聯繫，否則很難想象六個完全無關的詞兩兩結合成一首曲名。

陽阿，根據《漢書·地理志》屬上黨郡，爲西漢所置，治所在今山西陽城縣西北陽陵。《後漢書·馬融傳》引馬融《廣成頌》云："若乃《陽阿》衰斐之晉制，閶蛙、華羽之南音，所以洞蕩匃臆，發明耳目。"② 可見"陽阿"在漢人看來屬於晉地。這與上文的分析，舊注將《陽阿薤露》之"陽阿"注爲"陽陵"是相符合的。而《楚辭·九歌·少司命》有"與女沐兮咸池，晞女髮兮陽之阿"，王逸注："阿，曲隅，日所行也。"其中"陽之阿"則是"陽阿"的虛稱，乃指"水之陽"的"曲隅"，即水北的屈折之處，並不是"陽阿薤露"之"陽阿"實際所指的地方。由此可知，"陽阿薤露"古曲名的意義，是指晉國故地"陽阿"這個地方的《薤露》曲，陽阿是地點，《薤露》是曲名，並稱之則爲《陽阿薤露》。

---

① 毛遠明：《漢魏六朝碑刻異體字典》，中華書局 2014 年版，第 998 頁。

② （南朝宋）范曄：《後漢書》卷六十上《馬融列傳第五十上》，中華書局 1965 年版，第 1967 頁。

　　“陽春白雪”也應該作類似的解釋。舊説多以“陽春”爲温暖春日之稱，如《管子·地數》有“君伐菹薪，煮沛水爲鹽，正而積之三萬鐘，至陽春，請籍於時”。又張衡《温泉賦》：“陽春之月，百草萋萋。”傅毅《七激》：“陽春後榮，涉秋先彫。”其中陽春皆直接指陽氣上升的春日。大概因爲温暖的春日季節不當再有皚皚白雪，故後人直接把“陽春”和“白雪”理解爲兩首不同的曲名，應有季節時令的考慮。

　　然而，“陽阿”若可理解爲具體地名，則“陽春”也同樣可以理解爲地名。由於無法找到戰國時代“陽春”所在的具體方位，歷來這樣的理解思路常爲人所忽視。

　　《江漢考古》1982 年第 2 期發表了一件戰國時代的陽春嗇夫緩戈①（《集成》11324，《銘圖》17184），其銘文如下：

　　　　廿五年。陽𥁊（春）嗇夫緩。帀=（工師）敥。㓝（冶）𠦪。

　　該器於 1977 年出土於湖北黄陂魯臺山 12 號墓，就其字形特點來看屬於三晉系的文字（參見圖 6-4、圖 6-5），可見戰國時代“陽春”屬於三晉地名，也即晉國故地。②

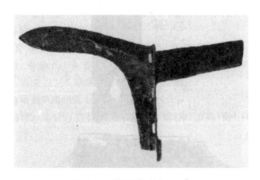

圖 6-4　陽春嗇夫緩戈③

---

　　①　《江漢考古》1982 年第 2 期，封面 3，圖 11。
　　②　黄盛璋：《新發現之三晋兵器及其相關的問題》，《文博》1987 年第 2 期。黄盛璋文中認爲“陽春”“陽阿”“下里”皆爲地名，“陽春”作爲地名的證據即下舉“嗇夫緩戈”，由於其時“嗇夫緩戈”尚爲孤證，黄文又未説明“下里”作爲地名的論據，故響應此説者寥寥。
　　③　吳鎮烽編著：《商周青銅器銘文暨圖像集成》第三十卷，上海古籍出版社 2012 年版，第 247 頁。

圖6-5 陽春嗇夫緩戈拓片及摹本①

到了漢代,地名"陽春"雖然不見於《漢書·地理志》,但這個地名可能依舊存在,在施謝捷摹輯的《虛無有齋摹輯漢印》中收録了一方漢印(編號0150),其印文爲"陽春祭尊"(參見圖6-6)②。

圖6-6 "陽春祭尊"印

所謂"祭尊",即"祭酒"。在先秦祭祀饗宴禮中,必推年長者一人先舉酒以祭祀,故稱爲祭酒,秦漢時因襲以爲官名。賈誼《新書·時變》有"驕恥偏而爲祭尊,黥劓者攘臂而爲政"。漢印中有"東昌祭尊"(屬西漢時東昌侯國),"安樂祭尊"(屬西漢漁陽郡安樂縣),"廣昌祭尊"(屬西漢代郡廣昌縣或廣昌侯國),"霸西祭尊"(孫慰祖認爲"漢縣無'霸西'之名,此當鄉、里之名)。③ 另外還

---

① 吳鎮烽編著:《商周青銅器銘文暨圖像集成》第三十卷,上海古籍出版社2012年版,第247頁。

② 施謝捷摹輯:《虛無有齋摹輯漢印》第二册,(日本)藝文書院2014年版,第26頁。

③ 孫慰祖:《兩漢官印匯考》,臺灣大業公司1993年版,第208頁。

有"南孟祭尊""金門祭尊""畸里祭尊""金里祭尊""安民里祭尊印"等，這些地名均不見於《漢書·地理志》及《後漢書·郡國志》，很可能都是漢代鄉、里之名。由此可知，"陽春"在漢代很可能也是一個相對較小的地名，其名稱沿用的正是東周時期的地名。

《白雪》之曲相傳與春秋晉師曠有關，《淮南子·覽冥訓》有"昔者師曠奏《白雪》之音，而神物爲之下降"。可見古曲《白雪》最早的流傳即在三晉地區。聯繫"陽春"爲三晉地區的地名，"陽春白雪"是指晉國故地"陽春"這個地方的《白雪》曲，與《陽阿薤露》的曲名是相同結構的。雖然《陽春白雪》並不一定爲師曠所作，但它在三晉地區最早流行開來很可能近於實況。因此，無論《陽阿薤露》還是《陽春白雪》，都是春秋戰國時代三晉地區流行起來的古曲，其名稱最原初的内涵是陽阿的《薤露》，陽春的《白雪》。

五、"下里"與"蒿里"異名同指

在説明了《陽阿薤露》和《陽春白雪》的曲名内涵後，需要進一步對《下里巴人》的曲名結構加以分解。

考察目前所知的文獻，先秦秦漢時代並無"下里"地名。"下里"的含義之一，是指死者歸葬之所。《漢書·韓延壽傳》有"百姓遵用其教，賣偶車馬下里偶物者，棄之市道"，又《漢書·田延年傳》有"先是，茂陵富人焦氏、賈氏以數千萬陰積貯炭葦諸下里之物"。顏師古注引孟康曰："死者歸蒿里，葬地下，故曰下里。"因此，不少漢魏人將古曲中的《蒿里》與此相聯繫，認爲是古輓歌之名。西晉初的崔豹《古今注·音樂》云：

> 《薤露》《蒿里》，並喪歌也。出田橫門人。橫自殺，門人傷之，爲作悲歌，言人命如薤上之露，易晞滅也。亦謂人死魂魄歸於蒿里……至孝武時，李延年乃分爲二曲，《薤露》送王公貴人，《蒿里》送士大夫庶人，使挽柩者歌之，世呼爲挽歌。[1]

崔豹將《薤露》《蒿里》二首古曲與漢初田橫及五百門人自殺的典故聯繫起來顯然是不合理的，由於前已充分説明《薤露》爲古曲名，《楚辭》中即舉有《陽

---

① （西晉）崔豹撰，牟華林校箋：《〈古今注〉校箋》，綫裝書局 2015 年版，第 77 頁。

阿》(即《薤露》)之曲,《薤露》不可能晚至漢初才被創製出來,更不會待到武帝時代的李延年才將《薤露》《蒿里》分爲兩曲。由此可以推想,崔豹《古今注・音樂》中的《蒿里》可能是《下里》的異名,經過漢代的逐步轉寫改編,《薤露》《下里》曲已經逐漸固定用於輓歌,漢代《薤露》的主要內容是"薤上朝露何易晞,露晞明朝更復落,人死一去何時歸"。《蒿里》主要內容是"蒿里誰家地,聚斂精魄無賢愚,鬼伯一何相催促,人命不得少踟躕"。此二曲又都被收入宋代郭茂倩編的《樂府詩集》相和歌之中,標注作者爲佚名。將《薤露》與《蒿里》並舉,也就是將《薤露》與《下里》對舉。

"蒿里"一說本爲山名,又作"高里",在今山東省泰安市西南,爲泰山之支阜,爲死者葬所。《史記・封禪書》云:"上親禪高里,祠后土。""高里"即是"蒿里"。《漢書・廣陵厲王劉胥傳》有"蒿里召兮郭門閱,死不得取代庸,身自逝",顏師古注:"蒿里,死人里。"南北朝碑刻也引用此說,東魏元象二年《公孫略墓誌》有"蒿里既召,郭門行閱",只是將《漢書》中的七言改爲了四言的形式。"蒿里"之所以稱爲"下里",正是因爲"蒿里"在先秦秦漢時代地處泰山西南,爲魯國之葬所。

山東地區的"蒿里"如何與川東鄂西地區的"巴人"相聯繫,目前尚不得知。有一旁證可以藉以比擬。漢樂府有《梁父吟》的曲調,又作《梁甫吟》,應當也是有比較古的來源的曲子,相傳爲曾子所作。"梁甫"即"梁父",與"蒿里"相類,同爲山名,也在泰山腳下,在今山東省新泰市西。與《蒿里》相似,《梁甫吟》也是葬歌,其主要內容也是說人死葬此山崗,而梁父也同樣是秦始皇祭奠山川之所。《史記・秦始皇本紀》有"(二十八年)禪梁父",裴駰集解引臣瓚曰:"古者聖王封泰山,禪亭亭或梁父,皆泰山下小山。"

雖然"梁父"地處山東,但其曲調却屬樂府相和歌的楚調。宋玉所處的時代已經是戰國晚期,楚國勢力已經擴展到魯國附近,《對楚王問》的楚王是楚襄王,即楚頃襄王,而滅魯的正是其子楚考烈王。楚頃襄王卒於公元前263年,楚考烈王隔年稱制,於公元前261年攻魯,於前255年滅魯,宋玉可能眼見魯國的滅亡,宋玉的時代也正是魯國風雨飄搖的時代。既然《梁父吟》是楚調,那《下里巴人》或《蒿里巴人》作爲楚曲就完全可以理解了,楚人在滅魯前後採集並改編了魯國的《蒿里》《梁父》順理成章。

由此,《下里巴人》《蒿里巴人》指的當是同一首曲子,"蒿里""下里"指的都是魯國國郊、泰山南麓的一個具體地點,其作爲地理位置的屬性與"陽阿"

"陽春"是完全相同的，《下里巴人》(《蒿里巴人》)的曲名結構依然是用作爲地名的"蒿里"加上作爲曲名的《巴人》。其實，《對楚王問》的開頭已經暗示了這點，"客有歌於郢中者"點明了《下里巴人》《陽阿薤露》《陽春白雪》三曲都不是楚地固有的曲子，而是自晉、魯遠來的"客"在楚地傳唱的曲調。《下里巴人》作爲戰國晚期出現的新樂曲，曲風粗俗鄙陋①，曲調低迴悲涼，對當時的楚國下層文化產生了很大的影響，以至於宋玉將其作爲俗曲的代表。

還有一種可能的解釋是，"下里"即謂一般的鄉里、鄉野。劉向《説苑·至公》有"臣竊選國俊下里之士曰孫叔敖"，即非實指孫叔敖所在的鄉里。而"蒿"在古書中多與"郊"相通，《周禮·地官·載師》有"以宅田士田賈田任近郊之地"，鄭玄注："故書'郊'或爲'蒿'，杜子春云：'蒿'讀爲'郊'。"出土文獻楚簡中，上博簡《容成氏》簡53正有"武王素甲以陳於殷蒿"②，"蒿"當讀作"郊"。又上博簡《周易》簡2有"初九：需於蒿"③，"蒿"當讀作"郊"；上博簡《柬大王泊旱》簡15有"王許諾修四蒿"④，"蒿"當讀作"郊"；馬王堆漢墓帛書《明君》有"戰於邦蒿，齊人不勝"⑤，"蒿"當讀作"郊"。這些例子都説明"蒿里"即是"郊里"。"郊里"一詞，見於《周禮·地官·縣師》："縣師，掌邦國、都鄙、稍甸、郊里之地域。"鄭玄注："郊里，郊所居也。"指遠郊至國中六鄉居民所居之處。

巧合的是，《下里巴人》有一異名，作《東野巴人》。《文選》陳琳《答東阿王箋》有"夫聽《白雪》之音，觀《綠水》之節，然後《東野巴人》蚩鄙益著"。吕延濟注："《東野巴人》，楚之下曲。"陳琳的意思是聽了《白雪》曲的聲音，《綠水》(即《渌水》)曲的節奏，然後再去聽《東野巴人》這首曲子，則《東野巴人》曲調的鄙俗就更加顯著了。"東野"和"下里"所指是非常接近的，《東野巴人》顯然就是《下里巴人》的另一種別稱。又《戰國策》有"今又劫趙、魏，疏中國，

---

① 樂府《蒿里》裏的"鬼伯""人命"等辭彙正是這種曲子格調不高的印證。

② 上海博物館編：《上海博物館藏戰國楚竹書(二)》，上海古籍出版社2002年版，第145頁。

③ 上海博物館編：《上海博物館藏戰國楚竹書(三)》，上海古籍出版社2003年版，第14頁。

④ 上海博物館編：《上海博物館藏戰國楚竹書(四)》，上海古籍出版社2005年版，第59頁。

⑤ 裘錫圭主編：《長沙馬王堆漢墓簡帛集成》第四册，中華書局2014年版，第115頁。

封衛之東野"（王念孫《讀書雜志》以爲"封"當作"割"）①，這裏的"東野"同樣指衛國的東部郊野。而"東野"和"郊里"均指國都附近的郊野，"東野"可與"下里"互用，"蒿里"即是"郊里"的異寫。因此，"蒿里"與"下里"的含義也就非常接近，都是指國都郊野。此說比之前說稍顯曲折，但據此"下里"亦不失爲一個非專指的地名。在曲名中的地位同樣可以與"陽春""陽阿"並舉。

六、《笛賦》真僞之辨

《古文苑》所收有宋玉《笛賦》一篇，此賦不見於《文選》，亦不見於其他舊籍引録。先將此賦照録如下：

余嘗觀於衡山之陽，見奇筱、異幹、罕節、間枝之叢生也。其處磅礴千仞，絶豀淩阜，隆崛萬丈，磐石雙起；丹水湧其左，醴泉流其右。其陰則積雪凝霜，霧露生焉；其東則朱天皓日，素朝明焉；其南則盛夏清徹，春陽榮焉；其西則涼風遊旋，吸逮存焉。幹枝洞長，枼出有良。名高師曠，將爲《陽春》《北鄙》《白雪》之曲。假塗南國，至此山，望其叢生，見其異形，曰命陪乘，取其雄焉。宋意將送荊卿於易水之上，得其雌焉。於是乃使王爾、公輸之徒，合妙意，較敏手，遂以爲笛。……②

《古文苑》相傳爲唐人舊藏之本，北宋孫洙得於佛寺經龕中，後經南宋韓元吉、章樵整理注釋，遂成今日傳本的面貌。③《古文苑》一共收録了264篇唐以前的詩文，這些詩文均不見載於正史紀傳及《文選》，歷來學者多疑爲僞作，對其收録詩文的水準也頗有微詞。即便如此，明人張溥編《漢魏六朝百三名家集》、清嚴可均編《全上古三代秦漢三國六朝文》、現代學者逯欽立編《先秦漢魏晉南北朝詩》，還是從這部書中搜取了諸多作品。

由於《古文苑》的來路不清，近代以來對於《古文苑》所收詩文的辨僞工作

---

① 王念孫撰，徐煒君、樊波成、虞思徵等校點：《讀書雜志》第一册"封衛之東野"條，上海古籍出版社2014年版，第119頁。

② （宋）章樵編：《古文苑》第一册《笛賦》，據中國書店藏明成化十八年刻本影印，中華書局，2012年。

③ 伏俊璉：《〈古文苑〉論稿·序》，王曉鵑：《〈古文苑〉論稿》，人民出版社2010年版，第1頁。

一直沒有停止過，標注宋玉所著的《笛賦》就是爭鋒比較激烈的一種。其實，在章樵爲《笛賦》作注時，已經指出："按史楚襄王立三十六年卒，後又二十餘年方有荊卿刺秦之事，此賦果玉所作邪？"游國恩在《楚辭概論》一書中認爲《笛賦》"出於可靠性極薄弱的《古文苑》"，是後人模仿的贋品。郭沫若在《關於宋玉》一文中認爲"《笛賦》文字拙劣，文中並提到'宋意將送荊卿於易水上'，後於楚襄王之死二十餘年"，故"不是宋玉的作品"。胡念貽在《宋玉作品真僞》一文中指出"馬融《長笛賦》說簫、琴、笙等都有頌，唯笛獨無，可見《笛賦》是馬融以後的作品"。雖然不時有人爲《古文苑》所收《笛賦》發覆，但並沒有提出什麼新的可信的證據。

根據前文所論，《笛賦》是標注先秦漢魏人所作辭賦中唯一一篇將《陽春》《白雪》同列並且二者只能作異篇理解的文章。這是《笛賦》晚出的又一明顯證據。由於《北鄙》一首處於《陽春》《白雪》之間，先要說明一下《北鄙》的來源。《北鄙》相傳爲殷紂時的音樂。《史記·樂記》有"紂爲朝歌北鄙之音，身死國亡……夫朝歌者不時也，北者敗也，鄙者陋也，紂樂好之，與萬國殊心，諸侯不附，百姓不親，天下畔之，故身死國亡"。又漢劉向《說苑·修文》有"紂爲北鄙之聲，其廢也忽焉，至今王公以爲笑"。《孔子家語·辯樂解》有"殷紂好爲北鄙之聲，其廢也忽焉"。《北鄙》與師曠的聯繫在《淮南子》有說，《泰族訓》云"師涓爲平公鼓朝歌北鄙之音，師曠曰：'此亡國之樂也！'"可見《北鄙》既非師曠所作，也非師曠所奏，《笛賦》稱"師曠將爲《北鄙》"可能是文誤，或者實際上作者錯誤地理解了《北鄙》的來源。

東漢邊讓《章華臺賦》有"繁手超於《北里》，妙舞麗於《淒秋》"。又有"設長夜之淫宴，作《北里》之新聲"。《史記·殷本紀》說"帝紂……好酒淫樂，嬖於婦人。愛妲己，妲己之言是從。於是使師涓作新淫聲，北里之舞，靡靡之樂"。與《淮南子·泰族訓》說到"師涓"爲晉平公時人雖然不合，但同樣指出了《北里》爲師涓所作。《北里》即《北鄙》，當是一種來源較早的非雅樂系統的流行音樂，而僞托爲商紂亡國之聲。

《笛賦》以《北鄙》將《陽春》《白雪》隔開，遂使《陽春》《白雪》成爲兩首不同的古曲，這在漢魏人文章中可算是絕無僅有的。由於《笛賦》或爲後人輯佚而胡亂拼湊而成，或者《笛賦》晚出，其真正作者早已脫離了漢魏人的知識背景，已經不知道《陽春》《白雪》實爲同一首古曲的不同簡稱。無論什麼情況，《笛賦》出現的時代至少要到西晉早期，其對古曲的認識的水準至多與晉人崔豹、習鑿齒相當，不可能是戰國宋玉的作品。

七、關於古曲的分類與曲名的時代斷限

在漢魏文賦及正史紀傳中出現的古曲名，除了前文所論及的《下里巴人》、《陽阿薤露》(《薤路》)、《陽春白雪》、《采菱》、《渌水》(《綠水》)、《北鄙》(《北里》)、《淒秋》以外，有相傳來源最古西周初年的《韶》《濩》《武》《象》①等王室舞樂，有《白華》《綠衣》②等《詩經》樂曲，有《幽蘭》、《涉江》、《南風》(《南熏》)③、《淮南》④、《干遮》(《于遮》)⑤、《均天》(《均曲》)⑥、《寡婦》(《寡梟》)、《鵾雞》、《單鵠》⑦、《歸耕》⑧、《激楚》⑨、《梁甫》、《越裳》⑩、

---

① 司馬相如《上林賦》："荊、吳、鄧、衛之聲，《韶》《濩》《武》《象》之樂。"
② 班婕妤《自悼賦》："《綠衣》兮《白華》，自古兮有之。"
③ 《禮記・樂記》："昔者舜作五弦之琴，以歌《南風》。"《史記・樂書》引。又《孔子家語・辨樂解》："昔者舜彈五弦之琴，造《南風》之詩。其詩曰：'南風之熏兮，可以解吾民之慍兮；南風之時兮，可以阜吾民之財兮。'"《南風》相傳爲虞舜所作。
④ 張衡《西京賦》："奏《淮南》，度《陽阿》。"
⑤ 司馬相如《上林賦》："巴、俞、宋、蔡，《淮南》《干遮》。"又有"荊、吳、鄧、衛之聲，《韶》《濩》《武》《象》之樂"。《史記》作"于遮"。按：巴、俞、宋、蔡、荊、吳、鄧、衛大概是虛指八地之聲，司馬相如並列舉出，其中巴可能指的含有《巴人》。
⑥ 傅毅《舞賦》："贊舞操，奏《均曲》。"按：疑《均曲》即《均天》，張衡《思玄賦》有"聆廣樂之九奏兮，展洩洩以彤彤"。《穆天子傳》卷一"天子乃奏廣樂"。《史記・趙世家》有"我之帝所甚樂，與百神遊於鈞天，廣樂九奏萬舞，不類三代之樂，其聲動人心"，《趙世家》所述大概是《鈞天》的題材內容。
⑦ 張衡《南都賦》："《寡婦》悲吟，《鵾雞》哀鳴。"李善注："《寡婦》曲，未詳。"費振剛按："似爲《寡梟》曲、琴調名。《西京雜記》：'齊人劉道強善彈琴，能作《單鵠》《寡梟》之弄，聽者皆悲，不能自攝。'"參見費振剛、仇仲謙：《漢賦辭典》，北京大學出版社2022年版，第194頁。
⑧ 張衡《思玄賦》："嘉曾氏之《歸耕》兮，慕歷阪之嶔崟。"李善注引《琴操》曰："《歸耕》者，曾子之所作也。曾子事孔子十有餘年，晨覺，眷然念二親年衰，養之不備，於是援琴鼓之曰：'戱欷歸耕來兮，安所耕，歷山盤兮。'"
⑨ 司馬相如《上林賦》："鄢郢繽紛，《激楚》結風。"邊讓《章華臺賦》："清篪發微，《激楚》揚風。"枚乘《七發》："乃發《激楚》之結風，揚鄭、衛之皓樂。"按：揚風或即結風，與古音樂中的八風有關，"揚""結"對舉，或爲一種音樂表現手法，而不是古曲名。傅毅《舞賦》："揚《激》徵，騁《清》角。"李善注："激徵、清角，皆雅曲名。"按：疑《激》即是《激楚》，《清》指另外一曲。
⑩ 蔡邕《琴賦》："《梁甫》悲吟，周公《越裳》。"按：相傳周初越裳(東夷之一族)來獻白雉，周公作歌，性質類似於《蟋蟀》。

《延露》(《延路》)、《陽局》①、《七盤》(《七槃》)②等地方古曲。還有《散》③
《操》④《暢》⑤一類的古琴曲式或經典古曲，以及古樂府相和歌中的曲名《氣
出》《精列》《相和》⑥《鶤雞》⑦等。

其中《下里巴人》、《陽阿薤露》(《延露》)、《陽春白雪》、《采菱》、《渌
水》(《綠水》)、《北鄙》(《北里》)、《淒秋》、《幽蘭》、《涉江》、《南風》、《淮
南》、《干遮》(于遮)、《均天》(《均曲》)、《寡婦》(《寡梟》)、《鶤雞》、《單
鵠》、《歸耕》、《激楚》、《越裳》等曲中的大部分可能都形成於春秋戰國時代。
《陽阿薤露》《陽春白雪》等爲三晉之曲，《下里巴人》《激楚》等則爲楚地之曲，
其他古曲亦當分屬巴、俞、宋、蔡、荆、吳、鄭、衛等地。如《淮南》《涉江》
可能是江淮地區的曲名，《南風》《越裳》是東南地方的曲名，《北鄙》《淒秋》是
北方地區的曲名。

東周初年，周王政權逐漸下移，周的大一統局面瓦解，春秋戰國時代的地
方新聲興起，以上所列的諸曲(其中一部分可能形成於漢初)被先後創作出來。
《下里巴人》《陽阿薤露》《陽春白雪》正是其中的代表。當時人們往往習慣以
“地名+曲名”的形式來稱呼一首曲子的曲名，以此説明此曲的地域來源。另如
《淮南》這樣的曲名，也可能原本是名爲“淮南某曲”曲子的一種簡稱。司馬相
如《上林賦》“巴、俞、宋、蔡，《淮南》《干遮》”中的“巴、俞、宋、蔡”，以及
同篇“荆、吳、鄭、衛之聲，《韶》《濩》《武》《象》之樂”中的“荆、吳、鄭、
衛”，這些地方的曲調逐漸取代了更早的以《詩經》爲代表的雅樂系統。

《詩經》爲代表的雅樂系統，指的是《儀禮·鄉飲酒禮》《鄉射禮》等禮儀場

---

① 馬融《長笛賦》：“下採制於《延露》《巴人》。”晉葛洪《抱朴子·知止》：“口吐《采
菱》《延露》之曲，足躡《渌水》、《七盤》之節。”“延露”又作“延路”，《淮南子·人間訓》：
“夫歌《采菱》，發《陽阿》，鄙人聽之，不若此《延路》《陽局》。”高誘注：“《延路》《陽局》，
鄙歌曲也。”

② 《宋書·樂志一》：“張衡《舞賦》云：‘歷七盤而縱躡。’王粲《七釋》云：‘七盤陳於
廣庭。’近世文人顏延之云：‘遞間關於盤扇。’鮑照云：‘七盤起長袖。’皆以七盤爲舞也。”

③ 班婕妤《擣索賦》：“散繁輕而浮捷，節疏亮時清深。”

④ 傅毅《七激》：“大師奏操，榮期清歌。”

⑤ 枚乘《七發》：“使師堂操《暢》，伯之牙爲之歌。”《暢》相傳是堯時的琴曲。

⑥ 馬融《長笛賦》序：“吹笛，爲《氣出》《精列》《相和》。”

⑦ 張衡《南都賦》：“《寡婦》悲吟，《鶤雞》哀鳴。”李善注：“古相和歌有《鶤雞》之
曲。”

合所用的古樂曲，以及《左傳》《國語》等在外交場合所奏的雅樂。上文述及的
這些地方新曲，却很難在春秋及更早的載籍中覓得，只大量湧現在漢魏正史傳
記及漢魏人的文賦之中。《禮記·樂記》《荀子·樂論》對《詩經》系統的雅樂大
加褒揚，而對春秋戰國時代的地方新聲不遺餘力地進行批評。《樂記》記錄了
魏文侯與子夏如下一段對話：

> 魏文侯問於子夏曰："吾端冕而聽古樂，則唯恐臥；聽鄭衛之音，則
> 不知倦。敢問古樂之如彼，何也? 新樂之如此，何也?"子夏對曰："今夫
> 古樂，進旅退旅，和正以廣，弦匏笙簧，會守拊鼓，始奏以文，復亂以
> 武，治亂以相，訊疾以雅。君子於是語，於是道古，修身及家，平均天
> 下。此古樂之發也。今夫新樂，進俯退俯，奸聲以濫，溺而不止，及優、
> 侏儒，獶雜子女，不知父子。樂終不可以語，不以道古。此新樂之發也。
> 今君之所問者樂也，所好者音也。夫樂者與音，相近而不同。"

魏文侯將"古樂"與"新樂"對舉，認爲聽古樂使人昏昏欲睡，而聽新樂則
令人不知疲倦，這正是春秋戰國地方新聲逐漸取代《詩經》雅樂的生動寫照。
儒家學者站在文化正統的立場上力陳古樂具有"道古，修身及家，平均天下"
的優點，而新樂則"皆淫於色而害於德，是以祭祀弗用也"。子夏説：

> 鄭音好濫淫志，宋音燕女溺志，衛音趨數煩志，齊音敖辟喬志。

即便如此，儒家却無法阻止新樂全面登上歷史的舞臺。這也解釋了爲什麼新樂
雖然大行其道却在先秦典籍中鮮見稱引，雅樂無人問津却屢獲儒生的稱頌。
　　根據漢魏時代作品中的稱引可知，漢魏時人對於春秋戰國時代新樂的曲調
風格比較熟悉，並能根據這些曲調創作新的唱詞，這説明他們尚能親聆這些樂
曲。如《樂府詩集》相和歌辭中同時錄有曹操、曹植父子創作的同樣體式的兩
首《薤露》，還收錄了曹操創作的一首《蒿里》，雖然漢魏新作的《薤露》《蒿里》
未必與東周時代的《陽阿薤露》《下里巴人》曲調完全相同，但它們發展繼承自
春秋戰國時代的地方新聲却是完全可能的。
　　秦漢統一的郡縣國家建立後，春秋戰國時代的地方新聲又逐漸爲漢代的新
曲所替代，漢樂府逐步興起。在兩漢時代，文賦作者尚知《下里》即《巴人》，

《陽阿》即《薤露》，《陽春》即《白雪》，故徵引時無論同篇還是同句，曲名絕不重出。轉經東漢末大亂，再至於兩晉南北朝時期，由於歲月久隔，聲樂不傳，學者文士多未曾親聆春秋戰國時的曲調，曲名僅作字面掌故使用，故使文辭稱引的古曲名日益棼亂，最終造成了今日古曲定名上的巨大歧誤。

第七章　古代發現的地下文獻與兩周禮典文獻研究

　　前幾章展示了以兩周秦漢出土文獻來研究兩周禮典的基本方法和多種途徑。通過對文獻的甄別，現在已經可以對出土文獻中禮類文獻做比較清晰的界定了，這是通過出土文獻研究兩周禮典的重要基礎。當回顧使用傳世文獻來研究兩周禮典的時候，是否能以同樣的標準來釐清《五經》文獻之外的禮典文獻，成爲一個需要重新檢討的問題。若以甄別禮典文獻的統一標準來看待傳世文獻，有幾種重要的文獻必須被納入研究者的視野。首要是中國古代出土的文獻。在19世紀末到21世紀初出土文獻不斷湧現的時代之前，自秦代焚書以降的近二千年中國歷史上，有過多次重要的出土文獻被發現。

　　最重要的出土文獻應當算是西漢出土的孔壁竹書以及西晉出土的汲冢竹書。這兩次先秦簡帛文獻的集中"出土"，極大地改變了中國傳統文獻的面貌和格局。廣義地說，西漢時代的出土文獻還應該包括民間向官府的獻書，不僅包括河間獻王得自民間的《周官》《尚書》《禮》《禮記》《孟子》《老子》等書籍，還包括魯恭王壞孔子宅所得的《古文尚書》及《禮記》《論語》《孝經》等重要典籍。由於河間王徵書、孔壁出書去六國時代未遠，這些典籍在漢初被具備古文釋讀能力的儒生逐漸改寫爲隸書，故後世將河間王徵書、孔壁出書也視爲經典傳世文獻的一部分了。

　　西晉太康二年，汲冢竹書爲官府所收得，晉武帝命秘書監進行整理，此時學人已經大多不識六國文字。經過荀勖等學者的整理，共得古書七十五篇。汲冢竹書中最重要的是《竹書紀年》和《穆天子傳》。晉惠帝時，束皙寫成考證本《竹書紀年》，南北朝時期《竹書紀年》開始逐漸散佚。今本《竹書紀年》已不復《竹書紀年》的舊貌，朱右曾作《汲冢紀年存真》，王國維作《古文竹書紀年輯校》，范祥雍作《古本竹書紀年輯校訂補》，方詩銘作《古本竹書紀年輯證》，都力圖部分恢復《竹書紀年》的舊貌。汲冢竹書中較爲完整流傳下的竹書只有《穆天子傳》，它是汲冢竹書流傳至今相對最爲完整的文本，記載了周穆王周遊天下的故事。

由於《竹書紀年》散佚已久，現存的輯本内容較少，基本没有涉禮之事，故《竹書紀年》涉禮研究比較罕見。《穆天子傳》較爲完整，雖然整個文本體量不大，但其所載的史事異常豐富。尤其值得注意的是，《穆天子傳》記録周穆王的周遊過程，其中所涉禮典頗多。根據本書對金文涉禮文獻、簡帛涉禮文獻的分析，《穆天子傳》中的禮類應當可以與這兩種文獻互相印證。今人對《穆天子傳》的研究多集中於字詞、史地、文獻來源等方面，對其所反映的禮制至今尚没有專文加以考察。本章將對《穆天子傳》所涉禮典做一個初步的分類研究，並詳細疏解《穆天子傳》卷六所記盛姬之喪的禮典内涵。

第一節 《穆天子傳》禮典禮類簡述

隨着近年來出土文獻不斷涌現，學界對出土文獻尤其是戰國時代出土文獻的認識不斷加深，也對於書類文獻在先秦的傳佈流變有了全新的認知。這爲研究出土於晉惠帝時代的《穆天子傳》提供了新的參照。于省吾的《穆天子傳新證》[1]以及陳煒湛的《〈穆天子傳〉疑難字句研究》[2]借助關於古文字和古文獻的新認識對《穆天子傳》的文本性質以及字詞來源做了初步的分析，爲以出土文獻爲參照的方式研究《穆天子傳》打下了基礎，使得研究者對《穆天子傳》有了全新的認識。王貽樑、陳建敏1994年出版的《穆天子傳匯校集釋》接受了這種研究方法，在前人研究的基礎上匯集了《穆天子傳》的諸多研究成果，推進了利用出土文獻討論《穆天子傳》文本性質的深度和廣度，是迄今爲止最好的《穆天子傳》集釋成果。[3] 2016年，石繼承發表了《説〈穆天子傳〉中的地名"麗虎"》，同樣是通過對古文字演變的一般規律得出《穆天子傳》中地名"麗虎"當爲"離支"的結論，這是利用古文字材料校讀《穆天子傳》最新的一例。[4]

根據于省吾、陳夢家、王貽樑、陳建敏等的研究，《穆天子傳》的古文遺存衆多。根據其出土於戰國魏王(一説魏國貴族)之墓的論斷，其出土簡本的

---

① 于省吾：《穆天子傳新證》，《考古社刊》1937年第1期，第275~285頁。

② 陳煒湛：《〈穆天子傳〉疑難字句研究》，《中山大學學報》(社會科學版)1996年第3期，第78~81頁。

③ 王貽樑、陳建敏：《穆天子傳匯校集釋》，華東師範大學出版社1994年版。

④ 石繼承：《説〈穆天子傳〉中的地名"麗虎"》，《中華文史論叢》2016年第3期，第34頁。

文字應屬於三晉系統。雖然至今尚未有戰國三晉地區的竹簡出土，但不少楚地出土的竹簡被認爲保留了三晉系文字的部分特徵，如清華簡中的《保訓》《繫年》《良臣》《祝辭》《筮法》《厚父》《子產》等篇目。隨着對晉系文字認識的不斷加深，對《穆天子傳》性質的認識也會隨之加深。

隨着新研究的逐步推進，《穆天子傳》中越來越多的問題得到解答，新的研究方式也逐步得以確立。本節即是在這種研究的視野下，通過對《穆天子傳》所述史事的禮典類型分析，進一步説明《穆天子傳》文獻性質，並分析討論其成書的時代。

《穆天子傳》中所涉及禮類衆多，以往的研究中並没有引起足夠的重視。如果將《穆天子傳》視爲一宗出土文獻，與其他出土文獻相較，它在敘述史事的框架下記述禮典的性質是明顯的。多數《穆天子傳》所述的史事都是以述禮的方式展開的。由於對禮典的敘述具有較强的時代性，因此對《穆天子傳》進行禮典分析是研究《穆天子傳》文本性質的一個有力的切入點。

一、《穆天子傳》中的兩類"曰"

在論述《穆天子傳》所涉禮典之前，對於其文本特點要事先作一説明，《穆天子傳》中有大量"曰"存在，歷代注家基本認爲緊隨"曰"之後的内容是文中人物所言。然而這些"曰"中有一大部分並不跟着講話者的人稱出現，與目前看到的傳世文獻及出土文獻都不相類似，是很令人值得懷疑的。以卷二爲例，卷二有：

> 甲子，天子北征，舍于珠澤。以釣于洀水。曰："珠澤之藪，方三十里。爰有藿、葦、莞、蒲，茅、萯、蒹、蔞。"乃獻白玉□隻，□角之一，□三，可以□沐。乃進食，□酒十□，姑劓九□。

這段比較突兀地出現"曰：'珠澤之藪，方三十里'"，注家多以爲是周穆王之言。但這明顯是對"珠澤之藪"的説明，甚至其後所跟的"爰有藿、葦、莞、蒲，茅、萯、蒹、蔞"，也是對"珠澤之藪"的補充説明。

又卷二有：

> 甲戌，至於赤烏，赤烏之人□其獻酒千斛于天子，食馬九百，羊、牛三千，稷、麥百載。天子使祭父受之。曰："赤烏氏先出自周宗。大王亶父之始作西土，封其元子吳太伯于東吳，詔以金刃之刑，賄用周室之璧。

封亓璧臣長季綽于舂山之虱，妻以元女，詔以玉石之刑，以爲周室主。"
天子乃賜赤烏之人□其墨乘四，黄金四十鎰，貝帶五十，珠三百裏。亓乃
膜拜而受。

其中"曰：'赤烏氏先出自周宗。大王亶父之始作西土，封其元子吳太伯于
東吳，詔以金刃之刑，賄用周室之璧。封亓璧臣長季綽于舂山之虱，妻以元
女，詔以玉石之刑，以爲周室主'"句顯然是對赤烏氏族源的説明，這段話
既不是周穆王説的，也不是祭父説的。如果去掉這段説明文字，餘下的文字
就變爲：

> 甲戌，至于赤烏，赤烏之人□其獻酒千斛于天子，食馬九百，羊、牛
> 三千，稷、麥百載。天子使祭父受之。天子乃賜赤烏之人□其墨乘四，黄
> 金四十鎰，貝帶五十，珠三百裏。亓乃膜拜而受。

去掉曰後的文字更接近於目前所能看到的傳世文獻以及出土文獻的叙事方式。
與卷六盛姬之喪有關的例子有：

> 曰：天子命喪，一里而擊鐘止哭。曰：匠人哭于車上，曾祝哭於喪
> 前，七萃之士哭于喪所。曰：小哭錯踊，三踊而行。五里而次。曰：喪三
> 舍至于哀次，五舍至于重璧之臺，乃休。天子乃周姑繇之水以圍喪車，是
> 曰囧車。曰：殤祀之。

此節叙述的是天子命止哭，然而止哭之後却説："曰：匠人哭于車上，曾祝哭
于喪前，七萃之士哭于喪所。"又説："曰：小哭錯踊，三踊而行。"這兩句應該
都不是接着"止哭"做的動作，而是對"止哭"的解釋。"天子命喪，一里而擊鐘
止哭"後，似應直接接續"五里而次"。

《穆天子傳》中還有一些雖然没有加"曰"，也很可能是較爲早期的注文的
混入。如卷四有：

> 庚辰，至于溍水。濁繇氏之所食。
> 癸未，至于蘇谷。骨飦氏之所衣被。乃遂南征，東還。
> 丙戌，至于長沙。重趨氏之西疆。

上舉三例中，"濁繇氏之所食"似是對"滔水"的說明，"骨餌氏之所衣被"似是對"蘇谷"的說明，"重氏之西疆"似是對"長淡"的說明，如果沒有這些文字，上舉卷四這部分就能連爲：

> 庚辰，至于滔水。辛巳，天子東征。癸未，至于蘇谷。乃遂南征，東還。丙戌，至于長淡。丁亥，天子升于長淡。乃遂東征。

明顯類似於《春秋》或者《竹書紀年》的文體類型。

卷四還有：

> 河伯之孫，事皇天子之山。有模菫，其葉是食后。天子嘉之，賜以佩玉一隻。柏夭再拜稽首。

其中，"有模菫，其葉是食后"似是對"皇天子之山"的說明，摘出改句後，"河伯之孫，事皇天子之山。天子嘉之，賜以佩玉一隻。柏夭再拜稽首"文義更爲通順。

當然，《穆天子傳》中並非所有的"曰"都是這種性質。卷六有：

> 七萃之士葽豫上諫于天子，曰："自古有死有生，豈獨淑人？天子不樂，出於永思。永思有益，莫忘其新。"天子哀之，乃又流涕，是日輟。

上引文之"曰"，正是七萃之士葽豫所説，不是對前文的注釋，與前舉的例子又有不同。

以此推想《穆天子傳》的全文，其在出土之時是一個有"注"文的文本，由於整理者不能很好地將文中的注文清理出來，故注文就以有"曰"或無"曰"的形式混雜在正文之中了。有一部分"曰"的地位大概與經注的地位相類似，從行文看，這些性質的"曰"應該不是出土後注釋者所加的。

就《穆天子傳》的原文樣貌來説，是不應該有這些"曰"後內容存在的，然而從《穆天子傳》中衆多的"曰"來看，有些"曰"的內容已經與正文拼接在一起了，不是每一處"曰"文都可以與"正文"摘開，故在引用文本時，只能採用較爲審慎的方式來處理，只有對明顯是注文的"曰"進行說明，從正文中擴注出來。在區分了不同"曰"後所跟內容的不同性質之後，下面對《穆天子傳》所涉的禮典類型逐一進行分析。

二、《穆天子傳》所涉飲酒禮

《穆天子傳》中涉及飲酒禮的次數比較多，主要用"觴"表示，少量用"飲"表示。"飲"在《穆天子傳》中多是指飲水、飲酒（飲酒可能也與解渴有關）、飲血、飲馬的禮儀或行爲。

卷一有：

飲天子蠋山之上。（句首殘，飲水或飲酒）

丙午，天子飲于河水之阿。（飲水或飲酒）

戊午，㬊□之人居慮，獻酒百□于天子。天子已飲而行，遂宿于昆侖之阿，赤水之陽。（飲酒）

乃命正公郊父，受敕憲，用伸□八駿之乘，以飲于枝洔之中，積石之南河。（飲馬）

卷三有：

丁未，天子飲于温山，□考鳥。（飲水或飲酒）

己酉，天子飲于溽水之上，乃發憲令，詔六師之人□其羽。（飲水或飲酒）

己丑，至于獻水。乃遂東征。飲而行，乃遂東南。（飲水或飲酒）

辛丑，天子渴于沙衍，求飲未至。七萃之士高奔戎刺其左驂之頸，取其青血以飲天子。（飲水或飲血）

壬寅，天子飲于文山之下。（飲水或飲酒）

豩奴乃獻白鵠之血，以飲天子。（飲血）

卷四有：

癸巳，天子飲于羀山之上。乃奏廣樂，三日而終。（飲酒）

壬寅，天子飲于文山之下。（飲酒）

巨蒐之人豩奴乃獻白鵠之血，以飲天子。因具牛羊之湩，以洗天子之足，及二乘之人。（飲血）

官人進白鵠之血，以飲天子，以洗天子之足。（飲血）

造父乃具羊之血，以飲四馬之乘一。（飲馬）

卷五有：

> 是日也，天子飲許男于洧上。天子曰："朕非許邦，而慁百姓□也。谷氏宴飲毋有禮。"許男不敢辭，升坐于出尊。乃用宴樂。天子賜許男駿馬十六。許男降，再拜空首。乃升平坐。及暮，天子遣許男歸。（飲酒禮）
>
> 夏庚午，天子飲于洧上，乃遣祭父如圃鄭，用□諸侯。（飲水或飲酒）
>
> 甲寅，天子作居范宮，以觀桑者，乃飲于桑中。（飲水或飲酒）
>
> 壬辰，祭公飲天子酒，乃歌《闢天》之詩。天子命歌《南山有臺》。乃紹宴樂。（飲酒禮）
>
> 仲秋丁巳，天子射鹿于林中，乃飲于孟氏。（飲水或飲酒）
>
> 季冬甲戌，天子東遊，飲于留祈，射于麗虎，讀書于黎丘。（飲水或飲酒）
>
> □飲逢公酒，賜之駿馬十六，絺綌三十篋，逢公再拜稽首。（飲水或飲酒）

卷六有：

> 天子飲于漯水之上，官人膳鹿，獻之天子。（飲水或飲酒）
>
> 癸酉，天子南祭白鹿于漯□，乃西飲于草中，大奏廣樂，是曰樂人。（飲酒）
>
> 盛姬求飲，天子命人取漿而給，是曰壺輴。（飲盛姬水或酒）

以上有"飲"的諸例中，只有卷五"天子飲許男于洧上""祭公飲天子酒""□飲逢公酒"以及卷六"盛姬求飲"是有具體對象的。由於飲酒禮必有主賓，故可以歸爲飲酒一類的禮典。其他例子則可歸入與"觴"禮一類的向天子獻飲獻食的禮節。

根據《穆天子傳》中"觴"的用法，傳統禮書中的飲酒禮在《穆天子傳》中多以"觴"來表示。

卷一有：

> 庚辰，至于□，觴天子于盤石之上。天子乃奏廣樂。

天子北征于犬戎。大戎□胡觴天子于當水之陽。天子乃樂，□賜七萃
之士，戰(獸)。

"七萃"何指，注家多有討論。于省吾認爲"萃"即"倅"，並舉戰國燕鍬銘文
"萃鍬"爲證，以爲是副車所用兵器。陳煒湛認爲"七"當讀爲"甲"，推測三晉
之地"七""甲"無別，"甲萃"之師即王之精鋭部隊。王貽樑、陳建敏認爲"七
萃"即燕侯脮戈(《銘圖》16979，戰國晚期)、燕侯載戈(《銘圖》16982—16989，
戰國晚期)、燕侯職戈(《銘圖》16990、16992，戰國晚期)銘文中的"帀(師)
萃"，從字形上來看，王貽樑、陳建敏之説最爲可信。關於"帀(師)萃"具體何
指，《周官·春官·車僕》有：

　　車僕掌戎路之萃、廣車之萃、闕車之萃、蘋車之萃、輕車之萃。鄭玄
注：萃，猶副也。此五者，皆兵車，所謂五戎也。

然而，《禮記·月令》有：

　　是月也，天子乃教于田獵，以習五戎，班馬政。鄭玄注：五戎謂五
兵，弓、矢、殳、矛、戟也。

因此"萃"是指兵車還是兵器在鄭玄注中並不清楚。于省吾將"萃"讀爲"倅"是
據孫詒讓《周禮正義》説"萃、倅字通"而來，也並無更多堅實證據。羅衛東在
《金文"萃"及"某萃"補論》中認爲"萃"是指"步兵及其組成的軍事組織"[1]，是
很有道理的。《左傳·桓公五年》提到"曼伯爲右拒，祭仲足爲左拒，原繁、高
渠彌以中軍奉公，爲魚麗之陳。先偏後伍，伍承彌縫"。這裏的伍就是指步兵
跟在車兵之後。又《左傳·定公四年》有"管、蔡啟商，惎間王室，王於是乎殺
管叔而蔡蔡叔，以車七乘、徒七十人"，《左傳·隱公十一年》有"鄭伯使卒出
豭，行出犬、雞，以詛射潁考叔者"。"萃"所指即此種隨在兵車之後的徒卒。
故《周官·春官·車僕》所言"戎路之萃、廣車之萃、闕車之萃、蘋車之萃、輕
車之萃"，也是指這些車戰部隊所隨的徒卒。《車僕》接着説"凡師，共革車，
各以其萃"的意思是指在成師的時候，要準備好戰車(革車)，還要帶好革車後

---

[1]　羅衛東：《金文"萃"及"某萃"補論》，《勵耘語言學刊》2015 年第 2 期，第 109～
114 頁。

隨從的徒卒。

在《穆天子傳》中"七(師)萃"指徒卒，但與周穆王的主力部隊"六師之人"顯然又不同。《穆天子傳》卷三有"六師之人畢至于曠原。曰：'天子三月舍于曠原。'庚子，至于□之山而休，以待六師之人"。可見"六師之人"的行軍速度明顯要慢於周穆王，而"七(師)萃之士"是與周穆王同步行進的。由此可以推斷，"七(師)萃之士"就是跟隨周穆王的精銳徒卒，隨周穆王的車駕前行。這些"士卒"都是"選卒"，故勇猛無比，可以"刺其左驂之頸"，"生捕虎，必全之"，甚至還能勸誡穆王(《穆天子傳》卷一)。周穆王也常將他們附於大饗之末，可能他們都是王族子弟的緣故。

"天子乃樂，□賜七萃之士，戰(獸)"則應該在"賜七萃之士"與"戰"之間點斷。陳煒湛舉金文爲例，認爲"戰"可能就是"獸"之誤。其實楚文字中二者只有從"戈"從"犬"之別，不熟悉六國文字的西晉人將二者混淆的可能性不小。《穆天子傳》卷三"六師之人翔畋于曠原"是在周穆王大饗"正公、諸侯、王勒、七萃之士"之後，因此二者所述的內容是類似的。

卷二有：

> 辛巳，入于曹奴，曹奴之人戲，觴天子于洋水之上，乃獻食馬九百，牛、羊七千，稷米百車。天子使逢固受之。天子乃賜曹奴之人戲□黃金之鹿，銀，貝帶四十，珠四百裹。戲乃膜拜而受。
>
> □之人潛時觴天子于羽陵之上，乃獻良馬牛羊。天子以其邦之攻玉石也，不受其牢。柏夭曰："□氏，檻□之後也。"天子乃賜之黃金之嬰三六、朱三百裹。潛時乃膜拜而受。

卷三有：

> □乙丑，天子觴西王母于瑤池之上。西王母爲天子謠，曰："白雲在天，丘隙自出。道里悠遠，山川諫之。將子無死，尚能復來?"天子答之曰："予歸東土，和治諸夏。萬民平均，吾顧見汝。比及三年，將復而野。"西王母又爲天子吟曰："徂彼西土，爰居其野。虎豹爲群，於鵲與處。嘉命不遷，我惟帝女。彼何世民，又將去子；吹笙鼓簧，中心翔翔。世民之子，唯天之望。"

卷四有：

秋癸亥，天子觴重鼶之人籙篁，乃賜之黄金之罌二九，銀鳥一隻，貝帶五十，珠七百裹，筍箭，桂薑百崮，絲纊雕官。籙篁乃膜拜而受。

己巳，至于文山，西膜之所謂□觴天子于文山。西膜之人乃獻食馬三百，牛羊二千，稑米千車，天子使畢矩受之。曰："□天子三日遊于文山。"於是取采石。

甲戌，巨蒐之嬐奴觴天子于焚留之山。乃獻馬三百，牛羊五千，秋麥千車，膜稷三十車。天子使柏天受之。好獻枝斯之英四十、僮韶裛罌瑶佩百隻、琅玕四十、觴媯十篋。天子使造父受之。□乃賜之銀木鍭采、黄金之罌二九、貝帶四十，朱三百裹，桂薑百崮。嬐奴乃膜拜而受。

鄺伯絮觴天子于澡澤之上，剗多之汭，河水之所南還。

犬戎胡觴天子于雷首之阿，乃獻食馬四六。天子使孔牙受之。曰："雷水之干，寒，寡人，具犬馬牛羊。"爰有黑牛白角，爰有黑羊，白血。

以上"寒，寡人"不辭。陳逢衡已經指出："寡字誤，當是'雷'字，謂雷水之人"。前面已經討論了《穆天子傳》中"曰"的特點，多爲解釋前文中的地名水名，沒有出現帶有主觀感情色彩的語言描述。這裏或可斷讀爲"曰：雷水之干，寒。雷人，具犬馬牛羊"。

以上所舉的"觴"均作飲酒禮使用，這種用法並不見於禮書。在《左傳》中有其例，《左傳·襄公二十三年》有"伏之而觴曲沃人"。雖然"觴"在其中並無禮制內涵，但"使……飲酒"的用法與《穆天子傳》類似。《戰國策·秦策五》有："武安君將至，使韓倉數之曰：'將軍戰勝，王觴將軍。'"

《穆天子傳》中的"觴"，往往不是天子招待諸侯或臣下，而是地方上的族人首領招待天子，一般還伴隨着奉獻糧草牲畜，這些都是周穆王遠遊所必須的補給品。周穆王接受貢獻之後，對招待他的地方首領也有所賜，主要是金玉首飾、布匹貝帶之類，可見貢獻之物與賞賜之物的屬性是非常不同的。在這些談到"觴"禮的場合中，只有《穆天子傳》卷三"天子觴西王母"與一般禮書有類似之處，主要是飲酒之後西王母爲周穆王歌謡。從謡的體式來看，與《詩經》相類爲四言詩(西王母之詩押何韻不清楚，周穆王答詩押魚部韻)。這首詩並不是春秋貴族間借詩斷章取義的傳統格式，而是根據當時的場景直接創作的，內容直白而明確。如果西王母與周穆王所唱和的詩歌是逸詩，其來源可能就是周穆王的這次遠行。當然也不能排除是戰國人爲描寫穆天子遠遊而作，詩的性質無法確知。①

三、《穆天子傳》所涉祭禮

《穆天子傳》中祭禮有祭"山"、祭"川"以及祭"宗廟"。關於祭祀山嶽的記述，卷一有：

> 己未，天子大朝于黄之山。乃披圖視典，用觀天子之寶器。曰："天子之寶：玉果、璿珠、燭銀、黄金之膏。天子之寶萬金□寶百金，士之寶五十金，鹿人之寶十金。天子之弓射人，步劍，牛馬，犀□器千金。天子之馬走千里，勝人猛獸。天子之狗走百里，執虎豹。"柏天曰："征鳥使翼：曰□烏鳶、鶡鷄飛八百里。名獸使足：□走千里，狻猊□野馬走五百里，卭卭距虚走百里，麋□二十里。"
>
> 癸亥，天子具蜀齊牲全，以禋□昆侖之丘。
>
> 壬寅，天子登于鐵山，乃徹祭器于剞閭之人。温歸乃膜拜而受。天子已祭而行，乃遂西征。

關於祭祀水川的記述，卷一有：

> 癸丑，天子大朝于燕□之山、河水之阿。……天子命吉日。戊午，天子大服：冕褘，帗帶，搢曶，夾佩，奉璧，南面立于寒下。曾祝佐之。官人陳牲全五□具。天子授河宗璧。河宗柏天受璧，西向沉璧于河，再拜稽首。祝沉牛馬豕羊。河宗□命于皇天子，河伯號之："帝曰：'穆滿，女當永致用時事！'"南向再拜。河宗又號之："帝曰：'穆滿，示女春山之寶，詔女昆侖□舍四平泉七十，乃至於昆崙之丘，以觀春山之寶。賜語晦。'"天子受命，南向再拜。
>
> 於是得白狐玄狢焉，以祭於河宗。

卷二有：

> 丁未，天子大朝于平衍之中，乃命六師之屬休。

---

① 關於燕禮禮典與賦詩的關係，可參看本書《從清華簡〈耆夜〉飲至禮典推測其成書年代》一節的分析。

卷四有：

> 天子之豪馬，豪牛，龍狗，豪羊，以三十祭文山。

關於祭祀祖先神祇的記述，卷四有：

> 庚辰，天子大朝于宗周之廟，乃里西土之數。曰："自宗周瀍水以西，至于河宗之邦、陽紆之山，三千有四百里。自陽紆西至于西夏氏，二千又五百里。自西夏至于珠余氏及河首，千又五百里。自河首襄山以西，南至于春山、珠澤、昆侖之丘，七百里。自春山以西至于赤烏氏、春山，三百里。東北還至于群玉之山，截春山以北。自群玉之山以西至于西王母之邦，三千里。□自西王母之邦，北至于曠原之野，飛鳥之所解其羽，千有九百里。□宗周至于西北大曠原，一萬四千里。乃還，東南復至于陽紆，七千里。還歸于周，三千里。各行兼數，三萬有五千里。"
>
> 吉日甲申，天子祭于宗周之廟。

卷五有：

> 仲冬丁酉，天子射獸，休于深蓙，得麋麕豕鹿四百有二十，得二虎九狼，乃祭于先王，命庖人熟之。

《穆天子傳》中的祭禮與兩周禮典所涉及的祭禮禮類基本相當，主要分爲自然神和祖先神祭祀。禮書所記的天子祭禮包括祭天、祭地、祭山嶽、祭水川、祭七祀、祭宗廟祖先等。《穆天子傳》涉及"祭山嶽""祭水川""祭宗廟"三類。祭山嶽有"大朝于黄之山"和"披圖視典"，乃傳統禮書未聞之儀節；祭水川有"沉璧于河"，《左傳》中多見。可見《穆天子傳》實有所本。卷一中"祭於河宗"，是河神之族的宗廟。周禮規定非其鬼而祭之爲諂，故周穆王祭祀"河宗"實質是對河的祭祀，河宗當是世世以河神爲祖先神的宗族。祭祀了河宗之後也仍要"沉璧"祭祀河神，河宗的後代即當時之河宗柏夭，由其受璧沉璧，與河神交接。河宗本身並不是河神，而只是與河神交接者，其身份類似祭禮中的"祝"。

四、《穆天子傳》所涉覲禮、聘禮

關於覲禮、聘禮記述，卷一有：

河宗柏天逆天子燕然之山。勞用束帛加璧，先白□，天子使袜父受之。

卷二有：

甲戌，至于赤烏，赤烏之人□其獻酒千斛于天子，食馬九百，羊、牛三千，稷、麥百載。天子使祭父受之。……天子乃賜赤烏之人□其墨乘四，黃金四十鎰，貝帶五十，珠三百裹。丌乃膜拜而受。

鷹韓之人無髳乃獻良馬百匹，用牛三百，良犬七千，牝牛二百，野馬三百，牛羊二千，稷麥三百車。天子乃賜之黃金銀罌四七，貝帶五十，珠三百裹，變□雕官。無髳上下乃膜拜而受。

卷三有：

吉日甲子，天子賓于西王母。乃執白圭玄璧，以見西王母。好獻錦組百純，□組三百純。西王母再拜受之。

□智□往天子于戊□之山，勞用白驂二疋，野馬野牛四十，守犬七十。……曰：智氏□天子北遊于鏤子之澤。

智氏之夫獻酒百□于天子。天子賜之狗璁采，黃金之罌二九，貝帶四十，珠丹三百裹，桂薑百乃膜拜而受。

甲辰，至于積山之邊，爰有薨柏。曰："曷余之人命懷獻酒于天子。"天子賜之黃金之罌、貝帶、朱丹七十裹。命懷乃膜拜而受。

乙巳，□諸飦獻酒于天子。天子賜之黃金之罌、貝帶、朱丹七十裹。諸飦乃膜拜而受之。

卷四有：

文山之人歸遺乃獻良馬十駟，用牛三百，守狗九十，牝牛二百。以行流沙。天子之豪馬，豪牛，龍狗，豪羊，以三十祭文山。又賜之黃金之罌二九，貝帶三十，朱三百裹，桂薑百嶌。歸遺乃膜拜而受。

卷五有：

> 丁丑，天子□雨乃至。祭父自圃鄭來謁。留昆歸玉百枚。陵翟致辂：
> 良馬百駟，歸畢之寶，以詰其成。陵子屬胡□東牡。
> 見許男于洧上。祭父以天子命辭曰："去玆羔，用玉帛見。"許男不敢
> 辭，還取束帛加璧。□毛公舉幣玉。

《穆天子傳》所涉及的覲禮多爲地方族人首領獻物，天子有所賞賜的儀節，
與前文第二小節的"觴"天子之禮的儀節非常類似。文中亦有獻"酒"者，所不
同的是没有"觴"這一環節。其後半段與金文中的賞賜類銘文比較接近，唯賞
賜之物多爲黄金，爲金文所未見。聘禮有卷一"河宗柏夭逆天子"、卷三"天子
賓于西王母""□智□往天子"、卷五"祭父自圃鄭來謁""見許男于洧上"五節。
五節的共同特徵爲多用玉，如"勞用束帛加璧""乃執白圭玄璧""留昆歸玉百
枚""還取束帛加璧"，與地方首領獻物之儀很不相同。

五、《穆天子傳》所涉饗禮

關於饗禮的記述，卷二有：

> 己酉，天子大饗正公諸侯王吏七萃之士于平衍之中。

卷三有：

> □天子大饗正公、諸侯、王勒、七萃之士于羽琌之上，乃奏廣樂。

以上皆爲天子大饗公卿、諸侯、王勒、七萃之士之禮。饗禮奏樂，與禮書相
合。《禮記·仲尼燕居》："大饗有四焉。"鄭玄注："大饗，謂饗諸侯來朝者
也。"錢玄云"有四，指大饗作樂有四"，又與"奏廣樂"相印證。

六、《穆天子傳》所涉蒐禮與射禮

關於蒐禮的記述，卷一有：

　　癸未，雨雪，天子獵于鈃山之西阿。（獵禮）
　　天子乃樂，□賜七萃之士，戰（獸）。（狩禮）
　　癸酉，天子舍于漆澤，乃西釣于河。（漁禮）
　　甲辰，天子獵于滲澤。（獵禮）

卷二有：

　　甲子，天子北征，舍于珠澤。以釣于流水。（漁禮）

卷三有：

　　□六師之人翔畋于曠原，得獲無疆。鳥獸絶群。（大畋）
　　六師之人大畋九日，乃駐于羽[琢]之□，收皮效物，債[賃]車受載。天子於是載羽百車[繹]。（大畋）

卷五有：

　　辛未，天子北還，釣于漸澤，食魚于桑野。（漁禮）
　　□辰，天子次于軍丘，以畋于藪□。（畋禮）
　　仲秋丁巳，天子射鹿于林中，乃飲于孟氏。（射禮）
　　仲冬丁酉，天子射獸，休于深蒦，得麋麇豕鹿四百有二十，得二虎九狼，乃祭于先王，命庖人熟之。（射禮）
　　戊戌，天子西遊，射于中□方落草木鮮。命虞人掠林除藪，以爲百姓材。（射禮）
　　霍侯舊告薨。天子臨于軍丘，狩于藪。（狩禮）
　　季冬甲戌，天子東遊，飲于留祈，射于麗虎，讀書于黎丘。（射禮）
　　天子筮獵苹澤，其卦遇訟☰☷。逢公占之，曰："《訟》之緐：藪澤蒼蒼其中，□宜其正公。戎事則從，祭祀則意，畋獵則獲。"（占射）

卷六有：

　　仲冬甲戌，天子西征，至于因氏。天子乃釣于河以觀姑縣之木。（漁禮）

《穆天子傳》中的關於"獵""狩""畋""釣""射"的記述難於徹底區分開來，"釣""射"之禮主要的對象都是禽獸，並不如後世射侯之禮。金文中唐伯父鼎描述了一次周王的射牲禮，可以對照參看。

七、《穆天子傳》所涉册命禮

關於册命禮的記述，卷二有：

> □柏夭曰：□封膜畫于河水之陽，以爲殷人主。
> 天子乃封長肱于黑水之西河。是惟鴻鷺之上，以爲周室主。是曰留骨之邦。

卷四有：

> 戊午，天子東征，顧命柏夭歸于丌邦。天子曰："河宗，正也。"柏夭再拜稽首。

《穆天子傳》中有幾處册命分封禮，所記都比較簡略，册命對象多爲某"主"，與禮書不合，未載相關儀節，不可詳考。

八、《穆天子傳》所涉喪禮

關於喪禮的記述，卷二有：

> □吉日辛酉，天子升于昆侖之丘，以觀黄帝之宫，而豐隆之葬，以詔後世。霍侯舊告薨。天子臨于軍丘，狩于藪。

卷二記録了"霍侯舊告薨"，周穆王臨弔之事。《禮記·曲禮下》："(諸侯)死曰薨。"鄭玄注："亦史書策辭。"與本章所説之"告"正相合。卷二還記述了周穆王"觀黄帝之宫，而豐隆之葬"之事，其禮於禮書不可徵，或是對黄帝陵墓封土加高的一種禮制，以此來"詔後世"。

除此之外《穆天子傳》卷六記述了一場完整的盛姬之喪，本章下一節將作重點討論。

《穆天子傳》所記周穆王遊歷之經歷，前人多以爲荒誕不經，具有小説的性質。根據目前已經掌握的禮典類型來説，《穆天子傳》與西周時期定型的禮類基本一致，與禮書所記禮典頗有可互相印證之處。《穆天子傳》前五卷中簡要描述周穆王周遊的内容可能來源比較古，所存的古字雖然是六國文字，但其文本的形成當在戰國之前。

第二節 《周穆王盛姬死事》中的周代王后喪禮

《穆天子傳》卷六與前五卷的來源不同，是一篇獨立成文的先秦文獻，傳説其題名爲"周穆王盛姬死事"。該文主體記載了一場重要的喪禮，死者是周穆王鍾愛的盛姬。盛姬雖然不是周穆王的王后，但由於得到周穆王的寵愛，被指定以王后之禮下葬。《儀禮》中記載的喪禮爲士一級的喪禮，《禮記·喪大記》雖然記述了一些周王喪禮的禮制内容，但所記非常簡略，不足以説明葬禮的整個過程。《穆天子傳》卷六《周穆王盛姬死事》(簡稱《盛姬死事》)是目前所見文獻中唯一一篇完整記載王級喪禮禮典的文獻，尚未引起禮學家的足夠重視。此節專門做一疏證，以突顯該文獻對於禮學研究的重要性。

一、《周穆王盛姬死事》疏證及所涉喪禮考

> 甲戌，天子西北□，姬姓也，盛柏之子也。天子賜之上姬之長，是曰盛門。天子乃爲之臺，是曰重璧之臺。

"盛"，郭璞注①："盛，國名。……公羊傳：'成者何，盛也。'"《公羊傳》徐彦疏："以上有祠兵，下有盛伯來奔。"陸德明《經典釋文》："成，如字，

---

① 本節所引郭璞注文以洪頤煊校本《穆天子傳》爲底本(《〈穆天子傳〉研究文獻輯刊》第一册，國家圖書館出版社 2014 年版)，並參考《穆天子傳匯校集釋》及該書王貽樑、陳建敏所出校勘記。下文不特别説明者，皆仿此。

二傳作'郕'。"檀萃《穆天子傳注疏》①(簡稱《注疏》)據此認爲"盛"即文獻中之"郕",在今山東省寧陽縣東北,泗水縣西北。王貽樑《穆天子傳匯校集釋》②(簡稱《集釋》)認爲"郕,西周甲骨文作'戓'。盛國始封於文王第七子叔武,封在武王時。……據《左》隱五年經'衛師入郕'的記載來看,似以范縣説較近是",並認爲成國本封於畿内,後改封於山東。

"柏"在秦系文字中多用爲"伯"(六國文字多用"白"爲"伯")③,"盛柏(伯)"就是盛國的國君。盛姬是盛伯的女兒,"盛"與"周"同爲姬姓。周代同姓不婚,無論傳世文獻還是出土文獻都證實同姓不婚的制度在周代王室及諸侯國之間是普遍遵循的。周穆王何以娶同姓之女,文中並沒有交代。《左傳》中晉文公的母親爲狐姬,與晉國同姓;《論語》記魯昭公娶女於吳,吳爲姬姓,陳司敗以此問孔子。

"上姬之長",郭璞注:"令盛伯爲姬姓之長位,位在上也。"這段史事史籍無載。

> 戊寅,天子東狃于澤中。逢寒,疾。天子舍于澤中。盛姬告病,天子憐之,□澤曰寒氏。盛姬求飲,天子命人取漿而給,是曰壺輶。天子西至于重璧之臺,盛姬告病,□。

《盛姬死事》此節述盛姬之死。"壺輶",于省吾《穆天子傳新證》以爲"輶"當作"鍴"④,青銅器有邻王義楚鍴(《銘圖》10598、10657,春秋晚期,參見圖7-1)。目前所見自名爲"耑(鍴)"的器皆爲春秋晚期器,除了邻王義楚鍴,還有徐王疌又鍴(《銘圖》10650,春秋晚期)。這説明《穆天子傳》盛姬之喪部分的成書時間當在春秋晚期之後。

"重璧之臺"所在地不明,今本《竹書紀年》有"十五年作重璧臺",西周史

---

① 本節所引檀萃疏文以檀萃《穆天子傳注疏》爲底本(《〈穆天子傳〉研究文獻輯刊》第二冊,國家圖書館出版社 2014 年版),並參考《穆天子傳匯校集釋》及該書王貽樑、陳建敏所出校勘記。下文不特別説明者,皆仿此。

② 王貽樑的意見皆採用《穆天子傳匯校集釋》樑案。下文不特別説明者,皆仿此。

③ 周波:《戰國時代各系文字間的用字差異現象研究》,綫裝書局 2012 年版,第 272 頁。

④ 于省吾:《穆天子傳新證》,《考古社刊》1937 年第 1 期,第 284~285 頁。

圖 7-1 邾王義楚鍴

上可能確有此事。《太平御覽》一百七十八卷引《郡國志》曰："濮州璧玉臺，穆天子所爲盛姬所造也，今旁地猶多珉石。"《太平寰宇記》引《穆天子傳》："天子遊于河、濟，盛君獻女，天子爲造重璧臺，以處之。"濮州在今山東菏澤市鄄城縣舊城鎮，其地近於地處山東的成國（盛國）。

郭璞在闕文後注："上疑説盛姬死也。"郝懿行《穆天子傳補注》①（簡稱《補注》）云："李善《文選》注謝莊《宋孝武貴妃録》引此文有'盛姬亡'三字。"參考上下文，闕文確實應該述説盛姬之死，郭注可信。《盛姬死事》此節是説盛姬逢寒病後，穆王攜盛姬至於重璧之臺，以重璧之臺爲盛姬養病之所，盛姬病情嚴重，終於不治。

天子哀之，是日哀次。天子乃殯盛姬于穀丘之廟。

盛姬死後，依禮當回到周都鎬京之宗廟停殯並落葬，《禮記·雜記上》有：

諸侯行而死於館，則其復如於其國。如於道，則升其乘車之左轂，以

_____

① 本節所引郝懿行注文以郝懿行《穆天子傳補注》爲底本（《〈穆天子傳〉研究文獻輯刊》第二册，國家圖書館出版社 2014 年版），並參考《穆天子傳匯校集釋》及該書王貽樑、陳建敏所出校勘記。下文不特别説明者，皆仿此。

其綏復。其輴有桱，緇布裳帷，素錦以爲屋而行。至於廟門，不毀墻，遂
入，適所殯。唯輴爲说於廟門外。

　　根據《盛姬死事》前節所述重璧之臺遠在成國附近（今山東地區），故無法
使盛姬歸周下葬。因此周穆王選定"轂丘之廟"（"穀丘之廟"）作爲盛姬的殯
宫。郭璞注："先王之廟。"陳逢衡《穆天子傳注補正》（簡稱《補正》①）云："諸
侯不得祖天子，周先王之廟，未聞有列於列邦者。"孫詒讓亦云："時王行在
河、濟間，則非畿内，不當有先王廟。……此轂丘之廟當即同姓諸侯之廟。下
云'韋、轂、黄城三邦之事輦喪'，則轂丘之廟或即轂國之廟與?"除了孫詒讓
所说的可能性之外，亦不排除轂丘之廟確實是周先王之廟的可能性。考諸《左
傳》，魯國除了太廟祀周公外，另立周廟祀周文王。除魯之外，鄭、衛、宋皆
立有類似祭祀始封君所出先王之廟，如鄭國立有周厲王之廟（《左傳·昭公十
八年》）、衛國立有周文王之廟（《左傳·哀公二年》）、宋國立有商帝乙之廟
（《左傳·文公二年》）。在兩周時期封國立先王之廟的傳統是較爲普遍的，轂
丘之廟也可能是姬姓盛國所立的先王之廟，故周穆王將盛姬停殯於此。
　　由於盛姬停殯於轂丘之廟，周穆王必然要停次以待盛姬喪禮完畢，故此地
被稱爲"哀次"。

　　　壬寅，天子命哭。啟爲主。祭父賓喪。天子王女叔娷爲主。

　　《盛姬死事》此節及以下幾節所述内容的時間關係爲："壬寅"—"癸卯"—
"甲申"，是連續的三天。"甲申"爲葬日，則倒推一天"癸卯"爲祖奠之日，
"大哭，殯祀而載"可爲證。再倒推一天"壬寅"則是遷祖之日。遷祖之日，《儀
禮·既夕禮》有"……聲三，啟三，命哭。……取銘置於重。……重先，奠
從。……置重如初"等儀節，與《盛姬死事》此節及下面幾節所述儀程基本相
同。下文所述的祭禮很可能是"遷祖奠"，即"朝廟"，象徵死者告別祖廟之禮。
　　"天子命哭"，與《儀禮·既夕禮》中"……命哭"相對應。《既夕禮》中由商
祝"命哭"，《盛姬死事》中爲周穆王命哭，大同而小異。
　　"啟"，郭璞注："啟疑爲開殯出户也。"檀萃《注疏》云："'啟'字爲句，

---

　　①　本節所引陳逢衡《補正》文以陳逢衡《穆天子傳注補正》爲底本（《〈穆天子傳〉研究
文獻輯刊》第一、二册，國家圖書館出版社 2014 年版），並參考《穆天子傳匯校集釋》及該
書王貽樑、陳建敏所出校勘記。下文不特别説明者，皆仿此。

《既夕禮》：‘聲三，啟三’爲啟殯而葬也。”①所謂“聲三，啟三”，舊説爲發出三聲同時棺木啟動三次，發此三聲的目的是告神將啟殯。于省吾認爲“‘啟爲主’謂始作主也”，並舉《尚書·梓材》“王啟監厥亂爲民”及金文數例，説明“啟”訓爲“始”。由此前儀節分析可知，此處之“啟”爲禮儀專詞，即《儀禮·既夕禮》啟殯遷於祖廟之“啟”，郭注、于注非是。

“爲主”，郭璞注：“爲之喪主，即下伊扈。”檀萃《注疏》云：“‘爲主’者，刊重木以明主道也。……按喪禮，設重在小斂之前而此於斂殯之後者，蓋從其變。”《儀禮·既夕禮》中將死者之柩遷至祖廟後，“置重如初”。所謂“置重”，就是《盛姬死事》此節所説的“爲主”，《禮記·檀弓下》有“重，主道也，殷主綴重焉；周主重徹焉”可爲書證。所不同者，由於盛姬死於殯宮之外，入殯宮之時招魂、小斂、入柩已經完成，故可能是殯而後爲主。這與卒於宮室，始死即爲主的儀程有所不同。

“祭父”，疑當即周王公卿“祭伯”。《左傳·隱公元年》有：“冬十二月，祭伯來。”杜預注：“祭伯，諸侯爲王卿士者。祭國，伯爵也。”

“賓”，郭璞注：“儐贊禮儀”，是。陳逢衡《補正》云：“賓當讀如字，此蓋廷臣以大臨之禮哭盛姬，而祭父貴臣居首，故曰賓。”陳逢衡《補正》以爲祭父以貴臣作賓，是不正確的。祭父作爲周穆王的同姓貴臣，不當爲賓。《左傳·僖公二十四年》有富辰謂“祭，周公之胤”，可知祭伯也是姬姓。又《左傳·昭公二十年》有“昔穆王欲肆其心，周行天下，將皆必有車轍馬跡焉。祭公謀父作《祈招》之詩，以止王心，王是以獲没於祇宮”，此祭公謀父應當正是《盛姬死事》中的祭父，其食邑在王畿之內。祭父的“父”爲對成年男子之尊稱，常序於字之後，這裏未稱字，故直呼爲祭父。

“天子王女叔姪”，郭璞注認爲是周王之女叔姪，“叔”爲行次，伯仲之後，季之前皆爲叔。然而周穆王之女稱“叔姬”爲是，“叔姪”來源於何處不可解。先秦文獻未有天子、諸侯女子子稱名之例。且周王之女及笄成年當外嫁，童子未成年又不能爲喪主，故郭璞之説難通。依禮，姑死，主婦可爲喪主。後文説“伊扈”爲主，“伊扈”即周穆王之子周共王，則“叔姪”或爲“伊扈”之妻，即所謂世婦，可爲喪禮女主。“姪”姓史書所無，或爲他字之訛。《禮記·喪大記》有“男子不死於婦人之手，婦人不死於男子之手”，則婦人之喪禮必有女主輔助男性喪主，《盛姬死事》此節正反映了這點。

① 此處《集釋》將檀萃句誤點斷爲“‘聲三啟’，三爲啟殯而葬也”，不辭。

　　　　天子□賓之命，終喪禮。

　　此句闕文，陳逢衡《補正》認爲疑缺一"自"字，補全後仍無法讀通。王貽樑指出，穆天子無自賓之道，甚確。頗疑當斷句在"賓之命"後，"終喪禮"爲一句。所謂"終喪禮"是指喪禮自是而終，之後儀節屬於告廟之禮，啟殯將行。正對應《儀禮》中《士喪禮》的結束、《既夕禮》開始的節點。

　　　　於是殤祀而哭。內史執策，官人□丌職。

　　"殤"，郭璞注："殤，未成喪，盛姬年少也。"《儀禮》以及《禮記》多數篇目中的"殤"皆用爲未成年而死者。上博二《容成氏》簡4有："道路無殤死者"，整理者云："未至成年而死者。"①

　　"內史執策"，郭璞注："所以書贈賵之事。內史，主册命者。"《儀禮·既夕禮》有："主人之史請讀賵，執筭從。"鄭玄注："史北面請，既而與執筭西面於主人之前讀書釋筭。"《盛姬死事》所言之"策"即《既夕禮》之"書"，此時尚未出殯，內史執策則如郭璞所言，是在記録弔喪者所贈之賵，以便後來統計。王貽樑案："此內史、官人之職與事，與《周禮》不合（《周禮》內史無司喪之職，官人亦是），而與《儀禮》近之。"其説甚確。

　　"官人□丌職"，戰國楚簡"其"多用"丌"代表，例子較多，茲不贅舉。檀萃《注疏》"□"補"供"字，可讀通。該句的大意是參加喪禮的官員都做好自己的職分。所謂官人，包括《儀禮·士喪禮》中所稱的"甸人""管人""商祝""夏祝"等職官，周王、王后喪禮的規格更高，故官人更多。

　　　　曾祝敷筵席設几，盛饋具，肺、鹽、羹、截、脯、棗、酏、醢、魚、腊、糗、韭、百物。乃陳腥俎十二，乾豆九十，鼎、敦、壺、尊四十，器。

　　"曾祝"，陳逢衡《補正》云："曾祝猶太祝也。"《儀禮》中設几在虞禮時，不在停殯時，此點值得注意。《儀禮·士虞禮》有"祝盥，升，取苴降，洗之，升，入設於几東席上，東縮，降，洗觶，升，止哭"，王喪禮之"曾祝"正對應

_____

　　①　上海博物館編：《上海博物館藏戰國楚竹書（二）》，上海古籍出版社2002年版，第254頁。

士喪禮之"祝"，可見《盛姬死事》職官多與《儀禮》同。

"敷"用爲"布"，《詩》《書》中常見。《小雅·小旻》"旻天疾威，敷於下土"。《尚書·顧命》"敷重篾席""敷重底席"等用法相同。金文中也常用"敷"表示"布"，燹公盨（《銘圖》05677，西周中期）銘文有"天命禹專土"，裘錫圭認爲"專"爲"敷土"之"敷"的本字，禹"敷土"其原始意義應指以息壤埋填洪水。毛公鼎（《銘圖》02518，西周晚期）銘文有"專（敷）命專（敷）政"。皆爲其證。

"設几"，前文已經說到盛姬殯於毄丘之廟，《盛姬死事》上下幾節所述當爲遷祖奠。士喪禮中小斂奠、大斂奠、朝夕奠、殷事奠、遷祖奠、祖奠、遣奠皆未說設几，至士虞禮時方設几並立尸。《盛姬死事》中遷祖奠設几而不立尸，與《儀禮》所述不同。《禮記·檀弓下》有"虞而立尸，有几筵"，明確說"几筵"要到虞祭時才設。郭璞注："《周禮》曰：'喪事仍几。'"《周禮·春官·司几筵》："凡喪事，設葦席，右素几，其柏席用萑，黼純。凡吉事，變几。凶事，仍几。"鄭玄注："喪事謂凡奠也。萑，如葦而細者。鄭司農云：'柏席，迫地之席，葦居其上。或曰柏席，載黍稷之席。'玄謂柏，椁字磨滅之餘。椁席，藏中神坐之席也。"《儀禮·士虞禮》："素几葦席，在西序下。"鄭玄注："有几，始鬼神也。"可見《周禮》中的"凡喪事，設葦席，右素几"指的就是《士虞禮》中"素几葦席"二者並不相悖。《盛姬死事》中遷祖奠之禮，多用《儀禮》及《禮記》中虞祭之儀。不僅如此《士虞禮》所記的虞禮奠具與《盛姬死事》所記非常相似，《士虞禮》奠具的陳放情況如下：

> 贊薦菹醢，醢在北。
> 佐食及執事盥，出舉，長在左。鼎入，設於西階前，東面北上。匕、俎從設。左人抽扃、冪、匕，佐食及右人載。卒朼者逆退，復位。
> 俎入，設於豆東。
> 魚亞之，腊特。
> 贊設二敦於俎南，黍，其東稷。
> 設一鉶於豆南。
> 佐食出，立於戶西。贊者徹鼎。

以上奠具與《盛姬死事》相合者甚多。其中，鼎是用來盛放牲體的，從廟門外入廟的，並不上堂。俎是陳放牲體的案，俎上牲體擺放的次序應當與小斂奠時的擺放的次序相同，《儀禮·士喪禮》中的小斂奠對此有清晰的記述：

乃朼載。載兩髀於兩端，兩肩亞，兩胉亞，脊、肺在於中，皆覆。進
柢，執而俟。

小斂奠中的"乃朼載"與虞禮中的"左人抽扃、鼏、匕，佐食及右人載"是對應
的，都是説以"匕（朼）"取"牲體"放在俎上的儀節。根據小斂奠的擺放順序，
俎上最外側的是"兩髀"（即牲體股骨的上部），稍往中間一點是"兩肩"，再往
中間一點是"兩胉"（即牲的兩脅），最中間是"脊"和"肺"（即牲體的脊部和肺
部）。

《盛姬死事》中"肺鹽羹"當爲三物，即"肺""鹽""羹"。周人尚肺，《禮
記·曲禮》有"君膳不祭肺"。鄭玄注："禮，食殺牲則祭先，有虞氏以首，夏
后氏以心，殷人以肝，周人以肺。"周人祭祀以肺爲上。"鹽"是後文祭祀祖先
使用内臟時蘸的調味品。《儀禮·士虞禮》："尸左執爵，右取肝，擩鹽。"又，
"祝取肝，擩鹽"。可見鹽在虞祭時是單獨使用的。"羹"即"鉶羹"和"大羹"。
《周禮·天官·亨人》："祭祀共大羹、鉶羹。"鄭玄注："大羹，肉湆。鄭司農
云：'大羹，不致五味也。鉶羹，加鹽菜矣。'"《士虞禮》有"尸祭鉶，嘗鉶，
泰羹湆自門入，設於鉶南"。"大羹"不經過調味，"鉶羹"經過調味，二者在虞
祭中皆用之。如果"鹽羹"連成一詞，僅僅用來指"鉶羹"，則"大羹"（泰羹）就
無法落實。因此"肺鹽羹"中"羹"字單成一詞，兼指"鉶羹"和"大羹"，不與前
面的"鹽"字組成短語。陳逢衡《補正》將"肺鹽羹"理解爲"肺鹽""羹"二物是錯
誤的。王貽樑云："肺鹽，《儀禮》多見。"似亦將"肺鹽"視爲一物，亦非。

"藏"即大塊的肉，"乾"即"脯"。《儀禮·士虞禮》在文後述説虞祭的奠具
使用時，提到了"藏四豆，設於左"及"佐食舉乾；尸受，振祭，嚌之，實於
篚"。《禮記·内則》有"脯，皆析乾肉也"，《儀禮·既夕禮》有"四籩：棗、
糗、栗、脯"，則在虞祭時"脯"也盛放在四籩之中。

"棗"，陳逢衡《補正》舉《儀禮·有司徹》鄭玄注："棗，饋食之籩。"《儀
禮·既夕禮》有"四籩：棗、糗、栗、脯"。《儀禮·士虞禮》有"饌兩豆，菹、
醢，於西楹之東……醢在西，一鉶亞之。從獻豆兩亞之，四籩亞之，北上"，
則四籩中所盛放的應該就是《既夕禮》中的"棗、糗、栗、脯"等祭品。

"酏"，陳逢衡《補正》認爲"酏"同"酏"。關於"酏"，禮書有二説。一爲
《周禮·天官·酒正》"辨四飲之物，一曰清，二曰醫，三曰漿，四曰酏"。鄭
玄注："酏，今之粥。"《禮記·内則》："饘、酏、酒、醴。"鄭玄注："酏，粥
也。"又，"或以酏爲醴；黍酏、漿、水、醷、濫"，鄭玄注："酏，粥。"陸德明

《經典釋文》："酏，羊支反，薄粥也。"由於《儀禮・士虞禮》未提到祭品中有粥一類的飲食，故"酏"在這裏訓"薄粥"不可信。二爲《周禮・天官・醢人》："羞豆之實：酏食、糝食。"鄭司農云："酏食，以酒酏爲餅。"鄭玄注："酏，餰也。《内則》曰：'取稻米舉糔溲之，小切狼臅膏，以與稻米爲餰。'"這裏的"酏"爲餅食，可以實於豆中。由於醢也是實於豆中，故"酏"爲餅食是有可能的。還有一種可能性，"酏"字從"酉"，從"酉"之字除了與酒有關，與菹、醢等醬料有關的可能性也很大，"酏"也可能是一種醬料，待考。

"醢""魚""腊"，《儀禮・士虞禮》中有"尸取奠，左執之，取菹，擩於醢"，又有"佐食舉魚腊，實於筐"。此三物與虞祭中所用完全相同。"魚"是指盛有魚的"魚俎"，"腊"是指盛有兔肉乾的"腊俎"。陳逢衡《補正》以爲"魚腊"爲一物，指"魚乾"，是錯誤的。王貽樑整理時從之，"魚""腊"間未點斷，亦非。

"糗"是指粉餌，是一種以米粉做成的食品，應該也是乾食，故能盛之於籩。《儀禮・既夕禮》："四籩：棗、糗、栗、脯。"鄭玄注："糗，粉餌。"王貽樑案："《廣雅・釋器》等又訓糗爲乾飯。依禮，喪多食粥，此釋爲粥爲是。"王案是錯誤的，喪禮中居喪之人由於哀痛故食粥，以表達對逝者的哀情。對死者祭祀之物不但不減殺，還要加隆於生時，豈能與居喪者一樣祭之以粥。王説大違禮義，不可信。

"韭"，郭璞注"韭菹"。《周禮・天官・醢人》："朝事之豆，其實韭菹、蚳醢……饋食之豆，其實葵菹、蠃醢……"《儀禮・士虞禮》中之菹用"葵菹"，這裏用"韭醢"是很合適的。又，《詩經・豳風・七月》八章有："四之日其蚤，獻羔祭韭。"

根據以上分析，《盛姬死事》中盛姬之喪的奠具與《儀禮・士虞禮》所述虞祭之祭品極爲相似，牲俎之屬有"肺"；魚俎之屬有"魚"；腊俎之屬有"腊"；鉶之屬有"羹"；二豆之屬有"醢""韭"（調味）；四豆之屬有"菹"；四籩之屬有"脯""棗""糗"；鹽之屬有"鹽"。待考者唯有"酏"。

"百物"是指除了以上列舉的奠具之外所剩的其他物品。至此將遷奠之禮要用到的東西都臚列清楚了。故説《盛姬死事》所舉的喪祭之物脱胎於《儀禮》士虞禮系統，是不過分的。

"乃陳腥俎十二，乾豆九十，鼎、敦、壺、尊四十，器"，這些指的並不是遷奠所用之具，而是所陳之明器。《儀禮・既夕禮》有"陳明器於乘車之西"，所用之"陳"於《盛姬死事》此節相同。《既夕禮》中所陳之明器包括幾類：

第一類：落葬用具："折，橫覆之。抗木，橫三縮二。加抗席三。加茵，用疏布，緇翦，有幅，亦縮二橫三。器，西南上，綪。茵"。

第二類：黍稷糧食類："苞二。筲三，黍，稷，麥"。

第三類：菹醢佐料類："瓮三，醯，醢，屑。冪用疏布"。

第四類：醴酒等酒類："甒二，醴，酒。冪用功布"。

第五類：(死者生前)用器類："弓矢，末耜，兩敦，兩杅，槃，匜。匜實於槃中，南流"(其中不可包含祭器，《既夕禮》所謂"無祭器"）。

第六類：(死者生前)樂器類：禮文未詳(《既夕禮》所謂"有燕樂器可也"）。

第七類：(死者生前)役器類："甲，胄，乾，筲"。

第八類：(死者生前)燕器類："杖，笠，翣"。

除了以上這些在遣奠時候已經準備好的，還有公賵和賓賵，如公賵爲"玄纁束，馬兩"等。故上舉所陳之物當皆爲明器，而不是奠具。後文哭時諸官人所奉持之物也是這些明器，詳後文。

> 曾祝祭食，進肺、鹽，祭酒。乃獻喪主伊扈。伊扈拜受。□祭女，又獻女主叔娷。叔娷拜受。祭□祝報祭，觴大師。

《盛姬死事》上一節是説盛姬喪祭所備之物的陳列，這節講喪祭的過程。此種論述的結構與《儀禮》諸篇目是一樣的，值得注意。

上文已經提到，《儀禮》中士喪禮不設几。士喪禮在小斂奠、大斂奠、遣奠時都只有奠，而沒有喪主對死者的祭祀。只有到了虞祭時，喪主方對死者進行祭祀，這也正是喪禮中落葬前稱"奠"、落葬後稱"祭"的原因。至士虞禮之時，祭物方才比較完備，所備的祭物與《盛姬死事》臚列的奠具基本相同。由於《盛姬死事》中沒有提到立尸，然而根據《儀禮·士虞禮》"無尸，則禮及薦饌皆如初。既饗，祭于苴，不綏祭，無泰羹、湆、胾、從獻"可知，在沒有尸的情況下，祝獻主人之禮就都沒有了。並且《盛姬死事》用曾祝"祭食，進肺、鹽，祭酒"的對象不應該是喪主伊扈和叔娷，而應該是爲盛姬舉行的喪祭中所立的尸。由此可見，《盛姬死事》中盛姬之喪的祭禮模式完全是套用士虞禮的。將士虞禮之節移在朝夕哭之前。

經過分析，《儀禮·士虞禮》中與此節所對應的正是"綏祭"的過程。《士虞禮》所述儀節過程如下：

> 從者錯簋於尸左席上，立於其北。尸取奠，左執之，取菹，擩於醢，

祭於豆間。祝命佐食墮祭。佐食取黍稷、肺祭，授尸。尸祭之，祭奠。（按：此皆爲尸祭先人之儀。祭奠，是指尸以醴祭先人。）

祝祝，主人拜如初。（按：此爲祝及主人勸尸享祭之節。）

尸嘗醴，奠之。佐食舉肺脊授尸。尸受，振祭，嚌之，左手執之。祝命佐食遍敦。佐食舉黍，錯於席上。尸祭鉶，嘗鉶，泰羹湆自門入，設於鉶南；戴四豆，設於左。尸飯，播餘於篚。三飯。佐食舉乾。尸受，振祭，嚌之，實於篚。又三飯。舉骼，祭如初。佐食舉魚腊，實於篚。又三飯。舉肩，祭如初。舉魚、腊俎，俎釋三個。尸卒食。佐食受肺脊，實於篚，反黍如初設。（按：此爲祝命佐食向尸進食之節。）

主人洗廢爵，酌酒酳尸。尸拜受爵，主人北面答拜。尸祭酒，嘗之。（按：此爲主人向尸獻酒之節。）

賓長以肝從，實於俎，縮，右鹽。尸左執爵，右取肝，擩鹽，振祭，嚌之，加於俎。賓降，反俎於西塾，復位。（按：此爲賓長向尸進肝之節，作爲尸飲酒之佐食。）

尸卒爵，祝受，不相爵。主人拜，尸答拜。

祝酌授尸，尸以醋主人，主人拜受爵，尸答拜。主人坐祭，卒爵，拜，尸答拜。……（按：此爲尸酢主人之節。）

《儀禮·士虞禮》中有祝命佐食向尸進酒食之節，有主人獻尸之節，有尸酢主人之節，有主人獻祝之節，有主人獻佐食之節，有主婦亞獻尸之節。然而卻沒有祝獻主人、主婦之節。《盛姬死事》文中亦未提到立尸，不立尸而有几筵，可能存在以下兩種情況：一是省文，實有尸而未具文。這種情況下，《盛姬死事》此節當屬於虞祭儀節，當繫之於報哭儀節之後。汲冢竹書的整理者未能理清簡序，故將此節置於此處，此說詳後。二是未省文，確實未立尸而有几筵。《禮記·曾子問》"君薨而世子生"章，孔穎達疏稱"熊氏以爲天子、諸侯在殯宮則有几筵，大夫、士大斂有席，虞始有几。然殯宮几筵爲朝夕之奠，常在不去"。這種說法與《禮記·檀弓下》"虞而立尸，有几筵"的說法似不能調和。只能說天子、諸侯喪禮之制與士、大夫不同，故朝夕奠、殷事奠、遷奠、祖奠、遣奠可能都有几筵。几筵是用來供神依憑使用的，此時未立尸，故與神交接的工作完全靠喪祝來完成，即文中的"曾祝"。曾祝向死者之神"祭食，進肺、鹽，祭酒"後，又代表神向喪主、主婦敬酒，而喪主、主婦回拜。第二種情況禮書中從未記述。如果真是如此，則《盛姬死事》爲熊安生之說提供了重要的佐證。

"伊扈"，常征云："此伊扈，據《世本》正穆王之子共王之名，而《竹書紀年》稱共王名緊，或作'緊扈'。"①此説"伊扈"即穆王之嗣子共王可信。盛姬非王后，與穆王不相敵體，故穆王不能爲喪主。若盛姬有子，則當以盛姬之子爲喪主。按照《儀禮·喪服》，如果父親在世的話，庶子爲作爲妾的母親服齊衰期年；如果父親故去，庶子爲作爲妾的母親服齊衰三年。由於盛姬無子，故不能以其子爲喪主。周穆王命其嫡子伊扈爲喪主，是對盛姬之喪的加隆。《喪服》"緦三月"章："士爲庶母。《傳》曰：何以緦也？以名服也。大夫以上爲庶母無服。"可見，到了大夫這一等級的喪禮，大夫的嫡長子就已經不爲其庶母服喪服了。這裏穆王却命其嫡子爲喪主，可見其對盛姬之喪的重視。

　　乃哭，即位。畢哭：内史□策而哭，曾祝捧饋而哭，御者□祈而哭，抗者觴夕而哭，佐者承斗而哭，佐者衣裳佩□而哭，樂□人陳琴、瑟、□、竽、簫、篍、篭而哭，百□衆官人各□其職事以哭。曰士女錯踊九□乃終。

　　王貽樑《集釋》説"此段述喪祭畢而喪哭"。由於内史"□策"而哭，"策"即《儀禮·既夕禮》中之"賵書"，故下文諸官人所奉之物應該都是隨葬之明器，前文已經提到《既夕禮》中明器的分類，共可分爲落葬用具類、糧食類、佐料類、酒類、用器類、樂器類、役器類、燕器類等。後四類都是死者生前所用的。

　　"祈"，檀萃《注疏》云："祈同肵。肵，俎也。"《儀禮·特牲饋食禮》："佐食升肵俎，縮之。"鄭玄注："肵，謂心舌之俎也。《郊特牲》曰：'肵之爲言敬也。'言主人之所以敬尸之俎。"由於存在闕文，無法確知文義，檀説可備一説。

　　"抗者"，《周禮·夏官·服不氏》有"賓客之事則抗皮"，鄭玄注"玄謂抗者，若《聘禮》曰'有司二人舉皮以東'"。禮書中"抗"與"舉"的内涵接近，喪禮中"抗者"主舉物以行。檀萃《注疏》及陳逢衡《補正》皆舉《禮儀·喪大記》"小臣四人抗衾"爲例，王貽樑《集釋》説後文緊接"其母之喪，則内御抗衾而浴"，則與本節所述遷奠無關。

　　"觴夕而哭"，檀萃《注疏》云："'觴夕哭'者，捧觴而助既夕哭也。"從前後文來看"觴夕"當作一詞，可能指的是酒杯一類的器物。《左傳·成公二年》

　　① 常征：《〈穆天子傳〉是僞書嗎？——〈穆天子傳新注〉序》，《河北大學學報》(哲學社會科學版)1980 年第 2 期，第 30~53 頁。

有"韓厥執縶馬前，再拜稽首，奉觴加璧以進"，杜預注："進觴璧，亦以示敬。""觴夕"的具體內涵尚不清楚。

"斗"，《周禮·春官·邑人》有"大喪之大渳設斗，共其爨邑"，鄭玄注："斗，所以沃尸也。"陳逢衡《補正》認爲"斗"即此。然而將喪具用爲明器，未必妥當。2011年9月湖北隨州市曾都區淅河鎮張嘴村義地崗春秋墓地六號墓出土了一件自銘爲"斗"的器物——曾公子棄疾斗（《銘圖續》30913，春秋晚期，參見7-2）。其銘文爲："曾公子云（棄）疾之辵（沐）斗。"①此沐斗當爲墓主生前所用之具，可證"大喪"之斗未必是喪禮專用的器具。另外，《銘圖續》還著錄了一件自銘爲斗的黃子戌斗（《銘圖續》30912，春秋晚期）。值得說明的是，此類形制可作爲沐斗的器具，主要都集中出土於春秋晚期到戰國早期。商代晚期至西周中期定名爲"斗"的器具均無自銘，從器形上看均是酒具。如爻斗（《銘圖》14153，商代晚期）、亞屰斗（《銘圖》14172，商代晚期）、伯公父斗甲、乙（《銘圖》14191、14192，西周晚期）等。《盛姬死事》此節之"斗"是酌酒之斗，抑或是沐浴之斗，皆有可能。考慮到商晚周早名爲斗的器沒有自銘，此斗作爲沐斗的可能性更大，可以從側面説明《盛姬死事》的成書時間。

圖7-2 曾公子棄疾斗

"佐者"，檀萃《注疏》認爲是"平日佐飲食者"。《周禮·天官》："乃立天官冢宰，使帥其屬，而掌邦治，以佐王均邦國。"鄭玄注："佐，猶助也。"《周禮·春官·肆師》："肆師之職，掌立國祀之禮，以佐大宗伯。"鄭玄注："佐，助也。""佐者"泛指一般的助喪之人。

---

① 廣瀨薰雄：《釋卜缶》，《古文字研究》第二十八輯，中華書局2010年版，第504~509頁。

“樂□人陳琴、瑟、□、竽、籥、狡、筦”，前文已説明《儀禮·既夕禮》所陳明器有一類即爲樂器，只是《既夕禮》没有明文説明是何種樂器。此處臚列了七種樂器，一種由於闕文殘缺了。《周禮·春官·大師》：“皆播之以八音：金、石、土、革、絲、木、匏、竹。”鄭玄注：“金，鐘鎛也。石，磬也。土，塤也。革，鼓鼗也。絲，琴瑟也。木，柷敔也。匏，笙也。竹，管簫也。”《盛姬死事》此節文中所舉剩餘六種樂器中“琴”“瑟”屬於八音之絲屬。“籥”，《詩經·小雅·賓之初筵》二章有“籥舞笙鼓，樂既和奏”，鄭箋：“籥，管也。”“狡”，《説文·竹部》“狡，吹簫也”。《周禮·春官·小師》：“掌教鼓、鼗、柷、敔、塤、簫、管、弦、歌。”鄭玄注：“簫，編小竹管。如今賣飴餳所吹者。”“筦”即“管”，“籥”“狡”“管”皆爲八音之竹屬。“竽”，《周禮·春官·笙師》有“教龡竽、笙、塤、籥、簫、篪、籈、管”，鄭玄注引鄭司農云：“竽，三十六簧”，屬八音之匏屬。由此可見，樂人所持之樂器主要是絲竹一類的，並不是鐘、磬、鼓、鼗之器。考古材料中，編鐘編磬多出於男性貴族之墓，此可作爲禮制的佐證。

《盛姬死事》此節所述衆人哭與官人陳明器組合在一起的儀節，是《儀禮·既夕禮》中所未見的，當是逸禮。

“士女錯踊九”，《禮記·雜記上》有“公七踊，大夫五踊，婦人居間，士三踊，婦人皆居間”。據此推得，王等級的喪禮用九踊，與《盛姬死事》所記正合。

> 喪主伊扈哭，出，造舍，父兄宗姓及在位者從之。佐者哭，且徹饋及壺鼎俎豆。衆官人各□其職，皆哭而出。井利□事後出而收。

《盛姬死事》此節述遷奠之哭後徹奠之節。伊扈作爲喪主哭，而後出廟門，前往住處。郭璞注：“舍，倚廬。”此説誤，伊扈非盛姬之子，只有爲父母之喪方居倚廬。“舍”當仍是指伊扈的住所。

陳逢衡《補正》認爲“父兄”是“盛姬之父兄”，“宗姓”也是“盛姬之黨族”，“在位者”指“盛姬之屬官”。以上説法皆無據。按喪禮儀節，死者若爲婦人，則從喪主者當以婦人之夫的本族爲先，陳氏之説不可信。此處之父兄，是指喪主伊扈之父兄，其中“父”是指父輩之人，並不是周穆王。“兄”是指兄輩之人，“宗姓”指宗族之男女，“在位者”指在哭位之人，包括從事本次喪事的衆官人。與此節對應的是《儀禮·士虞禮》中“主人降，賓出。主人出門，哭止，皆復位。宗人告事畢。賓出，主人送，拜稽顙”。在《儀禮·士喪禮》中亦有

"賓出，婦人踊，主人拜送於門外，入，及兄弟北面哭殯。兄弟出，主人拜送於門外。眾主人出門，哭止，皆西面於東方。闔門。主人揖，就次"。雖然《盛姬死事》此節中無賓，但與《士喪禮》《士虞禮》喪主出殯宮之節略同。

"徹饋及壺鼎俎豆"是佐者將遷奠之奠具都撤走的儀節。"井利□事後出而收。"陳逢衡《補正》云："收，斂也。蓋謂井利竣事收斂而後出也。與下文'百物喪器，井利典之'是一例。"劉師培《穆天子傳補釋》①(以下簡稱《補釋》)云："下文云'百嬖人官師畢贈，井利乃藏'，此文'而收'與彼文'乃藏'一律。"禮書中無此儀節，不知與喪禮禮典中什麼儀節相關。《士虞禮》中與"徹饋……出而收"相對應的是"祝反，入徹，設於西北隅，如其設也。几在南，匕用席。祝薦席徹入於房。祝自執其俎出。贊闔牖户"。

從以上諸節的分析看到，《盛姬死事》整個遷廟奠的儀程脫胎於《儀禮·士虞禮》中的虞祭，記述非常完整。無論奠具、奠儀均與《士虞禮》大同而小異。爲何《盛姬死事》的作者要將虞祭之禮置於遷廟奠，是否因爲《儀禮》中對遷廟奠、祖奠、遣奠的記述過於簡略，而只能以虞禮代之，不能確知。

　　癸卯，大哭，殤祀而載。

癸卯日爲壬寅日之後一天，《盛姬死事》此節爲遷祖奠之後一天，當行祖奠。

將"祖奠"也稱爲"殤祀"，可見"殤祀"與"喪祭"的內涵相近，"殤"並非特指"未成年而夭亡"。

葬前之祖奠及相關儀程的主要内容見於《儀禮·既夕禮》的記載，是將出殯所要用到的器物全部裝載到柩車上。《既夕禮》"有司請祖期。曰：'日側。'主人入，祖。乃載，踊無筭"中之"載"，即《盛姬死事》此節之"載"。

　　甲辰，天子南葬盛姬於樂池之南。天子乃命盛姬□之喪視皇后之葬法。亦不邦後於諸侯。

甲辰日爲癸卯日後一天，《盛姬死事》此節所記爲葬日當天之事。天子加隆盛姬之喪，用王后之法。王貽樑《集釋》指出"皇后"當爲"王后"之誤，並舉中山國一號墓兆域圖銅版(《銘圖》19307，戰國中期)中"王后堂方二百毛

---

①　所引劉師培《穆天子傳補釋》文，轉引自王貽樑《集釋》。

(尺)"爲例。戰國銅器中"王后"器多有，如王后鼎(《銘圖》01488，戰國晚期)、王后左和室鼎(《銘圖》01489，戰國晚期)，皆爲王后器。

"視"訓爲"比"，《禮記》及《左傳》中有類似的用法。《禮記·王制》："天子之三公之田視公侯，天子之卿視伯，天子之大夫視子男，天子之元士視附庸。"鄭玄注："視，猶比也。"《禮記·雜記》："妻視叔父母，姑姊妹視兄弟，長中下殤視成人。"鄭玄注："視，猶比也。"《左傳·定公八年》："成何曰：'衛，吾溫、原也。焉得視諸侯?'""視"亦可訓爲"比擬"。

"亦不邦後於諸侯"，或以爲"邦"是"拜"之誤。"亦不拜後於諸侯"，仍不能講通，文義待考。

河、濟之間共事，韋、穀、黃城三邦之事輦喪。七萃之士抗者即車，曾祝先喪，大匠御棺。

"共事"，郭璞注："供給喪事。"

"輦"，《周禮·地官·鄉師》："大軍旅、會同，正治其徒役，與其輦輦，戮其犯命者。"鄭玄注："輦，人輓行，所以載任器也，止以爲蕃營。《司馬法》曰：'夏后氏謂輦曰余車，殷曰胡奴車，周曰輜輦。'"輦是一種人輓行之車，所謂輓就是出殯之時衆人執引以引柩車。《春秋公羊傳·昭公二十三年》："走之齊。齊侯唁公于野井。"何休注："弔喪主曰傷，弔所執紼曰綯。《儀禮·既夕禮》："屬引。"鄭玄注："屬，猶著也。引，所以引柩車。"《禮記·檀弓下》："弔於葬者，必執引，若從柩，及壙，皆執紼。"鄭玄注："示助之以力，車曰引，棺曰紼。"孔穎達疏："凡執引用人，貴賤有數。若其數足，則餘人不得遙行，皆散而從柩也。至壙下棺窆時，則不限人數，皆悉執紼，是助力也。……何東山云：天子千人，諸侯五百人，大夫三百人，士五十人。"何東山所定天子執引的人數推自《禮記·雜記下》"升正柩，諸侯執綍五百人……大夫之喪，其升正柩也，執引者三百人……"由此可見，王級葬禮執引之人極多，故需要韋、穀、黃三邦之人輦喪。

"七萃之士抗者即車"，郭璞注："舉棺以就車。"前述"抗者"時已經說明"抗"訓爲"舉"，《儀禮·既夕禮》"甸人抗重"之"抗"與此同義。

"曾祝先喪"，郭璞注"導也"，意即曾祝作爲整個出殯車隊的先導。"大匠御棺"，郭璞注"爲棺御也。《周禮》曰：'喪祝爲御。'《禮記》曰：'諸侯御柩以羽葆'"。"御"是指在棺前指揮棺柩行止。《禮記·雜記下》云："升正柩，諸侯執綍五百人……匠人執羽葆御柩。"《周禮·地官·鄉師》有"以與匠師御柩而治役”，“匠師”即當此節之“大匠”，爲匠人之長。《儀禮·既夕禮》有“商祝執功布以御柩”。又，《周禮·春官·喪祝》有“掌大喪勸防之事，及辟，令啟。及朝，御柩，乃奠。及祖，飾棺，乃載遂御。及葬，御柩出宮，乃代。及壙，説載除飾”。“商祝”“夏祝”都是喪祝，《周禮》之説與《既夕禮》同。細考《周禮》，匠師之御柩在遷柩之時，喪祝之御柩在出殯之時。《盛姬死事》此節爲出殯之時，却以“曾祝”爲先導，“大匠”爲御棺，與禮書略有小異。

以上出殯時衆官人的分工明晰，各有職守，可見《盛姬死事》作者稔熟於喪禮儀節。

> 日月之旗，七星之文。鼓鐘以葬，龍旗以□。鳥以建鼓，獸以建鐘，龍以建旗。日喪之先後及哭踊者之間，畢有鐘旗□百物喪器，并利典之，列于喪行，靡有不備。擊鼓以行喪，舉旗以勸之，擊鐘以止哭，彌旗以節之。日□祀大哭九而終。

《盛姬死事》此節述喪行之備物，禮書不具文，無可對照，可補禮書所未備。

“日月之旗”，郭璞注“《周禮》：日月爲常”，《周禮·春官·司常》文。“龍旗以□”“龍以建旗”，《周禮·春官·司常》有“交龍爲旗”。“□”或爲“御”，以旗御柩。從“龍以建旗”看，“鳥以建鼓，獸以建鐘”是說鼓上繪鳥紋，鐘上鑄獸紋，然而不知何據。此處鼓、鐘、旗的作用是“擊鼓以行喪，舉旗以勸之，擊鐘以止哭，彌旗以節之”，是整個喪禮的指揮用具。“止哭”，《儀禮·士虞禮》有“祝升，止哭；聲三，啟户”，“止哭”亦爲喪禮儀節所需，使衆人能做到“哭以時”。“彌”即“靡”，爲“靡倒”之義。

“大哭九”，《禮記·雜記下》有“以喪冠者，雖三年之喪，可也。既冠於次，入哭踊，三者三，乃出”，孔穎達疏：“謂既冠之後，入於喪所，哭而跳踊。謂每哭一節而三踊，如此者一，凡爲九踊，乃出就次所。”故大哭九，則當有二十七踊，而前有《禮記·雜記上》有天子“九踊”之説，不知孰是。王貽樑《集釋》舉《禮記·奔喪》“哭，天子九，諸侯七，卿大夫五，士三”，《盛姬死事》與此節相合。

> 喪出于門，喪主即位，周室父兄子孫倍之，諸侯屬子、王吏倍之，外官王屬、七萃之士倍之，姬姓子弟倍之，執職之人倍之，百官衆人倍之，哭者七倍之。踊者三十行，行萃百人。女主即位，嬖人群女倍之，王臣姬

姓之女倍之，宫官人倍之，宫賢庶妾倍之，哭者五倍，踊者次從。

《盛姬死事》此節述出殯至門外的行陣，禮書不具文，無可對照，可補禮書所未備。

"倍"，檀萃《注疏》云："倍同陪矣。"喪主伊扈之後，先跟着王室的"父兄子孫"。前文已經説明，"父"指的是父輩，並非周穆王，周穆王非喪主，無送葬之義。"兄"指兄弟輩，"子孫"即子孫輩，而後跟着諸侯及其子孫、周王的公卿官吏，而後跟着王遣於外之官、師卒猛士。而後跟着姬姓非王族的子弟。郭璞注"盛姬之族屬也"，則指周穆王之姻親。而後跟着喪禮的職事之人，而後跟着百官衆人，最後跟着其他哭踊者。"七倍之"，郭璞注"列七重"，即其他哭者還有七重之多。以上這些人的列隊是"行萃百人"，即一行有百人之衆，規模浩大。

婦人親屬跟從女主叔姪列隊，這符合喪禮爲位時男女不相雜處的規範，叔姪其後是周穆王的近侍寵愛之人。郭璞注："嬖人，王所幸愛者。"而後跟着嫁給王臣的姬姓婦女。郭璞注："疑同姓之女爲大夫妻者，所謂内宗也。"《禮記·雜記下》："外宗爲君夫人，猶内宗也。"鄭玄注："内宗，五屬之女也。"這是指國君五服内的女性親屬。而後跟着内宫的官屬，《周禮》中之内宫之官包括九嬪、世婦、女御、女祝等，這些官屬多爲女官，歸王后管理。而後跟着宫中的一些雜隸小僕。"宫賢"，孫詒讓以爲是"宫豎"之訛，《周禮·天官》有"内豎"之職，其職守當與之相近。最後跟着其他哭踊者。

> 曰：天子命喪，一里而擊鐘止哭。曰：匠人哭于車上，曾祝哭于喪前，七萃之士哭於喪所。曰：小哭錯踊，三踊而行。五里而次。曰：喪三舍至于哀次，五舍至于重璧之臺，乃休。天子乃周姑繇之水以圍喪車，是曰圉車。曰：殤祀之。

《盛姬死事》此節述門外出殯的哭踊之節，禮書不具文，無可對照，可補禮書所未備。

門外出殯的儀節，行一里路要擊鐘止哭，讓哭聲停歇一會兒。行路過程中"匠人哭于車上，曾祝哭于喪前，七萃之士哭於喪所"。路上的哭爲小哭錯踊的禮儀。前舉《禮記·雜記下》孔穎達疏："謂每哭一節而三踊，如此者一，凡爲九踊，乃出就次所"，小哭即哭一節，哭一節而有三踊，三踊而後行，每過五里整個出殯的隊伍就要暫時停次一下。三舍即出殯過程中夜間停舍三次，然後至于“哀次”。《周禮·天官·冢宰》有“掌舍”，鄭玄注：“舍，行所解止之處。”《左傳·僖公二十三年》：“若以君之靈，得返晉國，晉、楚治兵，過於中原，其辟君三舍。”五舍即再停舍五次，而後到了“重璧之臺”。檀萃《注疏》以爲一舍三十里，則轂丘之廟至哀次爲九十里，哀次至重璧之臺六十里，總共一百五十里。到了重璧之臺後，喪行再次停休。周穆王以“姑繇之水”圍繞喪車。郭璞注：“決水周繞之。”“囧”，于省吾以爲是“明”之古字，可信。“明車”之“明”與“明器”之“明”同義，義爲神明之車，指盛姬之喪車。決姑繇之水圍喪車之後再次進行祭祀。以上出殯之期有數日，是禮書未記之儀節，未知是否爲王喪之通例。

孟冬辛亥，邢侯、曹侯來弔。内史將之以見天子，天子告不豫而辭焉。邢侯、曹侯乃弔太子，太子哭，出廟門以迎邢侯，再拜勞之，侯不答拜。邢侯謁哭于廟。太子先哭而入，西向即位。内史賓侯，北向而立，大哭九。邢侯脣踊三而止。太子送邢侯至廟門之外。邢侯遂出。太子再拜送之。曹侯廟弔入哭。太子送之亦如邢侯之禮。

“辛亥”，甲辰日之後的第七日。檀萃《注疏》云：“（邢、曹）二國同姓，又近喪次，故來。”此時盛姬之喪尚停殯在廟，故邢侯謁哭於廟。

“内史”，《周禮·春官》有内史，其職有“掌敘事之法，受納訪，以詔王聽治”，喪中之職未敘。

“不豫”，《尚書·金縢》有“武王有疾弗豫”，與“不豫”同義。穆王以身體不適爲由辭見邢侯、曹侯。邢侯、曹侯因此弔喪主太子伊扈。《盛姬死事》此節中邢侯、曹侯來弔之節，與士喪禮中君使人弔之節相對應。《儀禮·既夕禮》有：

公賵：玄纁束，馬兩。擯者出請，入告。主人釋杖，迎於廟門外，不哭。先入門右，北面，及衆主人袒。馬入設。賓奉幣，由馬西當前輅，北面致命。主人哭，拜稽顙，成踊。賓奠幣於棧左服，出。宰由主人之北，舉幣以東。士受馬以出。主人送於外門外，拜，襲，入復位，杖。

《儀禮·既夕禮》“主人釋杖，迎於廟門外，不哭”與《盛姬死事》此節“太子哭，出廟門以迎邢侯”略同。《既夕禮》有“不哭”，此與此節“太子哭，出廟門以迎邢侯”未必矛盾，太子出廟門迎邢侯哭與否未詳述。

"再拜勞之，侯不答拜"，此儀《儀禮·既夕禮》不具。唐琳云："禮，弔者不拜。"《既夕禮》主人先入廟，北面，使者後入廟，北面致命。《盛姬死事》此節太子先入廟，西向而立。邢侯後入廟，北向而立，大哭九。《既夕禮》與此節所述之入廟先後及向位略同，由於《既夕禮》中君之使的地位當高於喪主，此節邢侯的地位不及太子，在向位上是否有所影響，有待考察。

陳逢衡《補正》云："邢侯、曹侯來弔，當在殯盛姬於轂丘之廟下，故得哭於廟。若在喪行之後，則當送葬，不得哭於廟也。"王貽樑《集釋》案："陳說是，此可能是整理者之誤。"陳氏、王氏的分析可從，盛姬之喪出殯六日之後，停於"姑繇之水"。此時喪主伊扈却在轂丘之廟受弔，於禮不合。

> 壬子，天子具官見邢侯、曹侯，天子還返，邢侯、曹侯執見，拜天子之武一。天子見之，乃遣邢侯、曹侯歸于其邦。王官執禮共于二侯如故。

"壬子"，辛亥日之後的第二日。檀萃《注疏》云："執同贄，謂玉以見行朝禮也。"陳逢衡《補正》云："此邢侯、曹侯執贄見王，當在'禫祀除喪始樂，素服而歸'一節下。……若在此時，是於喪次行朝禮，非其所也。"陳說是。不過《盛姬死事》此節具體繫於那一節之後，還可討論。此節"天子還返"，無法落實確切儀節。邢侯、曹侯於此時在喪次執見周穆王亦不合理。西晉整理者整理此篇時或誤將此節置於此處。

"武"，檀萃《注疏》云"武，布也，言二侯拜見，其步一者，爵等耳。蓋上公朝位，賓主之間九十步，立當車軹；侯、伯七十步，立當前疾；子、男五十步，立當車衡"，此用《周官·秋官·大行人》之文。陳逢衡《補正》云："《管子·揆度篇》：'令諸侯之子將委贄者，皆以雙武之皮。'房玄齡曰：'雙武，雙虎也。'據此，則拜天子之武一者，各以一虎皮爲贄也。"《考工記》有"繼子男執皮帛"，鄭玄注："謂公之孤也。見禮次子男，贄用束帛，而以豹皮表之爲飾。天子之孤，表帛以虎皮。此說玉及皮帛者，遂言見天子之用贄。"禮書中未見以"武"假借爲"虎"之例，陳說備考。

> 曰天子出憲，以或禭賵。癸丑，大哭而□。甲寅，殤祀，大哭而行，喪五舍于大次。曰喪三日于大次，殤祀如初。辛酉，大成，百物皆備。

"憲"，《禮記·內則》："凡養老，五帝憲。"鄭玄注："憲，法也。"孔穎達疏："言五帝養老，法其德行。"此處之"憲"指天子頒佈之法令，郭璞注"憲，命"，不誤。

"以或禭賵"，指各諸侯國所奉之助喪物品。《儀禮·士喪禮》："君使人禭。"鄭玄注："禭之言遺也。衣被曰禭。""禭"是指助喪的衣被。《儀禮·既夕禮》："公賵玄纁束、馬兩。"鄭玄注："公，國君也。賵，所以助主人送葬也。兩馬，士制也。""賵"是指助喪的車馬。由於《盛姬死事》前節沒有提到各諸侯國送助喪之物，故此節述之。按《儀禮》所記，助喪之物當在出殯之前贈送，並要記錄在賵書上。《盛姬死事》與《既夕禮》時間不合，或天子喪禮喪儀較長，贈禭賵可在出殯之後。

"癸丑"，壬子日之後的第二日。

"甲寅"，癸丑日之後的第二日。

"辛酉"，甲寅日之後的第七日。六日之後，盛姬之喪的助喪物品禭賵等，"大成，百物皆備"。

　　壬戌，葬。史録縣鼓鐘以赤下棺。七萃之士□士女錯踊九，□喪下。昧爽，天子使嬖人贈用文錦明衣九領。喪宗伊扈贈用變裳。女主叔姪贈用茵、組。百嬖人官師畢贈。井利乃藏。報哭于大次。

"壬戌"，辛酉日之後的第二日，《盛姬死事》此節記盛姬落葬之儀。

"下棺"，郭璞注"窆也"，即落葬。"喪下"，郭璞注："下謂入土。"

"昧爽"，《尚書·牧誓》："時甲子昧爽"，指天亮之時。此"昧爽"，當指壬戌這一天的天亮時。可見盛姬之喪前一日已經到落葬之所。《儀禮·士喪禮》多用"厥明"。

墓贈之儀，《儀禮·既夕禮》有"至於壙。陳器於道東西，北上。茵先入。屬引。主人袒。衆主人西面，北上。婦人東面。皆不哭。乃窆。主人哭，踊無筭。襲，贈用制幣玄纁束，拜稽顙，踊如初"。士喪禮贈用制幣玄纁束，鄭玄注"丈八尺曰制。二制合之。束，十制五合"，這是説玄纁束帛的長度。盛姬之喪的墓贈之物要豐富得多，有周穆王嬖人贈的"文錦明衣九領"，有喪主伊扈贈的"變裳"，有女主叔姪贈的"茵、組"。百嬖人官師皆有贈。

"文錦"，即"紋錦"，帶有繡紋的錦緞。"明衣"，郭璞注："謂之明衣，言神明之衣也。"檀萃《注疏》云："義猶明器也。"王貽樑《集釋》案："明衣，《淮南子·兵略訓》：'設明衣也。'高誘注：'明衣，喪衣也。'""九領"，《荀子·正論》："衣衾三領。"楊倞注："三領，三稱也。"《左傳·閔公二年》："祭服五稱。"杜預注："衣單複具曰稱。"

　　“變裳”，郭璞注“裳名也”。檀萃《注疏》云：“稱‘變裳’者，變化之裳也。”陳逢衡《補正》云：“變，更也，言不用錦衣，降於王一等也。”王貽樑《集釋》案：“《穀梁傳》昭公十五年傳：‘君在祭樂之中，大夫有變以聞乎？’范甯注：‘變謂死喪。’此變裳亦即喪服，與‘明衣’正對。”王貽樑所說的喪服是指死者所服之服，非生者服喪之喪服，王說爲長。

　　“茵、組”，郭璞注：“茵，褥也”。王貽樑《集釋》案：“此當繫茵之帶。”《禮記·少儀》：“茵。”鄭玄注：“茵，著蓐也。”錢玄《三禮辭典》：“葬時，用茵墊于棺下。茵用疏布爲之，中實茅秀及香草等。”故稱爲“蓐”“褥”。王貽樑《集釋》按：“繫茵之帶何制，不清楚。”“茵”“組”當爲二物，並不相涉。

　　“百變人”，劉師培認爲“百”字當屬上讀，“女主叔姪贈用茵組百”，王貽樑《集釋》以爲仍當屬下讀，表概數，“百者，衆也”。二說皆可通。

　　葬畢，喪具仍由井利收藏。之後，回到“大次”報哭。所謂“報哭”即《儀禮·既夕禮》中“乃返哭”。由於盛姬之喪路途遙遠，無法回到祖廟報哭，故回到大次行返哭之禮。返哭之後，後文直接接續“祥祠”即“祥祭”，而沒有虞祭。這加深了此前對《盛姬死事》將虞祭儀節移用於遷奠的嫌疑。或由於整理者的誤植，將整個虞祭移至啟殯之後、出殯之前。

　　　　曾祝祭食，進肺、鹽，祭酒。乃獻喪主伊扈。伊扈拜受。□祭女，又獻女主叔姪。叔姪拜受。祭□祝報祭，觴大師。

　　以上一段文字或當置於“報哭於大次”之後，原因是“祭□祝報祭，觴大師”有“報祭”。《盛姬死事》此節正是説“報哭於大次”的儀節，“報哭”後之祭本當爲虞祭，亦可稱爲“報祭”。

　　　　祥祠□祝喪罷哭，辭于遠人。爲盛姬諡曰哀淑人。天子丘人，是曰淑人之丘。

　　《盛姬死事》此節述罷哭（卒哭）賜諡之節。
　　“罷哭”當即“卒哭”。許慎《五經異義》云：“《古春秋左氏》說，既葬，反虞。天子九虞，九虞者以柔日，九虞十六日也。諸侯七虞，十二日也。大夫五虞，八日也。士三虞，四日也。既虞，然後祔死者於先死者，祔而作主，謂桑主也。期年然後作栗主。許慎謹案：《左氏》說與《禮記》同。”又《禮記·雜記下》：“士三月而葬，是月也卒哭；大夫三月而葬，五月而卒哭；諸侯五月而葬，七月而卒哭。士三虞，大夫五，諸侯七。"可見，天子之卒哭在葬後幾個月才舉行，並不如士三虞之後便卒哭。天子九虞，諸侯七虞，虞祭時間比較長，故卒哭祭也比較晚。然而"卒哭"與"祥祠"置於同節仍不妥。周年祥祭，當在卒哭之後。

"謚"，《周禮·春官·大史》有"小喪，賜謚，讀誄"，鄭玄注："小喪，卿大夫也。"《禮記·樂記》："故觀其舞，知其德，聞其謚，知其行也。"鄭玄注："謚者，行之迹也。"《禮記·表記》："子曰：先王謚以尊名，節以壹惠，恥名之浮於行也。"鄭玄注："謚者行之迹也。"

《盛姬死事》此節周穆王爲盛姬賜謚在卒哭之後。《禮記·曲禮上》"卒哭乃諱"，諱則當稱謚號，正與《盛姬死事》同。王貽樑《集釋》認爲"盛姬之喪儀至此而畢"，不確。盛姬之喪儀當至下節大祥祭後方正式除喪改服。

> 乙丑，天子東征，舍于五鹿。叔娉思哭，是曰女娉之丘。丁卯，天子東征，釣于漊水，以祭淑人，是曰祭丘。戊寅，舍于河上，乃致父兄子弟王臣姬□祥祠畢哭，終喪于囂氏。庚辰，舍于茅尺，於是禋祀除喪，始樂，素服而歸，是曰素氏。

《盛姬死事》此節述大祥除喪之節。"乙丑"在"丁丑"之前一天。

"祥祠畢哭"當指大祥祭，大祥之後喪畢，故謂之"終喪"。《禮記·間傳》有"又期而大祥，素縞麻衣。中月而禫，禫而纖，無所不佩"。此節之"素服"與《間傳》之"素縞麻衣"正對應。大祥之後，服喪者可以舉樂，故云"始樂"。

> 甲申，天子北升于大北之隥，而降休于兩柏之下。天子永念傷心，乃思淑人盛姬，於是流涕。七萃之士蔞豫上諫于天子，曰："自古有死有生，豈獨淑人？天子不樂，出於永思。永思有益，莫忘其新。"天子哀之，乃又流涕，是曰輟。

《盛姬死事》此節述周穆王思淑人盛姬之事。此時，盛姬之喪已經全部完畢，不屬於喪儀。《禮記·檀弓上》有"喪三年以爲極亡，則弗之忘矣。故君子有終身之憂，而無一朝之患，故忌日不樂"，鄭玄注："謂死日，言忌日不用舉吉事。""君子有終身之憂"指的是孝子對父母的哀思。然而，周穆王對盛姬之思慕已甚，"永念傷心"即"終身之憂"，故思念之日不舉吉事，不舉吉事是指不舉樂、不燕飲之類，亦即文中的"是曰輟"。輟，止也，止吉事也。

二、《周穆王盛姬死事》的禮典性質

王貽樑在《穆天子傳匯校集釋》中説:

> 綜而觀之,(盛姬之喪)有不少是與三《禮》及其他文獻不合或無徵的,此中的内容給後世留下了研究、探索的充分餘地。舊時因被視爲"不典"而頗遭冷遇,研究禮制文著雖多如瀚海,而《穆傳》却祇一勺而已。然真正理論起來,《穆傳》的成書至少也與三《禮》中的《周禮》差不多,而比《禮記》(大、小戴)要早得多。故忽視《穆傳》這方面的價值,實在是很可惜的。①

王氏對《盛姬死事》禮學價值的判斷值得稱道。根據前述分析,"舊時因被視爲'不典'而頗遭冷遇"這一點似乎並不完全是《盛姬死事》"有不少是與三《禮》及其他文獻不合或無徵的"造成的,而是有幾方面的原因。一是《盛姬死事》的主要注家檀萃、陳逢衡,還包括今人王貽樑等對喪禮儀節不甚瞭解,古文字、出土文獻學者于省吾、陳煒湛等又未從禮學的角度開掘《盛姬死事》的内涵,使得對《盛姬死事》的禮學研究僅僅停留在其與《周禮》名物詞的簡單比對上,研究流於表面未能深入。二是《盛姬死事》所記之喪禮爲王級喪禮,規格很高,是目前傳世及出土文獻中唯一一篇完整記録王級喪禮的文章。由於這個級別的喪禮禮書失載,禮書所記的士喪禮又與《盛姬死事》所述的禮典頗有出入,因此對於釐清《盛姬死事》儀節造成了不小的困難。三是《穆天子傳》最初的整理者未能正確恢復簡序(這種情況在當今出土簡牘整理中同樣頗爲常見),故使《盛姬死事》中的禮典儀節前後錯置,從而難於判定其禮學性質和成書時代。

雖然《盛姬死事》中盛姬之喪某些儀節的次序、性質,目前尚無法作明確的解説,但其框架顯然與禮書尤其是《儀禮》士喪禮相一致,具有很强的禮典屬性。通過上述疏證,可以總結盛姬之喪禮典的幾個基本屬性,一是禮典較爲完備,對於喪禮的各個環節都有詳細描述(次序雖然可能有先後錯亂);二是每個儀節中的名物、陳設、職官多可與傳世禮書相參照,符合禮典基本框架;三是雖然盛姬之喪敍述的是一次王級的喪禮,其中却透露着濃濃的《儀禮》士

---

① 王貽樑、陳建敏:《穆天子傳匯校集釋》,華東師範大學出版社 1994 年版,第 351 頁。

喪禮的"氣息"，與士喪禮禮典相合之處頗多。由此推論，盛姬之喪當是戰國時代禮學學者根據禮書改造先周故事而成的。《盛姬死事》的作者具備很強的禮學修養，稔熟先秦禮制和禮典。

隨着《盛姬死事》研究的不斷深入，能進一步加深對周王級別喪禮的認識（包括春秋戰國時代禮學家對周王禮制的合理設想）。今本《穆天子傳》雖然多有錯訛，但其基本內容和文句應該沒有經過西晉整理者大的改動。《穆天子傳》的文本混合了記史之正文、注釋之文（某些由"曰"所提示的文字）以及記述盛姬之喪的禮文，其文本的層次比較複雜。經過分析可以看出其不同歷史層次文本的不同面貌。從《穆天子傳》的禮典屬性來看，其書成於春秋戰國的可能性很大，與其古文字的遺存以及文本的語言風格相符合，也與《穆天子傳》作爲汲冢竹書一種的屬性完全匹配。

主要參考文獻

(元)敖繼公:《儀禮集說》,《四庫全書》第 105 冊,上海:上海古籍出版社,1987 年。

邴尚白:《楚國卜筮祭禱簡研究》,南投:臺灣暨南大學碩士學位論文,1999 年,指導教師:林素清。

(清)程瑤田:《儀禮喪服文足徵記》,《程瑤田全集》第一冊,合肥:黃山書社,2008 年。

(清)崔述:《五服異同匯考》,《續修四庫全書》第 95 冊,上海:上海古籍出版社,2002 年。

(清)曹元弼:《禮經校釋》,《續修四庫全書》第 94 冊,上海:上海古籍出版社,2002 年。

(清)曹元弼:《禮經學》,北京:北京大學出版社,2012 年。

曹建墩:《上博簡〈天子建州〉與周代的饗禮》,《孔子研究》2012 年第 3 期。

曹建墩:《戰國竹書所見容禮考論》,《中國經學》第 13 輯,桂林:廣西師範大學出版社,2014 年。

曹建墩:《先秦古禮探研》,北京:社會科學文獻出版社,2018 年。

曹建墩:《戰國竹書與先秦禮學研究》,北京:人民出版社,2018 年。

曹學群:《馬王堆漢墓喪服圖簡論》,《湖南考古輯刊》第六輯,長沙:嶽麓書社,1994 年。

常玉芝:《商代宗教祭祀》,《商代史》第 8 卷,北京:中國社會科學出版社,2010 年。

常征:《〈穆天子傳〉是偽書嗎?——〈穆天子傳新注〉序》,《河北大學學報》(哲學社會科學版)1980 年第 2 期。

陳恩林:《關於周代宗法制度中君統與宗統的關係問題》,《社會科學戰綫》1989 年第 2 期。

陳公柔：《士喪禮、既夕禮中所記載的喪葬制度》，《考古學報》1956 年第 4 期。

陳劍：《釋西周金文的"鼇(贛)"字》，《北京大學中國古文獻研究所集刊》第一輯，北京：北京燕山出版社，1999 年。

陳劍：《據郭店簡釋讀西周金文一例》，《北京大學中國古文獻研究中心集刊》第二輯，北京：北京燕山出版社，2001 年。

陳劍：《甲骨金文舊釋"鼒"之字及相關諸字新釋》，復旦大學出土文獻與古文字研究中心網站（http：//www. gwz. fudan. edu. cn/SrcShow. asp？Src_ID = 282），2007 年 12 月 29 日。

陳劍：《甲骨金文考釋論集》，北京：綫裝書局，2007 年。

陳劍：《據郭店簡釋讀西周金文一例》，《甲骨金文考釋論集》，北京：綫裝書局，2007 年。

陳劍：《釋"琼"及相關諸字》，《甲骨金文考釋論集》，北京：綫裝書局，2007 年。

陳劍：《釋甲骨金文的"徹"字異體——據卜辭類組差異釋字之又一例》，《出土文獻與古文字研究》第七輯，上海：上海古籍出版社，2018 年。

陳劍：《殷墟卜辭的分期分類對甲骨文字考釋的重要性》，《甲骨金文考釋論集》，北京：綫裝書局，2007 年。

陳劍：《戰國竹書論集》，上海：上海古籍出版社，2013 年。

陳絜：《應公鼎銘與西周宗法》，《南開學報》(哲學社會科學版)2008 年第 6 期。

陳居淵：《鄭玄注〈儀禮〉今古文正誤考略》，《復旦學報》(社會科學版)2016 年 04 期。

陳夢家：《西周銅器斷代(二)》，《考古學報》1955 年第 2 期。

陳戍國：《先秦禮制研究》，長沙：湖南教育出版社，1991 年。

陳偉：《包山楚簡初探》，武漢：武漢大學出版社，1996 年。

陳偉：《楚人禱祠記錄中的人鬼系統以及相關問題》，簡帛網(http：//www. bsm. org. cn/show_article. php？id=788)，2008 年 2 月 7 日。

陳煒湛：《〈穆天子傳〉疑難字句研究》，《中山大學學報》(社會科學版)1996 年第 3 期。

陳耀鈞：《江陵秦家咀楚墓發掘簡報》，《江漢考古》1988 年第 2 期。

陳英傑：《西周金文作器用途銘辭研究》（上下），北京：綫裝書局，2008 年。

陳振裕：《楚國車馬出行圖初論》，《江漢考古》1989 年第 4 期。

程浩：《清華簡〈耆夜〉篇禮制問題釋惑——兼談如何閱讀出土文獻》，《社會科學論壇》2012 年第 3 期。

程少軒：《馬王堆漢墓〈喪服圖〉新探》，《出土文獻與古文字研究》第六輯，上海：上海古籍出版社，2015 年。

程義、張軍政：《蘇州博物館新入藏吳王余眛劍初探》，《文物》2015 年第 9 期。

叢文俊：《弋射考》，《青果集——吉林大學考古專業成立二十周年考古論文集》，北京：知識出版社，1993 年。

叢文俊：《古代弋射與士人修身》，《中國典籍與文化》1995 年第 4 期。

崔仁義：《荊門市包山二號墓出土的〈迎賓出行圖〉初論》，《江漢考古》1988 年第 2 期。

（東漢）杜預注，（唐）孔穎達疏：《春秋左傳正義》，北京：北京大學出版社，2000 年。

（唐）杜佑：《通典》，北京：中華書局，1988 年。

（清）段玉裁：《儀禮漢讀考》，《皇清經解》第四冊，南京：鳳凰出版社，2008 年。

鄧聲國：《清代〈儀禮〉文獻研究》，上海：上海古籍出版社，2006 年。

刁小龍：《〈喪服〉"報服"考述》，《中國文化研究》2003 年第 1 期。

丁鼎：《〈禮記〉與〈儀禮·喪服〉經、傳所載喪服制度之比較研究》，《孔子研究》2000 年第 5 期。

丁鼎：《"三年之喪"源流考論》，《史學集刊》2001 年第 1 期。

丁鼎：《試論〈儀禮·喪服〉"舊傳"與〈禮記〉的關係》，《煙臺大學學報》（哲學社會科學版）2002 年第 4 期。

丁鼎：《〈儀禮·喪服〉考論》，北京：社會科學出版社，2003 年。

丁鼎：《喪服経帶規格考略——兼與彭林先生商榷》，《社會科學戰綫》2006 年第 6 期。

丁進：《清華簡〈耆夜〉篇禮制問題述惑》，《學術月刊》2011 年第 6 期。

丁進：《從小盂鼎銘看西周大獻禮典》，《學術月刊》2014 年第 10 期。

丁凌華：《中國喪服制度史》，上海：上海人民出版社，2000 年。

丁凌華：《五服制服與中國法律》，北京：商務印書館，2013 年。

董珊：《郳公敊父二器簡釋》，復旦大學出土文獻與古文字研究中心網站（http://www.gwz.fudan.edu.cn/SrcShow.asp？Src_ID＝282），2012 年 4 月 10 日。

董珊：《吳越題銘研究》，上海：上海古籍出版社，2014 年。

董珊：《新見吳王余眛劍銘考證》，《故宮博物院院刊》2015 年第 5 期。

董珊：《榮仲方鼎簡釋》，未刊稿。

范常喜：《鄭玄注“古文”新證》，廣州：中山大學博士學位論文，2007 年，指導教師：陳偉武。

方炫琛：《左傳人物名號研究》，臺北：臺灣大學博士論文學位論文，1983 年，指導教師：周何、李威熊。

馮時：《我方鼎銘文與西周喪奠禮》，《考古學報》2013 年第 2 期。

伏俊璉、冷江山：《清華簡〈耆夜〉與西周時期的“飲至”典禮》，《西北師大學報》（社會科學版）2011 年第 1 期。

伏俊璉：《西周早期的“飲至”典禮與獻酬賦詩》，《中國社會科學報》，2011 年 3 月 1 日。

復旦讀書會：《〈上博七·鄭子家喪〉校讀》，復旦大學出土文獻與古文字研究中心網站（http://www.gwz.fudan.edu.cn/old/SrcShow.asp？Src_ID＝584），2008 年 12 月 23 日。

復旦讀書會：《〈上博七·鄭子家喪〉校讀》，《出土文獻與古文字研究》第三輯，上海：復旦大學出版社，2010 年。

復旦讀書會：《清華簡〈耆夜〉研讀札記》，復旦大學出土文獻與古文字研究中心網站（http://www.gwz.fudan.edu.cn/old/SrcShow.asp？Src_ID＝1347），2011 年 1 月 5 日。

（元）龔端禮：《五服圖解》，《續修四庫全書》第 95 冊，上海：上海古籍出版社，2002 年。

甘肅省博物館、中國科學院考古研究所編：《武威漢簡》，北京：文物出版，考古學專刊乙種第十二號，1964 年。

高崇文：《古禮足徵——禮制文化的考古學研究》，上海：上海古籍出版社，2015 年。

高明、董治安編：《古字通假會典》，濟南：齊魯書社，1989 年。

高中正：《清華大學藏戰國竹簡（陸）〈鄭武夫人規孺子〉集釋》，未刊稿。

葛亮：《〈上博七·鄭子家喪〉補说》，復旦大學出土文獻與古文字研究中心網站(http://www.gwz.fudan.edu.cn/old/SrcShow.asp？Src_ID＝616)，2009 年
1 月 5 日。

顧超一：《始封不臣之服——淺析〈儀禮·喪服〉中諸侯、大夫降服之制》，
《中國哲學史》2012 年第 4 期。

顧洪：《試論"三年之喪"的起源》，《齊魯學刊》1989 年第 3 期。

郭寶鈞：《山彪鎮與琉璃閣》，北京：科學出版社，1959 年。

郭沫若：《殷周青銅器銘文研究》，北京：科學出版社，1961 年。

郭沫若：《金文叢考》，《郭沫若全集·考古編》第五卷，北京：科學出版
社，2002 年。

郭沫若：《兩周金文辭大系圖錄考釋(二)》，《郭沫若全集·考古編》第八
卷，北京：科學出版社，2002 年。

郭永秉、鄔可晶：《説"索"、"剌"》，《出土文獻》第三輯，上海：中西書
局，2012 年。

郭永秉：《穆公簋蓋所記周穆王大蒐事考》，《復旦學報》(社會科學版)
2012 年第 5 期。

國家圖書館編：《〈穆天子傳〉研究文獻輯刊》(全三冊)，北京：國家圖書
館出版社，2014 年。

郝士宏：讀《鄭子家喪》小記，復旦大學出土文獻與古文字研究中心網站
(http://www.gwz.fudan.edu.cn/old/SrcShow.asp？Src_ID＝602)，2009 年 1 月
3 日。

何景成：《關於〈榮仲方鼎〉的一點看法》，《中國歷史文物》2006 年第
6 期。

河南省文物考古研究所、平頂山市文物管理局編：《平頂山應國墓地》，
鄭州：大象出版社，2012 年。

(清)胡培翬撰，段熙仲點校：《儀禮正義》，南京：江蘇古籍出版社，
1993 年。

胡平生：《馬王堆帛書喪制圖所記喪服制度考論》，《胡平生簡牘文物論
稿》，上海：中西書局，2012 年。

胡雅麗：《包山 2 號墓漆畫考》，《文物》1988 年第 5 期。

胡鶯：《包山二號墓漆奩的出行圖像與相關問題研究》，武漢：湖北美術
學院碩士學位論文，2017 年，指導教師：沈偉。

湖北省荆沙鐵路考古隊編：《包山楚墓》(上下冊)，北京：文物出版社，

1991 年。

湖北省文物考古研究所、北京大學中文系編：《九店楚簡》，中華書局，2000 年。

華友根：《戴德的喪服主張及其〈大戴禮記〉》，《學術月刊》1997 年第 11 期。

黃瑞琦：《"三年之喪"起源考辨》，《齊魯學刊》1988 年第 2 期。

冀小軍：《說甲骨金文中表祈求義的桒字》，《湖北大學學報》(哲學社會科學版)1991 年第 1 期。

賈海生：《禱疾儀式的主要儀節》，《北方論叢》2006 年第 4 期。

賈海生：《制服與作器——喪服與禮器飾群黨、別親疏相互對應的綜合考察》，《考古學報》2010 年第 3 期。

賈海生：《帥鼎銘文的秘蘊》，《文史知識》2010 年第 10 期。

賈海生：《郭店竹簡〈六德〉所言喪服制度》，《傳統中國研究集刊》(九、十合輯)，上海：上海人民出版社，2012 年。

賈海生：《唐伯父鼎與麥尊銘文所記禮典鉤沉》，《禮樂中國》，上海：上海書店出版社，2013 年。

賈海生：《由應公鼎及相關諸器銘文論應國曾立武王廟》，《湖南大學學報》(社會科學版)2016 年第 5 期。

賈連敏：《古文字中的"裸"和"瓚"及相關問題》，《华夏考古》1998 年第 3 期。

蔣文：《由〈鄭子家喪〉看〈左傳〉的一處注文》，《學語文》2010 年第 1 期。

金景芳：《論宗法制度》，《東北人民大學人文科學學報》1956 年第 2 期。

荊門市博物館編：《郭店楚墓竹簡》，北京：文物出版社，1998 年。

(清)孔繼汾：《喪服表》《殤服表》，《續修四庫全書》第 95 册，上海：上海古籍出版社，2002 年。

孔德成：《宗法略論》，《國學研究論集》，臺北：臺灣黎明文化事業股份有限公司，1983 年。

(清)盧文弨：《儀禮注疏詳校》，臺北："中央研究院"中國文哲研究所，2012 年。

(清)凌廷堪：《禮經釋例》，《凌廷堪全集》第一册，合肥：黄山書社，2009 年。

來國龍：《馬王堆〈喪服圖〉考》(The Diagram of the Mourning System from

Mawangdui），法蘭西學院“從圖像到行爲：中國學術與宗教文化中視覺表現之動態”（From Image to Action：The Dynamics of Visual Representation in Chinese Intellectual and Religious Culture）學術交流會論文，2001 年 9 月 3—5 日。

李存山：《讀〈忠信之道〉及其他》，《中國哲學》第二十輯“郭店楚簡研究”專輯，沈陽：遼寧教育出版社，1999 年。

李存山：《“爲父絶君”並非古代喪服之“通則”》，《中國哲學》第二十五輯“經學今詮四編”專輯，沈陽：遼寧教育出版社，2004 年。

李存山：《再説“爲父絶君”》，《江蘇社會科學》2005 年第 5 期。

李洪君：《周代三年之喪考》，《重慶師院學報》（哲學社會科學版）2001 年第 1 期。

李家浩：《楚墓竹簡中的“昆”字及從“昆”之字》，《中國文字》新廿五期，臺北：藝文印書館，1999 年。

李家浩：《包山祭禱簡研究》，《簡帛研究 二〇〇一》，桂林：廣西師範大學出版社，2001 年。

李家浩：《著名中年語言學家自選集·李家浩卷》，合肥：安徽教育出版社，2002 年。

李家驥：《宗法今解》，《學術月刊》1982 年第 2 期。

李凱：《試論作册般銅黿與晚商射禮》，《中原文物》2007 年第 3 期。

李零：《包山楚簡研究（占卜類）》，《中國典籍與文化論叢》第一輯，北京：中華書局，1993 年。

李零：《郭店楚簡校讀記》，《道家文化研究》第十七輯“郭店楚簡”專號，北京：生活·讀書·新知三聯書店，1999 年。

李零：《郭店楚簡校讀記（增訂本）》，北京：北京大學出版社，2002 年。

李零：《喪家狗——我讀〈論語〉》（附録），太原：山西人民出版社，2007 年。

李守奎：《〈鄭武夫人規孺子〉中的喪禮用語與相關的禮制問題》，《中國史研究》2016 年第 1 期。

李天虹：《上博七〈鄭子家喪〉補釋》，《江漢考古》2009 年第 3 期。

李天虹：《竹書〈鄭子家喪〉所涉歷史事件綜析》，《出土文獻》第一輯，上海：中西書局，2010 年。

李學勤（筆名杜恒）：《試論百花潭嵌錯圖像銅壺》，《文物》1976 年第 3 期。

李學勤：《論美澳收藏的幾件商周文物》，《文物》1979 年第 12 期。

李學勤：《古文字學初階》，北京：中華書局，1985 年。

李學勤：《〈世俘〉篇研究》，《史學月刊》1988 年第 2 期。

李學勤：《〈逸周書源流考辨〉序》，《西北大學學報》(哲學社會科學版)1992 年第 3 期。

李學勤：《釋"郊"》，《文史》第三十六輯，北京：中華書局，1992 年。

李學勤：《綴古集》，上海：上海古籍出版社，1998 年。

李學勤：《談叔夨方鼎及其他》，《文物》2001 年第 10 期。

李學勤：《試論新發現的虤方鼎和榮仲方鼎》，《文物》2005 年第 9 期。

李學勤：《從柞伯鼎銘談〈世俘〉文例》，《江海學刊》2007 年第 5 期。

李學勤：《"天亡"簋試釋及有關推測》，《中國史研究》2009 年第 4 期。

李學勤：《清華簡九篇綜述》，《文物》2010 年第 5 期。

李學勤：《從清華簡談到周代黎國》，《出土文獻》第一輯，上海：中西書局，2010 年。

李學勤主編：《清華大學藏戰國竹簡(陸)》，上海：中西書局，2016 年。

李亞農：《"大蒐"解》，《學術月刊》1957 年第 1 期。

李詠健：《〈上博七·鄭子家喪〉"悟"字補釋》，《寧夏大學學報》(人文社會科學版)2013 年第 3 期。

連劭名：《再論甲骨刻辭中的血祭》，《于省吾教授百年誕辰紀念文集》，長春：吉林大學出版社，1996 年。

林素英：《降服的文化結構意義——以〈儀禮·喪服〉爲討論中心》，《中國學術年刊》第十九期，1998 年。

林素英：《爲"父"名、"母"名者喪服所凸現的文化現象——以〈儀禮·喪服〉爲討論中心》，《中國學術年刊》第二十期，1999 年。

林素英：《郭店"爲父絕君"的喪服意義》，《簡帛研究 二○○二二○○三》，桂林：廣西師範大學出版社，2005 年。

林澐：《天亡簋"王祀于天室"新解》，《史學集刊》1993 年第 3 期。

林澐：《讀包山楚簡札記七則·七》，《林澐學術文集》，北京：中國大百科全書出版社，1998 年。

劉彬徽等：《畫苑瑰寶——"金秋郊遊圖"》，《江漢早報》，1987 年 5 月 22 日。

劉長安：《試論〈儀禮·喪服〉中的"唯子不報"》，《中國哲學史》2012 年第

4 期。

　　劉光勝：《〈耆夜〉中的周代飲至禮》，《中國社會科學報》，2013 年 7 月 3 日。

　　劉光勝：《清華簡〈耆夜〉禮制解疑》，《陝西師範大學學報》（哲學社會科學版）2015 年第 5 期。

　　劉國勝：《信陽長臺關楚簡〈遣册〉編聯二題》，《江漢考古》2001 年第 3 期。

　　劉建國：《春秋刻紋銅器初論》，《東南文化》1988 年第 5 期。

　　劉曉東：《天亡簋與武王東土度邑》，《文物與考古》1987 年第 1 期。

　　劉信芳：《〈上博藏（七）〉試説（之三）》，復旦大學出土文獻與古文字研究中心網站（http://www.gwz.fudan.edu.cn/old/SrcShow.asp? Src_ID = 669），2009 年 1 月 18 日。

　　劉雨：《西周金文中的射禮》，《考古》1986 年第 12 期。

　　劉雨：《西周金文中的祭祖禮》，《考古學報》1989 年第 4 期。

　　劉雨：《西周金文中的相見禮》，古文字年會論文，1990 年。

　　劉雨：《西周金文中的饗與燕》，《大陸雜志》第三十八期二分册，1991 年。

　　劉雨：《西周金文中的大封小封與賜田里》，《中國考古學論叢——中國社會科學院考古研究所建所 40 年紀念》，北京：科學出版社，1993 年。

　　劉雨：《西周金文中的“周禮”》，《燕京學報》新三期，北京：北京大學出版社，1997 年。

　　劉雨：《西周金文中的軍事》，《胡厚宣先生紀念文集》，北京：科學出版社，1998 年。

　　劉雨：《射禮考》，美國哥倫比亞大學演講稿，2002 年 12 月 9 日。

　　劉源：《商周祭祖禮研究》，北京：商務印書館，2004 年。

　　劉樂賢：《郭店楚簡〈六德〉初探》，《郭店楚簡國際學術研討會論文集》，武漢：湖北人民出版社，2000 年。

　　劉釗：《釋金文中幾個從夗的幾個字》，《中國文字》新十九期，臺北：藝文印書館，1994 年。

　　劉釗：《古文字考釋叢稿》，長沙：嶽麓書社，2005 年。

　　劉釗：《郭店楚簡校釋》，福州：福州人民出版社，2005 年。

　　劉釗：《叔矢方鼎銘文管見》，《黃盛璋先生八秩華誕紀念文集》，北京：

中國教育文化出版社，2005 年。

劉釗：《書馨集——出土文獻與古文字論叢》，上海：上海古籍出版社，
2013 年。

劉釗主編：《新甲骨文編(增訂本)》，福州：福建人民出版社，2014 年。

魯士春：《先秦容禮研究》，臺北：天工書局，1998 年。

羅衛東：《金文“萃”及“某萃”補論》，《勵耘語言學刊》2015 年第 2 期。

馬承源：《漫談戰國青銅器上的畫像》，《文物》1961 年第 10 期。

馬承源：《商周青銅器銘文選(三)》，北京：文物出版社，1988 年。

馬楠：《清華簡〈耆夜〉禮制小札》，《清華大學學報》(哲學社會科學版)
2009 年第 5 期。

馬智全：《飲至禮輯考》，《簡牘學研究》2014 年第 1 期。

寧鎮疆：《〈禮記·檀弓上〉“不誠於伯高”再議》，《中國典籍與文化》2013
年第 3 期。

(北宋)聶崇義纂輯，丁鼎點校、解説：《新定三禮圖》，北京：清華大學
出版社，2006 年。

彭德：《屈原時代的一幅情節性繪畫——荊門楚墓彩畫〈王孫親迎圖〉》，
《文藝研究》1990 年第 4 期。

彭浩：《包山二號墓卜筮和祭禱竹簡初步研究》，湖北省荊沙鐵路考古隊
編：《包山楚墓》附錄二十三，北京：文物出版社，1991 年。

彭林：《儀禮全譯》，貴陽：貴州人民出版社，1997 年。

彭林：《再論郭店簡〈六德〉“爲父絶君”及相關問題》，《中國哲學史》2001
年第 2 期。

彭林：《〈六德〉柬釋》，《簡帛研究 二〇〇一》上册，桂林：廣西師範大學
出版社，2001 年。

彭林：《儀禮》，長沙：嶽麓書社，2001 年。

彭林：《儀禮》，北京：中華書局，2012 年。

彭林：《儀禮全注全譯》，北京：中華書局，2013 年。

彭林：《中國古代禮儀文明》，北京：中華書局，2013 年。

錢玄、錢興奇編：《三禮辭典》，南京：江蘇古籍出版社，1998 年。

錢玄：《三禮通論》，南京：南京師範大學出版社，1996 年。

裘錫圭：《讀〈安陽新出土的牛胛骨及其刻辭〉》，《考古》1972 年第 5 期。

裘錫圭：《釋“柲”》，《古文字研究》第三輯，北京：中華書局，1980 年。

裴錫圭：《關於商代的宗族組織與貴族和平民兩個階層的初步研究》，《文史》第十九輯，北京：中華書局，1983 年。

裴錫圭：《釋殷墟卜辭中的"卒"和"裚"》，《中原文物》1990 年第 3 期。

裴錫圭：《"諸侯之旅"等印考釋》，《文物研究》第 6 輯，合肥：黄山書社，1990 年。

裴錫圭：《甲骨文中的見與視》，《甲骨文發現一百周年學術研討會論文集》，臺北：文史哲出版社，1998 年。

裴錫圭：《〈天子建州〉(甲本) 小札》，簡帛網(http：//www. bsm. org. cn/show_article. php? id＝627)，2007 年 7 月 16 日。

裴錫圭：《說"婀"》(提綱)，《古文字與古代史》第二輯，臺北："中央研究院"歷史語言研究所，2009 年。

裴錫圭：《說"夜爵"》，《出土文獻》第二輯，上海：中西書局，2011 年。

裴錫圭：《裴錫圭學術文集(全六卷)》，上海：復旦大學出版社，2012 年。

裴錫圭主編：《長沙馬王堆漢墓簡帛集成》(第一至七冊)，北京：中華書局，2014 年。

任慧峰：《先秦軍禮研究》，武漢：武漢大學博士學位論文，2010 年，指導教師：楊華。

任慧峰：《先秦軍禮研究》，北京：商務印書館，2015 年。

陝西師範大學歷史文化學院：《漢籍全文檢索系統》。

商艷濤：《西周軍事銘文研究》，廣州：華南理工大學出版社，2013 年。

上海博物館編：《上海博物館藏戰國楚竹書(一)》，上海：上海古籍出版社，2001 年。

上海博物館編：《上海博物館藏戰國楚竹書(二)》，上海：上海古籍出版社，2002 年。

上海博物館編：《上海博物館藏戰國楚竹書(六)》，上海：上海古籍出版社，2007 年。

上海博物館青銅器研究組：《商周青銅器紋飾》，北京：文物出版社，1985 年。

(清)盛世佐：《儀禮集編》，《四庫全書》第 110 冊，上海：上海古籍出版社，1987 年。

(清)沈彤：《儀禮小疏》，《皇清經解》第二冊，南京：鳳凰出版社，

2008 年。

沈培:《上博簡〈緇衣〉篇"悉"字解》,饒宗頤主編:《華學》第六輯,北京:紫禁城出版社,2003 年。

沈文倬:《略論禮典的實行與〈儀禮〉書本的撰作(上)》,《文史》第十五輯,北京:中華書局,1982 年。

沈文倬:《略論禮典的實行與〈儀禮〉書本的撰作(下)》,《文史》第十六輯,北京:中華書局,1982 年。

沈文倬:《漢簡〈士相見禮〉古今文雜錯並用説》,《杭州大學學報》(哲學社會科學版)1984 年增刊。

沈文倬:《漢簡〈服傳〉考(上)》,《文史》第二十四輯,中華書局,1985 年。

沈文倬:《漢簡〈服傳〉考(下)》,《文史》第二十五輯,北京:中華書局,1985 年。

沈文倬:《簡本證禮家校勘精義述評》,《中華文史論叢》1985 年第 1 輯,上海:上海古籍出版社,1985 年。

沈文倬:《菿闇文存》,北京:商務印書館,2006 年。

施謝捷:《釋"索"》,《古文字研究》第二十輯,北京:中華書局,2000 年。

石繼承:《説〈穆天子傳〉中的地名"麗虎"》,《中華文史論叢》2016 年第 3 期。

宋華強:《新蔡葛陵楚簡初探》,武漢:武漢大學出版社,2010 年。

孫常敘:《〈天亡簋〉問字疑年》,《吉林師大學報》1963 年第 1 期。

孫秀偉:《"爲父絕君"内在的儒家親親尊尊之思》,《陝西師範大學學報》(哲學社會科學版)2010 年第 4 期

孫稚雛:《天亡簋銘匯釋》,《古文字研究》第三輯,北京:中華書局,1980 年。

孫作雲:《説酆在西周時代爲北方軍事重鎮——兼論軍監》,《河南師範大學學報》1983 年第 1 期。

譚戒甫:《西周量鼎銘研究》,《考古》1963 年第 12 期。

唐蘭:《論周昭王時代的青銅器銘刻》,《古文字研究》第二輯,北京:中華書局,1981 年。

唐蘭:《西周青銅器銘文分代史徵》,北京:中華書局,1986 年。

田旭東：《清華簡〈耆夜〉中的禮樂實踐》，《考古與文物》2012 年第 1 期。

田中利明：《儀禮中〈記〉的問題——關於武威漢簡》，《傳統中國研究集刊》第七輯，上海：上海人民出版社，2010 年。

萬宏亮：《春秋時期齊晉秦楚軍禮研究》，齊齊哈爾：齊齊哈爾大學碩士學位論文，2015 年，指導教師：寇占民。

萬麗華：《左傳中的先秦喪禮研究》，北京：中央民族大學出版社，2011 年。

王鍔：《〈喪服四制〉成篇年代考》，《傳統中國研究集刊》第二輯(《社會·歷史·文獻——傳統中國研究國際學術討論會論文集》)，上海：上海人民出版社，2006 年。

王鍔：《〈禮記〉成書考》，中華書局，2007 年。

王恩田：《“成周”與西周銅器斷代——兼説何尊與康王遷都》，《古文字學論稿》，合肥：安徽大學出版社，2008 年。

王暉：《作册旂器銘與西周分封賜土禮儀考》，《中國歷史文物》2005 年第 1 期。

王少林：《清華簡〈耆夜〉所見飲至禮新探》，《鄭州大學學報》(哲學社會科學版)2015 年第 6 期。

王貽樑、陳建敏：《穆天子傳匯校集釋》，上海：華東師範大學出版社，1994 年。

王子揚：《甲骨文舊釋“凡”之字絶大多數當釋爲“同”——兼談“凡”、“同”之別》，復旦大學出土文獻與古文字研究中心網站(http：//www. gwz. fudan. edu. cn/SrcShow. asp？Src_ID＝1588)，2011 年 7 月 14 日。

魏啓鵬：《釋〈六德〉“爲父繼君”——兼答彭林先生》，《中國哲學史》2001 年第 2 期。

文術發：《魯侯爵銘文考釋》，《中山大學研究生學刊》(社會科學版)1997 年第 3 期。

鄔可晶：《〈孔子家語〉成書時代和性質問題的再研究》，上海：复旦大學博士學位論文，2011 年，指導教師：裘錫圭。

鄔可晶：《是“不誠於伯高”還是“不成禮於伯高”？》，《第四屆復旦大學出土文獻與古文字研究中心與韓國延世大學人文學研究院學術交流會論文集》，2015 年。

(清)吳廷華：《儀禮章句》，《儒藏》精華編第 46 册，北京：北京大學出版社，2014 年。

吳承仕：《中國古代社會研究者對於喪服應認識的幾個根本概念》，《文史》第 1 期第 1 卷，1934 年。

吳承仕：《喪服要略》，《三禮名物》，北京：北京大學，1935 年，鉛印本。

吳飛：《從喪服制度看"差序格局"對一個經典概念的再反思》，《開放時代》2011 年第 1 期。

吳飛：《五服圖與古代中國的親屬制度》，《中國社會科學》2014 年第 12 期。

吳十洲：《兩周禮器制度研究》，北京：商務印書館，2016 年。

吳振武：《古璽姓氏考（復姓十五篇）》，《出土文獻研究》第三輯，北京：中華書局，1998 年。

吳鎮烽編著：《商周青銅器銘文暨圖像集成》，上海：上海古籍出版社，2012 年。

吳鎮烽編著：《商周青銅器銘文暨圖像集成續編》，上海：上海古籍出版社，2016 年。

吳鎮烽：《金文通鑑》，2016 年。

武紅麗：《東周畫像銅器研究》，北京：中央美術學院碩士學位論文，2008 年，指導教師：鄭岩。

西山尚志：《上博楚簡〈鄭子家喪〉中的墨家思想》，《齊魯文化研究》，泰山出版社，2010 年。

向熹：《詩經詞典》，成都：四川人民出版社，1986 年。

小寺敦：《上博楚簡〈鄭子家喪〉的史料性格結合小倉芳彦之學說》，《出土文獻》第二輯，上海：中西書局，2011 年。

徐淵：《〈儀禮·喪服〉服敘變除圖釋》，北京：中華書局，2017 年。

徐在國：《讀〈楚系簡帛文字編〉札記》，《安徽大學學報》1998 年第 5 期。

（清）姚際恒：《儀禮通論》，北京：中國社會科學出版社，1998 年 10 月。

顏世鉉：《郭店楚墓竹簡儒家典籍文字考釋》，《經學研究論叢》第六輯，臺北：臺灣學生書局，1999 年。

楊伯峻、徐提：《春秋左傳詞典》，北京：中華書局，1985 年。

楊伯峻：《春秋左傳注》，北京：中華書局，1981 年。

楊華：《先秦血祭禮儀研究——中國古代用血制度研究之一》，《世界宗教研究》2003 年第 3 期。

楊華：《襚・賵・遣——簡牘所見楚地助喪禮制研究》，《學術月刊》2003 年第 9 期。

楊華：《楚禮廟制研究》，《楚文化研究論集》第六輯，武漢：湖北人民出版社，2005 年。

楊華：《説“舉禱”——兼論楚人貞禱的時間頻率》，《傳統中國研究集刊》第三輯，上海：上海人民出版社，2007 年。

楊華：《古禮新研》，北京：商務印書館，2012 年。

楊華：《〈天子建州〉禮疏》，《古禮新研》，北京：商務印書館，2012 年。

楊寬：《“冠禮”新探》，《中華文史論叢》第一輯，上海：中華書局，1962 年。

楊寬：《“大蒐禮”新探》，《學術月刊》1963 年第 3 期。

楊寬：《“鄉飲酒禮”與“饗禮”新探》，《中華文史論叢》第四輯，上海：中華書局，1963 年。

楊寬：《“贄見禮”新探》，《中華文史論叢》第五輯，上海：中華書局，1964 年。

楊寬：《西周史》，上海：上海人民出版社，1999 年。

楊樹達：《我作父己甗跋》，《積微居金文説》，北京：中國科學院，1952 年。

楊樹達：《積微居甲文説・卜辭瑣記》，北京：科學出版社，1954 年。

楊樹達：《積微居金文説（增訂本）》，北京：中華書局，1997 年。

楊天宇：《儀禮譯注》，上海：上海古籍出版社，2004 年。

楊澤生：《上博簡〈鄭子家喪〉之“利木”試解》，《中山大學學報》（社會科學版）2009 年第 6 期。

楊宗榮編：《戰國繪畫資料》，北京：中國古典藝術出版社，1957 年。

于省吾：《穆天子傳新證》，《考古社刊》1937 年第 1 期。

于省吾：《關於天亡簋銘文的幾點論證》，《考古》1960 年第 8 期。

于省吾：《甲骨文字釋林》，北京：中華書局，1979 年。

于省吾：《雙劍誃吉金文選》，北京：中華書局，1998 年。

袁俊傑、王龍正：《論旡鼎與喪服禮》，《考古》2015 年第 6 期。

袁俊傑：《兩周射禮研究》，開封：河南大學博士學位論文，2010 年，指導教師：朱鳳瀚。

袁俊傑：《兩周射禮研究》，北京：科學出版社，2013 年。

曾亦：《論喪服制服與中國古代婚姻、家庭及政治觀念》，曾亦主編：《經學、政治與現代中國》，上海：上海人民出版社，2007 年。

(東漢)鄭玄注，(唐)賈公彥疏：《周禮注疏》，北京：北京大學出版社，2000 年。

(東漢)鄭玄注，(唐)賈公彥疏：《儀禮注疏》，上海：上海古籍出版社，2008 年。

(東漢)鄭玄注，(唐)孔穎達疏：《禮記正義》，上海：上海古籍出版社，2008 年。

(清)鄭珍：《儀禮私箋》，《鄭珍集·經學》，貴陽：貴州人民出版社，1991 年。

詹鄞鑫：《神靈與祭祀——中國傳統宗教宗論》，南京：江蘇古籍出版社，1992 年。

章景明：《先秦喪服制度考》，臺北：臺灣"中華書局"，1971 年。

(清)張爾岐：《儀禮鄭注句讀》，《儒藏》精華編第 46 冊，北京：北京大學出版社，2014 年。

(清)張惠言：《儀禮圖》，《清經解續編》第二冊，南京：鳳凰出版社，2008 年。

(清)張錫恭：《喪服鄭氏學》，《續修四庫全書》第 96 冊，上海：上海古籍出版社，2002 年。

張富海：《漢人所謂古文之研究》，《中國語言文字研究叢刊》第 2 輯，北京：綫裝書局，2007 年。

張光裕：《郭店楚簡研究·第一卷·文字編》，臺北：藝文印書館，1999 年。

張光裕：《從新見材料談〈儀禮〉飲酒禮中的醴柶》，《禮樂中國》，上海：上海書店出版社，2013 年。

張煥君、刁小龍：《武威漢簡〈喪服〉整理與研究》，武漢：武漢大學出版社，2009 年。

張啓彬：《包山楚墓〈車馬出行圖〉新探》，《湖北美術學院學報》2009 年第 2 期。

張儒、劉毓慶：《漢字通用聲素研究》，太原：山西古籍出版社，2002 年。

張聞捷：《包山二號墓漆畫爲婚禮圖考》，《江漢考古》2009 年第 4 期。

張秀華:《從金文材料看"禋""柴""燎"三種祭禮》,《牡丹江大學學報》2009 年第 2 期。

張秀華:《作册般銅黿銘文匯釋》,《黑龍江省教育學院學報》2009 年第 1 期。

張秀華:《西周金文六種禮制研究》,長春:吉林大學博士學位論文,2010 年,指導教師:吳振武。

趙平安:《"允""㽙"形義考》,《古漢語研究》1996 年第 2 期。

趙平安:《從楚簡"娩"的釋讀談到甲骨文的"娩"》,《簡帛研究 二〇〇一》,桂林:廣西師範大學出版社,2001 年。

周波:《戰國時代各系文字間的用字差異現象研究》,北京:綫裝書局,2012 年。

周忠兵:《釋甲骨文中的"阩"——兼説"升""祼"之别》,《中國書法》2015 年第 24 期。

朱鳳瀚:《論彭祭》,《古文字研究》第二十四輯,北京:中華書局,2002 年。

朱曉雪:《包山楚簡綜述》,福州:福建人民出版社,2013 年。

後　記

　　2017 年 6 月我的博士學位論文《禮典相關兩周秦漢出土文獻考疑》通過了復旦大學出土文獻與古文字研究中心的答辯，獲得了優等的評價。這部書稿脱胎於六年前的博士學位論文，選取了早期出土文獻中與兩周禮典相關的若干專題進行研討。書題略加調整，定名爲“兩周秦漢禮典相關出土文獻考疑”。書稿的篇章結構與博論的篇章結構基本相同，删除了自己不太滿意的《戰國人形銅器的禮制特點》一節。另外，《從武威漢簡〈儀禮〉再談〈喪服〉〈服傳〉的成書及古今文問題》一節由於還有一些問題没有完全考慮清楚，因此也没有收入本書。第六章第二節補入了近年新寫的《“陽春白雪”“下里巴人”古曲定名新證》。此文與兩周禮樂有關，運用了漢代的傳世文獻與出土文獻，是我關於先秦禮制研究的組成部分。在博士論文答辯完成後的六年時間里，這部書稿一直在不斷修訂，期待它能以更完善的面貌與讀者見面。

　　本書中的不少專題章節已經以單篇論文的形式在各類刊物上發表過了。《論馬王堆漢墓〈喪服圖〉題記所反映的“本服”觀念——從“服術”的角度看〈喪服圖〉的復原方案》發表於《北方文物》2019 年第 3 期；後又於 2021 年 4 月發表於《經國序民——禮學與中國傳統文化國際學術研討會論文集》(上海古籍出版社 2021 年版)。《射禮禮典與嵌錯刻紋銅器圖案辨誤》發表於《歷史文獻研究》2019 年第 2 期；後又於 2020 年 8 月發表於《經學、禮學與中國社會》(南京大學出版社 2020 年版)。《包山二號楚墓妝奩漆繪“婚禮親迎儀節圖”考》發表於《三代考古》2019 年第 1 輯；《説“大叔”在先秦文獻中的特殊内涵》發表於《同濟大學學報》(人文社科版) 2020 年第 4 期；《郭店楚簡〈六德〉“爲父絶君”句析義》發表於《人文論叢》2020 年第 1 輯；《清華簡〈鄭武夫人規孺子〉篇涉禮字詞考釋》發表於《中國經學》2020 年第 2 期；《“陽春白雪”“下里巴人”古曲定名新證——兼論春秋戰國新聲的興起及其地域特徵》發表於《華東師範大學學報》(哲學社會科學版) 2021 年第 1 期；《從清華簡〈耆夜〉飲至禮典推測其成書年代》發表於《古典學志》第 1 輯（廣州出版社 2021 年版）；《上博簡〈鄭子家喪〉所反映的春秋時代刑余罪人喪葬儀式》2022 年 12 月發表於《中國文字》（臺灣）總第八期。此次收入本書都作了程度不一的修訂。最令我高興的是，《長沙馬王堆漢墓簡帛集成》中《喪服圖》整理者董珊老師在閱讀了《論馬王堆漢墓〈喪服圖〉題記所反映的"本服"觀念》一文後，認爲這篇小文的結論真實可信。他在修訂新版《簡帛集成》的《喪服圖》釋文時，採納了這篇論文的論述和結論，説明這些已經發表的論文和尚未出版的内容對於出土文獻和禮學研究能産生一些積極作用。

　　除了上述發表過的部分，第一章《緒論》、第二章《兩周青銅器銘文與兩周禮典研究》、第三章第二節《上博簡〈天子建州〉與天子諸侯饗禮》、第五章《楚地出土卜筮祭禱簡與兩周禮典研究》以及第七章《古代發現的地下文獻與兩周禮典文獻研究》是第一次與讀者見面。這幾個章節是對"金文文獻中的各類禮典""上博簡《天子建州》與饗禮禮典""楚地出土卜筮祭禱簡與祭禮禮典""《穆天子傳》與喪禮禮典"的專題討論，提出了一些不見於其他論著和文章的新觀點。

　　我從 2009 年立志要考到裘錫圭先生創立的復旦大學古文字中心讀博，到 2013 年真正進入陳劍老師門下，經歷了不少波折。其間光博士考試就參加了三次，曾分別報考了裘錫圭先生、劉釗老師和陳劍老師。前兩次報考均以失敗告終，第三次很幸運地成爲當年除了直博同學以外唯一通過考試進入中心的古文字方向博士生。在考博的那幾年時間里，除了有劉釗老師的熱情鼓勵，還得到陳志向兄和葛亮兄的巨大幫助，使我得以快速彌補知識上的空缺，建立起正確的訓練方法。這三四年時光，我幾乎聽遍了中心各位老師所開的課程，常常一周跑回復旦數次參加中心的課程。好在經過堅持不懈地努力，我最終如願地成爲古文字中心的一份子。

　　在進入古文字中心學習之前，我就對《春秋三傳》和《三禮》之學有着濃厚的興趣。進入中心之後，這一興趣也沒有絲毫減退，因此最初我的博士學位論文選題是《〈周官〉新證》，期望從出土文獻的視角對《周官》這部古書加以檢視。這一選題得到了陳劍老師的認可和支持，並且準備工作做了一年有餘。後來感到《周官》體量過大，不是博士四年所能駕馭的，因此轉而做了本書這個論題。

　　2015 年在與程少軒兄討論馬王堆《喪服圖》的過程中，深感關於《喪服》服敘尚沒有一部好用的書來加以解釋和説明，因此抽出約一年的時間寫作了

《〈儀禮・喪服〉服敘變除圖釋》，並於 2017 年由中華書局出版，成爲我在博士期間除了博論以外的一項重要成果。巧合的是，後來才知道這部書的外審專家是中心的博士後、山東大學文學院的侯乃峰師兄。

　　裘先生所提倡的"古典學二次重建"與經學研究到底有什麼關係，是我一直在思索的問題。依我個人的看法，不論《春秋》學也好，《三禮》學也好，是一套先秦時代士人普遍接受的結構性知識，這一結構性知識對於正確解讀傳世文獻和出土文獻中相關文本，扮演着至關重要的角色。只有藉助禮學的知識圖景，才能更好地釋讀出土文獻中涉禮的部分，才能更準確地考釋禮類專詞、專字。反過來，出土文獻中的涉禮内容又大大擴充了我們對先秦禮學發展的認知，可以繞開漢代人的既定闡釋，直接觀察先秦禮學和禮制的實況。我的這部小書所述的幾個專題，都是圍繞着這一個主題展開的，希望通過禮學的知識圖景解決文獻釋讀中的疑難問題，或者通過新的出土文獻考察先秦禮制和禮學的發展軌跡。

　　博士學位論文的寫作和成稿離不開恩師陳劍老師的悉心指導，尚未考入中心的幾年時間裏、在中心攻讀博士學位的四年中以及畢業離開中心成爲一名教師之後，我都會爭取聽陳老師的每一堂課，閱讀他在學生群裏分享的每一篇新文章。每次與陳老師相聚，他都會毫無保留地與我們暢談他最新的研究成果和研究心得，往往及至深夜而不倦不息。我的博士學位論文在最後答辯之前，經過陳老師一字一句的修改，並爲其中幾篇文章提供了關鍵的證據，這大大提高了相關文章的含金量和説服力。多年以後再與陳老師説起某篇文章中的某個關鍵證據是他在批閱修改我的論文時告訴我的，他卻已經全然沒有印象了。可見陳老師從來都是無保留地將自己所獲新知告訴學生，並且毫不在意別人是否提及他是這些新知的發現者或原創者（但凡聽過陳老師課程的學生，大概都有着相同的感受）。陳老師學術成果豐碩，在同輩人中是佼佼者，在學生中更有着天然形成的威望，一般大家都喜歡在背地裏稱他頗具江湖氣息的暱稱——"陳老大"。陳老師對學術的熱情和真誠無時無刻不在感召我們、鼓勵我們，能成爲這樣一位理想導師的學生，實在是人生之幸。

　　攻讀博士學位期間，中心主任劉釗老師一直很關心我們。劉釗老師對學生的愛護是出了名的，不但對自己指導的學生好，對中心其他的學生都關愛有加。在讀博階段，中心爲我們提供機會到臺灣"中央研究院"歷史語言研究所訪學，並提供全部的經費資助。中心定期組織獎學金評選，我曾獲得過一次一等獎學金，獎金的金額很高，讓我得以買下一整套《商周青銅器銘文暨圖像集成》。中心還每年組織學生到西安、寶雞、安陽等地考察，考察的經歷至今令我印象深刻。以上這些活動都是劉釗老師倡議並推動的，作爲中心的學生時時感到自己身處一流的學術和培養環境之中。

進入中心以後最大的遺憾是裘先生已經不再開課，不過有一些答辯、會議和講座的場合裘先生仍然出席，因此還能經常見到裘先生，面聆裘先生的教誨。裘先生是中心的精神領袖，他趁會議間歇指導博士生的時候，身邊常常圍繞着一大批中心同學"旁聽"。我藉幾次講座和會議的機會，斗膽請求與裘先生合影。裘先生知道我是中心的學生，每次都欣然應允，從不拒絶，因此我也得以保留下一份彌足珍貴的紀念。

我在中心求學期間，沈培老師已經去香港中文大學執教，較爲年長的老師除了劉釗老師和陳劍老師外，還有汪少華老師、施謝捷老師、張小艷老師、廣瀨薰雄老師，這些老師各自身懷絶學，爲我們開設專題課程，作爲學生從中獲益良多。另外，年輕一輩的教師有周波師兄、劉嬌師姐、郭永秉兄（後來去了復旦大學中文系）、謝明文兄、程少軒兄（後來去了南京大學文學院）、張傳官兄、鄥可晶兄，他們研究水平都很高，按自己的方向給研究生開課，談自己的研究心得和發現。由於我與他們年齡相仿，平時相處在亦師亦友之間，畢業時結成了很好的友誼。巧的是若干年之後，我與張傳官兄、謝明文兄又成了同住一個小區的鄰居，常來常往，格外親切。

本書能夠面世，要感謝武漢大學中國傳統文化研究中心主任楊華老師，他是先秦史和禮學研究的名家，在先秦禮制研究領域成果豐碩。我剛畢業不久，初出茅廬，他就邀請我參加武漢大學中國傳統文化研究中心舉辦的"禮學與中國傳統文化國際學術研討會"。這是一場高規格的禮學大會，在會上我宣讀了《論馬王堆漢墓〈喪服圖〉題記所反映的"本服"觀念》一文，受到了不少與會專家的關注和肯定。同時，他得知我的博論是涉禮出土文獻相關的研究，又邀請將我的書稿納入他主編的《"禮學新論"叢書》，從而使本書得以順利出版。

本書寫作過程中，我所在的單位同濟大學人文學院提供了自由寬鬆的學術環境，學院領導對年輕人的學術發展關心有加，讓我能心無旁騖地安心修訂書稿。中文系同事之間關係和睦，感情融洽，使人心情愉悦舒暢。感謝我的父母、妻子陸一以及岳父母對我"枯燥"學問研究的理解和包容，並提供所能給予的最大支持，任由我在出土文獻與《三禮》研究兩個"冷門"學術領域的交叉地帶，從容地享受自己鍾愛的學術事業。2022年年底，小寶"六六"出生，調皮好動，活力四溢，給本來嚴肅而有節律的學術生活帶來了無窮歡樂。雖然有的時候工作偶爾被他打斷，但我明顯感到自己對研究的興趣有增無減，思路也更爲活躍了，這本書就作爲給他的見面禮物吧。

徐　淵

二〇二三年三月十三日

於小吉浦畔美岸樓庭

圖書在版編目(CIP)數據

兩周秦漢禮典相關出土文獻考疑/徐淵著.—武漢：武漢大學出版社,2023.10
　　"禮學新論"叢書/楊華主編
　　國家出版基金項目
　　ISBN 978-7-307-23522-9

　　Ⅰ.兩…　　Ⅱ.徐…　　Ⅲ.禮儀—制度—研究—中國—周代–漢代
Ⅳ.K892.9

　　中國版本圖書館 CIP 數據核字(2022)第 254590 號

責任編輯:李　程　　　　責任校對:汪欣怡　　　　版式設計:馬　佳

出版發行:武漢大學出版社　　(430072　武昌　珞珈山)
　　　　(電子郵箱:cbs22@whu.edu.cn　網址:www.wdp.com.cn)
印刷:湖北金港彩印有限公司
開本:720×1000　　1/16　　印張:17.75　　字數:319 千字　　插頁:1
版次:2023 年 10 月第 1 版　　2023 年 10 月第 1 次印刷
ISBN 978-7-307-23522-9　　　　定價:79.00 元